从跟随

华为管理体系重构之路

冯德刚◎著

到领先

清华大学出版社
北京

图书在版编目（CIP）数据

从跟随到领先：华为管理体系重构之路 / 冯德刚著 . — 北京：清华大学出版社，2024.1（2024.11重印）

ISBN 978-7-302-65094-2

Ⅰ.①从… Ⅱ.①冯… Ⅲ.①通信企业－企业管理－经验－深圳 Ⅳ.① F632.765.3

中国国家版本馆 CIP 数据核字 (2024) 第 001125 号

责任编辑：宋冬雪
封面设计：青牛文化
责任校对：王凤芝
责任印制：杨 艳

出版发行：清华大学出版社
    网 址：https://www.tup.com.cn，https://www.wqxuetang.com
    地 址：北京清华大学学研大厦 A 座   邮 编：100084
    社 总 机：010-83470000   邮 购：010-62786544
    投稿与读者服务：010-62776969，c-service@tup.tsinghua.edu.cn
    质 量 反 馈：010-62772015，zhiliang@tup.tsinghua.edu.cn
印 装 者：三河市东方印刷有限公司
经 销：全国新华书店
开 本：148mm×210mm   印 张：11.625 字 数：276 千字
版 次：2024 年 2 月第 1 版   印 次：2024 年 11 月第 3 次印刷
定 价：99.00 元

产品编号：104431-01

本书所获赞誉

（按人名拼音排序）

陈志强　杰成合力科技董事长、流程变革专家，畅销书《赢在升级：打造流程化组织》作者

　　冯德刚先生基于华为的变革实践及丰富的咨询经验，提炼出这本系统、专业的企业管理体系变革指南。《从跟随到领先：华为管理体系重构之路》对企业领导者、各级管理者都有很高的参考价值和指导意义。

傅依林　华为前 ICT 规划与咨询部总裁

　　"战略就是能力要与目标匹配"，通过变革来构筑能力，包括但不限于流程、组织、数字化转型，以支撑战略落地。作者系统介绍了战略、流程、组织、变革，及数字化转型的思想、方法、工具和实践，值得企业各级管理者、管理咨询从业人员、高校管理专业师生和其他对华为管理理念感兴趣的爱好者收藏、玩味。

刘伟超　赛意信息科技股份有限公司数字产品 BG 总裁

　　管理须知行合一，将理论和实践进行有机结合。这本《从跟随到领先：华为管理体系重构之路》，全面系统地诠释了华为管理体系领先的密码。

刘祖轲　深圳市南方略营销管理咨询有限公司董事长

　　华为用 30 年时间达成了普通企业要用 100 年才能实现的目标，背后的方法论到底是什么？这套方法论体系，被当下中国企业和企业家广泛关注、学习与借鉴，但是，最怕的是没学到"正经"，学到的是"歪经"。《从跟随到领先：华为管理体系重构之路》的作者将在华为 16 年的亲身工作经历进行总结，结合自己深入其中的实践来解码，值得细读。

龙波　乔诺咨询创始人

时机总是不定期来临，若有固若金汤的体系则不慌，终将迎来稳定而又持久的胜利。

陆峰　工业和信息化部赛迪研究院电子信息研究所副所长，《数字化转型与治理方法论》作者

华为是中国科技领域实现从跟随到全球领先转变的典范企业，其企业管理经验值得业界学习和借鉴。作者作为华为前员工，长期服务华为内部及客户的管理体系和流程变革、组织变革和质量运营，具有丰富的流程变革和管理体系建设的实践经验。他躬体力行撰写本书，与业界分享华为管理之道，具有较高的参考和借鉴价值。

谭新德　华为前战略营销变革总裁、华为首任首席知识官

《从跟随到领先：华为管理体系重构之路》详细介绍了华为的战略管理、流程重构、组织打造和变革实践，从战略决定业务、业务决定流程、流程决定组织、组织要不断变革的大逻辑，诠释了大变局时代企业如何持续活下去并不断成长和超越的关键要素和落地方法，非常值得一读。

杨钢　克劳士比中国创始人兼院长，中国零缺陷管理奠基人

难能可贵的是，作者能够从全局的视角系统地帮助读者去理解和把握支撑华为从跟随到领先背后的概念、理念及管理体系。更难能可贵的是，他又通过自己"过来人"的实践与切身感受来诠释和演绎华为管理的道与术，从而通过零缺陷管理变革，力出一孔地打造可信赖的永续成功的企业。阅读本书无疑会大有裨益。

张正华　百思特管理咨询集团创始人兼董事长，中国企业变革研究院院长

华为主动变革打通管理逻辑，持续推进管理体系的迭代升级，造就了华为全球领先。

朱士尧　华为前党委副书记，中国科学技术大学教授、原研究生院副院长

华为创造了世界商业史上的奇迹，通过 30 年持续不断的学习与创新，构建了一整套完整的、具有世界先进水平的管理体系、制度、流程，这是华为奇迹背后的核心要素。社会上已经出版了不少介绍华为先进管理体系的书籍，但总体感觉内容比较散。冯德刚先生的这本《从跟随到领先：华为管理体系重构之路》围绕战略管理、流程重构、组织打造、持续变革四大关键主题，介绍了从战略落地到流程、流程落地到组织和 IT，如何通过流程化组织建设项目型企业，打造提升企业面向客户和市场的竞争力和响应能力。

冯德刚先生曾经在华为工作 16 年，其中 13 年直接从事流程和管理变革项目，这一段经历对于该书的写作具有十分重要的意义。我们看到，这是一位直接参与华为先进管理体系构建工作长达 10 年以上的实践者，把自己的切实感受提炼升华而成的一本书，彰显了该书的独特价值。在此基础上，冯德刚先生还用这些经验指导其他企业构建先进管理体系，也取得了初步成效。这本书对于企业构建先进的管理体系具有重要的参考价值与实践指导意义。

推荐序一

我们确实处于一个大变革的时代，企业的生存环境、竞争环境都发生了根本性的变化。未来，企业要想成功，一定要突破野蛮生长的阶段，回归到做企业的基本常理和底层逻辑上来。

中国企业发展到今天，要应对外部环境的不确定性和高度复杂性，要走出许多企业"大而肥、大而不强、肥胖而不强壮"的困境，要走出许多企业"活不长、做不大"的陷阱，真正实现高质量的发展，实现可持续的成长，最根本的是什么？最根本的就是要回归到企业的价值观，回归到企业经营管理的底层逻辑，去重构企业的组织与能力，真正以长期主义去思考问题，摒弃短视与投机。

面对新的世界，企业最大的局限是认知上的局限，最大的障碍是思维上的障碍；想不通、看不清、走不出，又被现实的各种问题所羁绊。我把这些阻碍和羁绊总结为：为过去的失误而纠结，为未来的不确定性而烦恼，为现实的问题所困顿，找不到解决问题的思路和方案，觉得现实困难重重。

企业如何突破局限和障碍？我认为需要寻求新的"赢的道理"。新的赢的道理是什么？还是要回归到经营管理的本质：效能。效能实际上包括三个层次，即效率、效益、能力。过去只谈效率、效益，现在我觉得还要加上能力，最终效率、效益还是要体现为企业的市场竞争能力及逆周期生存和发展的能力。

所谓效能时代也是一个新能力时代。"新"主要指的是现在企业的生存环境、竞争环境发生了根本性的变化。这种根本性的变化包括三个层次：一是，从全球竞争力的角度来讲，如何看待企业的新效能、新能力发生了变化；二是，从企业生存和发展的宏观环境和自身能力来讲，中国经济发展到今天进入了新常态化与高质量发展阶段；三是，从技术革命、数字化、智能化的角度来讲，我们进入了数字化与生成型人工智能的新时代。

这个时代，企业要面对的已经不是简单的降本增效。当然，就如何提高一家企业的效能和效率，经典的道理还是没有变，比如流程的效率、科学决策与管理的效率、内在的机制效率。在遵守这些基本的流程效率、组织效率、科学管理效率、责权利能量效率的基础上，还要进行价值与效能重构，提高战略决策与战略执行的效能，要通过组织变革提高效能，提升企业的能力。

企业想做大、做强，光有技术和产品没有组织能力，好产品是卖不好也卖不长的。好产品要卖好、卖久，就必须有组织能力，要致力于组织能力建设，抓流程化与制度化建设，真正地构建起组织理性。因为一家企业的组织能力来自组织理性。企业的发展要靠两种力量：一种是信念、文化的力量，它可以催生激情；另一种是组织理性的力量，一家企业只有构建起组织理性，才能让系统真正变得有效率。

一家企业要真正打造组织能力，须把组织资源聚合和有效配置、组织结构的变革和进化作为组织能力建设的核心内容。在组织资源的整合与管理方面，我认为主要是抓两点：一是要加大投入，先发育资源再去整合、获取资源，提高企业资源的禀赋，提高资源的积累与整合价值；二是要通过有效的管理，去提高人才、技术、品牌等资源的投入效能。

管理构筑基石。我相信：只要再持续成长二三十年，中国经济一定能成为世界第一。中国会有越来越多的企业成为世界级企业，当中国经济成为全球第一的时候，全世界的管理学界一定会来研究中国企业的最优实践。

感谢《从跟随到领先：华为管理体系重构之路》的作者，他在这本书里系统地总结了华为管理体系的战略、流程、组织和变革等主题，阐述了华为以客户为中心的管理体系构建的理念和方法，相信能给更多的企业带来启示，值得阅读和参考。

众人拾柴火焰高，就像华夏基石的使命一样，我们期望这些管理理念可以帮助中国企业成长和走向世界；同时我们也把中国企业的最优实践推向世界，让中国企业不仅对世界经济的发展做出贡献，也为世界的管理思想、最优实践做出贡献。

彭剑锋

中国人民大学教授、博导

华夏基石管理咨询集团董事长

2023 年 10 月

推荐序二

华为的成功源自多种能力的长期投入、系统构建、要素协同与组合发力，很难拆解某个要素来说明其成功的原因。其中，华为具有远见卓识的战略领导力、高度聚焦的战略管理、持续内化的管理体系建设、具有自省精神的学习能力、整合关键利益群体的文化建设、基于业绩的激励机制等，受到其他企业的特别关注。

在华为的发展历程中，1996年的战略与管理转型至关重要。这一年，华为提出了要成为世界一流企业的战略愿景，尽管此时华为的销售额不足百亿元人民币，在各项关键能力指标上都与领先企业存在着巨大差距，能提出这样的愿景既需要勇气与激情，更需要对行业最佳实践的深刻理解和对内在能力的理性规划。在达成战略愿景的蓝图规划中，任正非提出了三步走优先度排序：三年内在管理上与国际接轨、五年内在销售上与国际接轨、十年内在研发上与国际接轨。

在教学实践中，每当讲到这个阶段，我都会给企业家学生抛出这个问题，如果你是任正非，要实现这样的战略愿景，你将如何对转型优先度进行排序？有意思的是，绝大多数企业家都不会把管理放在第一位，他们通常会把市场、人才等因素放在前面。

企业家同学之所以做出这样的选择可能会有多种原因，推断起来有这么几点：一是中国工业文明时间相对较短，管理文化和意识相对淡薄；二是中国经济高速成长，企业家们认为抓住外部机会更加重要；三是管理能力建设投资大、见效慢、风险高，不愿意将有限的资源投在这里；四是企业家会将管理体系作为成本中心，而不是战略资产。但是在任正非看来，近百年来，中国之所以没有出现世界级企业，就是因为中国人不重视管理，而人的灵活性和易变性，使得企业在从小到大的发展历程中，很难形成支撑企业大而不乱、多而有序、变而稳定、快而精细的核心能力，而管理体系正是这一核心能力的关键。

在这种背景下，冯德刚先生的这本书就具有重要的参考价值。他的书系统梳理总结了华为体系化、独特的管理工具和方法论，内容涉及战略管理、流程管理、质量管理、变革管理、数字化转型等，展现了华为从一个灵活高效的中国"农民企业"转型成为世界级企业的苦功、内功和真功。作为华为管理变革的亲历者，冯德刚先生掌握大量一手资料，并深度参与了企业变革的诸多实践，相信他的书会给企业家带来很多启发和借鉴。

董小英

北京大学光华管理学院荣休教授

《华为启示录：从追赶到领先》（中英文版）作者

2023 年 10 月

推荐序三

华为是中国企业的代表和骄傲，每一个中国企业都想学习，但又都觉得学起来有些难。

之所以"难"，正是因为华为的"遥遥领先"。当下，众多企业都在尝试和践行数字化转型，什么是转型、怎么转型、如何转型成功等话题都是热点。华为早在很多年前就开始利用信息化、流程规范和严密的组织架构设计开始了转型之路，若干年下来，华为成功进行了若干次的转型，从一个很小的生产交换机的作坊式企业华丽变身成为覆盖通信、民用电子设备、云服务等的综合性高科技产品制造商和服务提供商。

从外部观察者的角度看，华为的转型之路走得坚定、沉稳，可谓一步一个脚印，虽然不是一帆风顺，却波澜不惊。华为的智能手机也许是当下最热门的话题，与此同时，从智能穿戴设备、家用路由器到企业用服务器、云计算服务等，华为的产品已经逐步从电子制造业渗入了企业和个人生活的方方面面，而且在每一个赛道，市场份额都在稳步提高。华为不仅在国内知名，在海外的名声更是不逊于国内。这些转型成果也都反映在了华为的财务表现上：市场占有率不断提高，品牌价值持续攀升，营业额／利润都实现了快速增长。这是多少中国企业梦寐以求的成果。

市面上介绍华为成功经验的书非常多，有的是亲历了华为发展的高管通过回忆录的形式向大家展示华为发展的历程，有的是咨询公司的专家们从各种管理学派来分析总结华为成功经验，这些书让中国企业家一窥华为走过的艰辛发展道路和历次转型的决心与毅力。

近日我有幸拜读了冯德刚老师的新著《从跟随到领先：华为管理体系重构之路》。正如书名，冯老师的书从一个独特的角度详细介绍了华为的崛起之路，这个角度兼具冯老师作为华为一员所经历的华为历次转型的现场视角和他作为资深咨询专家从管理咨询理论出发的旁观者视角，两个视角的结合全方位解读了华为之所以成为傲视群雄的中国企业代表的成功经验。

众所周知，华为在迈向成功之路的起步阶段，师从众多的国际知名咨询公司，在战略规划与执行、流程优化、组织变革、企业文化构筑等方面虚心且系统地接受了咨询专家们的指导。冯老师在书中详细梳理和介绍了华为学习的这些管理理论，并对各种理论进行了提纲挈领的介绍，再结合对华为当年面临的挑战和机遇的详细描述，读者可以切身体会到华为为什么要坚定地学习这些管理理论，以及如何应用这些理论来解决问题。对于这些管理理论，华为并没有墨守成规、亦步亦趋。冯老师花了很多笔墨详细介绍了针对每一种管理理念，华为是如何结合自身的情况、客户的需求和市场，灵活运用以使之发挥出最大效果的。本书的前三篇有大量的实际案例，非常具有参考性。

中国有句老话说，贵在坚持，现实中能真的做到的企业并不是那么多。冯老师在书中详细诠释了华为的"坚持"。第四篇持续变革篇描述了华为的持续变革，这种变革不是对以前所做事情的抛弃，而是对随着华为业务体量增长不断涌现的新问题所进行的更全面、细致、也更复杂的管理体系和信息系统的设计和应用。万变不离其宗，持续的改进一直在华为起步初期所设计的战略、流程、组织的框架中进行着，只不过华为所面临的新的机遇和挑战，需要做出的战略判断的重要性，需要构筑的流程的复杂性，需要搭建的组织的多样性，已经远远超出起步初期的范围，更不是哪家咨询公司可以利用其他企业的最佳实践来为华为提供教科书式的辅导和咨询的。冯老师在书中介绍了华为如何学以致用，把不变的管理理论结合自身情况来解决面临的商业挑战，这些都是国内企业难得的参考资料和学习典范。

冯老师作为管理咨询行业的资深顾问，熟悉各种管理理论，同时作为华为发展的亲历者，跟着华为大部队走过了一段"长征之路"。这种双重身份和难得的经历，使得冯老师这本书有别于市面上众多介绍华为的书。本书是每一个希望学习华为，成为像华为一样不断进取、不断成功的企业经营者和管理者不可多得的案头书。

纵观华为的发展历史，有意思的是，华为并没有发明什么新的管理理论，而是花大价钱把被证明行之有效的成熟管理理论拿来认真学习（聘请咨询公司，从内部培养自己的咨询团队，这对企业来说都是不小的投入），钻透吃透，融会贯通，这才有了无数次华为根据自身情况灵活应用这些管理理论，走出一条独特的发展道路，展示了一幅从跟随到领先的励志画卷。从这个角度看，华为其实和世界上其他的成功企业没有太大区别，也正因如此，华为的成功是可以学习的，也是可以复制的。

随着 MBA/EMBA 教育的普及，越来越多的管理者有了系统学习企业管理理论的机会，中国企业的整体管理水平也有了很大的提升。华为所展示出的强大的战略定力、战略执行力成就了其今天的成功，企业的经营者和管理者，不妨静下心来读一下冯老师的这本书，重温一下书中提到的那些经典的管理理论，同时也认真体会一下华为是如何十几年如一日地坚持下来的。这些也是现在这个稍显浮躁和焦虑的社会中，企业经营者和管理者所需要的，也是冯老师这本书的重要价值。

贾缙

埃森哲前企业技术创新事业部总裁

现上海永利带业股份有限公司首席数字官

2023 年 10 月

推荐序四

很高兴冯德刚部长能把十多年在华为做流程变革和数字化转型的管理咨询经验，结合在企业落地实践的情况，汇总到《从跟随到领先：华为管理体系重构之路》这本书中，这是一件能惠及更多企业和管理者的好事。华为是一家令人尊重的企业，任总（任正非）的管理理念和华为的管理方法，值得虎彩集团和其他广大企业学习和实践。

虎彩集团"以用户为中心，变革创新为本"的核心价值观，跟华为"以客户为中心"的核心价值观和"持续管理变革"的战略有很大的相似性。虎彩集团目前正在向工业互联网与数字化转型、流程化组织建设、"变各自为政为集成作战"三个方向开展变革，在产品创新、渠道创新、流程创新和数字化创新等方面实施组合创新。

冯德刚部长给虎彩集团及下属各事业部带来了很多值得学习的华为管理理念和实践方法，包括战略管理、流程再造、流程化组织转型、项目化运作、数字化转型等，提高了管理团队的理解和认知，统一了高管共识和方向，强化了虎彩集团以用户为中心的流程意识，推进了虎彩集团核心价值观的落地。目前流程再造和数字化转型成了虎彩集团管理变革的高频词。

《从跟随到领先：华为管理体系重构之路》一书围绕管理体系的四大关键主题——战略、流程、组织和变革，讨论了：战略开发到执行的闭环；流程和组织如何对齐战略，支撑战略落地；如何打造以客户为中心的组织；如何有效开展变革等问题。这些内容非常有价值，也很实用，落地性强，可以帮助企业有效地开展管理体系变革，提升企业管理成熟度。

如果要读一本系统地介绍华为管理体系构建的书，《从跟随到领先：华为管理体系重构之路》是一个不错的选择。这本书具有理论和实践的双重优势，可以当作管理实践指南。借助这本书，企业可以掌握华为成功的管理方法和实践经验，并将其应用到自身管理体系的构建过程中。无论是企业管理者，还是想提升战略、商业思维、管理思维和管理水平的骨干员工，相信都可以从本书中获得有价值的经验和启示。

陈成稳

虎彩集团创始人兼董事长

2023 年 10 月

自　序

华为无疑是一家备受关注和尊重的企业。2018年是笔者在华为工作的第13个年头，这年年中笔者从德国慕尼黑华为欧洲开发中心调回国内，不久后被调入华为企业BG（业务集团）规划咨询部，为华为的政府和企业客户提供数字化转型与流程变革的规划设计和咨询服务。直到2021年7月底离开华为，笔者已经在华为工作超过16年。前13年服务华为内部管理体系和流程变革、组织变革和质量运营；后3年为华为的客户提供流程重构和数字化转型规划咨询服务。

每天都有大量的政府和企业客户来华为参观交流，其中华为的经营管理体系、文化和核心价值观、流程与变革管理及数字化转型实践是交流的热门主题。在规划咨询部工作的近3年时间里，笔者接待过上百场客户交流。与客户交流给笔者最大的启发就是，华为流程变革和管理体系建设的实践经验对外部企业有极大参考价值，如果将这些实践经验进行总结并分享给企业家和管理者，让他们能够从中获得启发和帮助，惠及更多企业，会是一件非常有意义和价值的事。从那时起，笔者萌生了要写一本关于华为管理体系的书的想法。

华为的成长史就是一部管理体系不断优化创新的变革史。在公司治理上，华为坚持以客户为中心、以奋斗者为本，持续优化公司治理架构、组织、流程和考核机制，使公司长期保持有效增长。笔者在华为工作的 16 年多时间里，先后任职于产品与解决方案体系、企业BG、行业解决方案（现已演变为华为各类行业军团）、云与计算 BG等组织，陪跑了不同业务形态的管理体系建设和流程变革，历任质量运营工程师、高级营销经理、流程变革专家、数字化转型专家、高级管理咨询师、高级管理咨询总监等职务，其中 10 年以上是在各种与流程和管理变革相关的项目团队里。借助这样的工作机会，笔者也有幸成为华为多个变革和管理改进项目的亲历者和贡献者，亲自参与和主导了多个华为集团层面和下属 BG 层面的大型变革项目，有机会近距离、更加全面和深刻地理解华为的管理体系、经营理念、质量运营、流程变革管理和数字化转型，并在市场管理、战略规划（SP）与业务计划（BP）、产品组合及生命周期管理、商业模式设计、市场营销等方面积累了较多方法和实践经验。

2021 年 7 月，笔者离开华为加入一家多元化经营的集团公司（虎彩集团有限公司），继续从事流程与组织变革、数字化转型相关工作，希望把华为变革管理理念和流程管理方法带入企业及下属各事业部、子公司。从近两年推进的情况来看，结合集团下属各事业部、子公司不同业务形态和业务诉求进行适配落地，取得了不少成果。诸多实践进一步证明了华为管理体系和方法复制的可行性和有效性，这些实践又进一步提升了笔者的认知和理解，丰富了流程与变革管理相关经验和方法。华为的成功和领先是诸多因素综合作用的结果，想复制华为谈何容易，但华为对管理体系的理解和认知是值得学习的，华为很多构筑管理体系的理念、经验和方法是可以借鉴和落地的。

本书围绕战略管理、流程重构、组织打造、持续变革四大关键主题，致力于解开华为从跟随到领先的核心密码，揭示如何把不确定变成确定，把偶然成功变成必然成功的底层逻辑。内容涵盖：华为战略管理流程、战略规划方法和模型，战略规划到闭环的管理要点，流程管理及战略驱动的流程架构设计方法，流程化组织转型，项目型企业打造，质量文化建设，数字化转型，华为各领域流程变革情况等。管理要服务战略，战略是企业管理诸多要素的输入，本书大体上遵循从战略落地到流程，流程落地到组织和 IT（信息技术）的写作思路，解读如何通过流程化组织建设和项目型企业打造，提升企业面向客户和市场的竞争力和响应能力；通过持续管理变革，优化和构建支撑业务和战略落地的管理体系、流程体系、组织体系，构筑关键竞争力，使组织充满活力，最终成长为一个值得信赖的规范、成熟的企业和组织。

本书主要解决和探讨如下问题：（1）讲华为管理的书很多，但讲华为管理体系构建的很少，华为有哪些理念和方法可以借鉴；（2）华为管理涉及战略、流程、组织、绩效、变革、数字化转型等，它们之间有什么关系，如何从全局视角更系统、完整地理解这些内容，整合诸多管理要素之间的关系，避免出现管理孤岛；（3）如何制定牵引业务领先的战略，并实现战略规划到执行闭环；（4）如何确保流程对齐战略，对准业务能力和竞争力构建，将能力承载在流程、组织和IT 上；（5）如何构建以客户为中心的管理体系和流程体系；（6）企业如何做实以客户为中心，成为真正以客户为中心的组织；（7）如何建设流程化组织，组织如何对齐战略和流程，如何打造项目型企业，变各自为政为集成作战；（8）如何有效地开展企业流程变革，华为 IPD、LTC、MTL、ISC 等流程变革的要点和启示；（9）如何成功开展数字化转型变革，企业数字化转型的理念和企业架构方法；（10）如何构建企业质量管理体系，打造值得信赖的成熟企业；等等。

我们有幸生活在一个日新月异的时代，这个时代充满挑战和机会。本书以华为管理体系为基础，结合笔者在华为参与的变革实践，在华为工作期间给政府和企业客户做数字化转型规划和流程变革咨询的实践，以及笔者离开华为后在集团公司中各事业部、子公司的落地实践情况，进行总结提炼。华为管理体系的理念和方法是华为30多年经营实践的思考和沉淀，笔者希望能将这些理念和方法分享给需要的人，帮助他们少走弯路，少踩坑，减少学习和摸索成本，如果读者能从中获得启示和帮助，笔者将备感荣幸和欣慰。本书行文大体上遵循如下的逻辑：从概念和理念入手，再到华为的理解及实践情况，最后是落地方法和建议。先解决"道"的层面上的问题，再解决"术"的问题，这也是本书的一个特点。

感谢笔者在华为工作期间多个有汇报关系和对笔者进行过指导的高管，他们的管理认知、理念、逻辑和方法给了笔者极大启示。笔者要特别感谢虎彩集团有限公司董事长兼总裁陈成稳先生对笔者工作的指导与支持，他身上的企业家精神让人敬佩。这种精神给我们团队的实践提供了变革创新为本的文化土壤支撑，为管理体系建设的探索提供了好的平台和发挥空间。在此笔者也对虎彩集团多位高管和团队小伙伴对书中理念与方法的实践及丰富表示感谢，感谢所有支持笔者和本书的人，感谢清华大学出版社资深编辑宋冬雪老师不厌其烦地与笔者讨论和修改书稿并推进本书的出版。最后，笔者也要感谢爱人以及香香、甜甜两个宝贝闺女对笔者写作的鼓励与支持。

华为的管理在中国乃至全球企业中都可谓独树一帜，为人们称道。本书不仅是华为成功关键因素的解码，更是一本具有启发性、指导性、实用性和落地性的管理类图书。相信本书在业务管理和管理体系建设方面，能给企业家、管理者，以及想提升管理思维、战略思维、流程思维、质量思维、项目思维、变革思维、数字化转型思维和相应能力的团队负责人、业务骨干，以及从事战略管理、流程管理、变革管理和相关管理咨询工作的从业人员诸多启示。让我们一起开启管理体系升级之旅，打造一个满足时代要求的更加规范、高效、成熟、具有竞争力和生命力的企业和组织，更加从容地去面对这个大变局时代的挑战。

冯德刚

2023 年 8 月于深圳

第 3 章　战略解码与战略执行闭环　／ 065

第四篇
持续变革篇

第一篇

战略管理篇

战略、流程和组织是企业管理的三大支柱，或称三驾马车。战略就是能力与目标匹配。战略确保"做正确的事"，保证方向大致正确；管理是"正确地做事"。战略由流程和组织来承载，管理要落地到流程和组织。通过变革可以持续打造和提升流程与组织能力，使流程与组织更好地承接战略，增强赢的底气。

　　阿基米德说："给我一个支点，我可以撬动地球。"如果战略是我们要撬动的地球，流程是撬动地球的杠杆，组织和人才是撬动地球的阿基米德，那能力就是支点。通过变革实现能力跃迁，就可以改变支点位置，让支点靠近地球，当能力匹配战略诉求时，就可以撬动战略这个地球。

第1章
战略和战略管理是管理体系的核心

任总 [①] 讲过："华为要有一批仰望星空的思想家，他们要能假设未来。没有正确的假设，就没有正确的方向；没有正确的方向，就没有正确的思想；没有正确的思想，就没有正确的理论；没有正确的理论，就不会有正确的战略。"

好的战略思维能保障持续产生好战略，使企业跨越多个增长周期。卓越的管理者，需具备战略思维。战略思维的高度、广度和深度，影响管理者的自身成就，也决定了企业的成败。

1.1 战略的核心在于取舍

战略（strategy）一词最早作为军事术语，指军事将领指挥军队作战的谋略。《孙子兵法》被誉为中国乃至整个人类社会最早对军事战略进行全局系统化筹划的著作。当前，战略的概念已经延展到国家、区域、城市、企业、组织等层面，延伸到国家治理方略、国计民生、

---

① 备注：本书中提到的"任总"如无特指均是指华为创始人任正非先生，以示尊重。

国防军事、经济发展、文化建设、科技发展等广泛领域。战略方向和战略选择，往往关乎国家的前途和命运、区域和城市的兴衰存亡、企业和组织的成败得失，重要性不言而喻。"企业战略"的概念是随着产业革命和经济发展，在企业管理过程中逐渐形成的。

1965 年，企业战略管理鼻祖伊戈尔·安索夫出版了第一本有关企业战略的著作《公司战略》（*Corporate Strategy*），成为现代企业战略管理理论的研究起点。其代表作《公司战略》、《战略管理》（*Strategic Management*）、《从战略计划到战略管理》）（*Implanting Strategy Management*）被公认为是战略管理的开山之作，奠定了安索夫战略管理领域一代宗师的地位。

哈佛商学院教授迈克尔·波特是当今世界竞争战略和竞争力方面公认的权威，他认为战略是由独特而有价值的定位创造出来的，有赖于独特活动，提供独特价值，战略定位的本质是选择与竞争对手有所差别的活动。战略的本质是选择何者不可为。

企业战略管理理论代表人物肯尼斯·安德鲁斯（Kenneth R. Andrews）关于战略的概念极具影响力和价值。安德鲁斯在其著作《公司战略概念》（*The Concept of Corporate Strategy*）中，提出了制定与实施公司战略的两个阶段——战略管理模式和 SWOT 分析（基于内外部竞争环境和竞争条件下的态势分析）框架，将公司组织与外部环境关系通过战略衔接起来。安德鲁斯认为，企业总体战略是一种决策模式，它决定和揭示企业的目的和目标，提出实现目的的重大方针与计划，确定企业应该从事的经营业务等。其关于战略的论述比较全面，包括了市场定位、竞争优势、资源配置和组织结构等几个关键要素。

全球管理界享有盛誉的管理学大师亨利·明茨伯格曾说："战略就是企业为了收益制订的与组织使命和目标一致的最高管理层的计划。"

他认为战略有多重定义，"战略即规划、战略即策略、战略即模式、战略即定位、战略即视角"。

目前战略及战略管理已经成为企业管理的核心，流程与组织、文化与氛围、变革与能力打造等管理要素需要围绕战略构建，支撑战略落地。战略的学派很多，企业战略的定义也很多，众说纷纭，有一个观点被普遍接受和认同，那就是"战略是有限资源下的取舍"。具体来看就是，企业基于对全局和未来的考虑，做出有限资源下的取舍。这个通俗易懂的提法虽然不能诠释战略的全部，但在华为得到了普遍认同。在做战略规划或者做投资决策评审的过程中，决策层经常会问自己：舍弃了哪些市场和机会，放弃了哪些客户，哪些项目对战略价值不大，哪些需求和特性在排序中应该靠后。

战略首先是选择和排序，要先回答企业去往何处、要做什么的问题，然后才是怎么做，怎么达成目标，如何做好的问题。管理大师彼得·德鲁克说，"重要的是做正确的事，而不仅仅是正确地做事"，强调的就是战略选择的重要性。

企业战略的本质在于取舍，取舍的核心在于放弃。企业在战略选择上要坚持"有所为"与"有所不为"。企业需要充分认识到资源的有限性，明确放弃那些不符合企业战略价值和优势的业务，避免过度扩张、涉及过广，造成资源的浪费和分散。

IBM 前 CEO 路易斯·郭士纳说，"我发现我们之所以取得成功，主要原因就是我们没有去做所有不应该做的事"。放弃可帮助企业集中精力，将资源配置到战略机会、战略市场、优势业务和有价值的项目上，确保战略目标达成，获得市场领导地位。

战略选择往往做加法容易，做减法难，而真正的战略往往是做减法。多做一块业务，即使浪费了大量资源，做不成也很少受到惩罚，但如果因为坚持长期战略机会而主动放弃某块业务和某些客户，使企业遭受短期的损失，往往会受到指责。与其坚持客观精神，还不如直接听从领导命令来得简单，因为出了问题不用承担责任，还可以将决策失误归咎给领导，或者让领导背锅，这导致战略规划在进行选择和决策时，常常丧失务实和客观精神，背离战略在于取舍的本质。

2012年，华为常务董事、终端BG CEO余承东接管华为手机业务时，认定"不做自主品牌高端手机，华为手机就没有未来"，于是痛下决心，砍掉销量很大但不赚钱的低端运营商定制机（损失3000万部出货量），将有限的资源集中到自主高端品牌智能手机的研发上，终于成就了华为高端手机品牌的地位。如果当初余承东没有坚持高端手机的战略选择，没有顶住压力、集中资源，就没有今天华为高端手机的自主品牌。

选择比努力更重要。面对众多的市场机会和业务，有企业敢做的、能做的，也有想做的、可做的，甚至还有该做的，而战略往往是以上机会和业务的交集。所以，战略取舍考验的是管理层的洞察力、智慧和勇气。

1.2 战略管理考验企业的战略定力和战略耐性

企业战略是企业的发展蓝图，是企业及所有员工的行动纲领。战略可以提高企业的预见性，帮助企业克服短视行为，所谓"不谋万世者，不足谋一时；不谋全局者，不足谋一域"。战略还可以为企业发展指明方向，没有战略的组织就像没有舵的船，没有方向。只有在正确方向上，坚持正确的逻辑进行管理，才能得到好的结果。

战略有诸多特征，只有对这些特征理解深刻，才能更有效地管理好战略。战略的特征，叠加整个企业经营环境的不确定性和竞争压力，考验的是企业的战略定力和战略耐性。

战略的全局性要求企业对战略进行统筹规划

战略必须从企业全局出发，统筹规划确定企业发展愿景目标和各业务单元战略优先级，以达到战略和业务价值最大化的目标。战略规划要系统性地审视集团层面的总体战略，各事业部/业务单元的战略，以及职能领域战略的相互支撑关系和侧重点；从全局视角统筹规划各业务单元、业务组合和投资重点对企业整体战略的支撑点，而不是割离地看，从而结合自身优劣势和资源，确定企业层面的战略方向和组合目标。

战略的纲领性要求企业聚焦主航道

战略是一种引领性和指导性要求，是企业战略聚焦后的行动纲领和决策指南。企业据此确定下属各业务重点和发展事项的优先级，进行资源优先级配置和实施节奏方面的投资决策。企业应聚焦战略确定的主航道，避免在非战略机会上投入战略资源。

战略的长远性要求企业要有战略耐性

战略的着眼点是企业的未来，战略规划要考虑如何构筑未来市场所需的能力，从而获得更多机会，实现组织长期发展。企业战略通常涵盖三年以上时间段，要求企业具有战略眼光和战略耐性，确保对长期能力和竞争力构筑点上的资源投入，避免受短期机会干扰。

战略的客观性要求企业保持务实精神

战略必须建立在对内外环境和市场客观分析的基础上，基于客观事实和真实数据、发展趋势，给出科学合理的规划构想。战略选择方向的对错，很大程度上取决于企业对内外环境的客观分析和市场洞察的质量。企业要有客观务实的态度和精神，如此才能做出高质量的战略预判和战略选择，从而制订出更为科学合理的战略规划。

战略的竞争性促进企业保持竞争优势

市场是竞争的场所，战略的一个重要目的就是保证企业在激烈的市场竞争中胜出，赢得市场和客户。竞争不可避免，企业战略需要确保与竞争对手的差异化，以获得独特的市场地位和竞争优势。制定战略时，企业需要充分了解主要玩家和竞争对手优劣势，有效预测竞争对手下一步动作，才能制定相应策略来应对竞争，并在竞争中保持竞争优势。

战略的创新性保障企业出奇制胜

企业能够取得巨大成功的原因在于敢于打破常规，寻求并捕捉重大机会点，谋求超常规发展和跃迁，主张工作流程、组织结构与运行机制的彻底变革和重构，从而改变原来的竞争规则和运作模式。成功的创新者会采用与竞争对手完全不同的竞争策略和发展路径，在产品和服务、新市场、商业模式、组织模式、管理模式等方面构筑差异化竞争力，开拓创新，实现超常规的、非线性的突变和质变。

战略的风险性让企业具有危机忧患意识

战略是基于当前条件的假设，对未来进行预测和分析，假设和未来都充满不确定性，导致战略规划带有一定风险。企业需要把风险当成重要事项进行管理，时刻保持忧患意识和危机意识，保持客观和冷静。制定和执行战略时，企业需要充分预估风险，制定风险应对措施，并根据外部环境变化，及时修正战略，以便在不断变化的市场环境中将风险降至最低。

1.3 战略思维保障持续产生好战略

战略思考力和战略思维是企业保持竞争优势的活力源泉。有一种观点被普遍认可，那就是一家有"好战略"的公司，远不及"具有战略思维"的公司。任总说："人才不是华为的核心竞争力，对人才进行有效管理的能力，才是企业的核心竞争力。"类似的，好产品算不上企业的核心竞争力，比好产品更重要的是持续产生好产品的流程、机制和能力。同样，好战略就像一个好产品，是一时的，会过时，有其生命周期，也容易被模仿。而好的战略思维和方法能保障持续不断地产生好战略，使企业跨越多个增长周期，在企业生命周期而不仅是产品生命周期中终身受用。具备对战略的如下理解和思维，可以保障我们更好地规划和执行战略。

战略是一个变革的过程

战略是一个选择新业务方向、放弃部分现有业务和市场的过程，其实就是一个失去旧奶酪和创造新奶酪的过程。变革就是从 AS-IS（现状）走向 TO-BE（将来），战略作为企业管理的核心，其目的在于引领企业实现从现状到未来状态和能力的跃迁。企业需要以积极的态度应对变化，通过变革提升能力，不断地抓住增长机会。

战略是一个选择和舍弃的过程

战略是一个取舍过程，在有限的资源条件下，企业需要进行战略选择和排序，明确选择哪些业务领域、客户群体和细分市场，以及资源配置的优先级。选择往往是非常重要和艰难的，因为它直接关系到企业未来的发展，选择和舍弃的唯一标准就是"如何让我们在有限资源下持续保持竞争优势"。

战略是一个凝心聚力的过程

战略是一个组织系统性思考的过程，是凝聚力提升和思想统一的过程。战略规划促进对市场洞察、战略意图制定、机会点确定、客户选择、竞争力构建点、战略控制点等问题深入探讨，这个凝心聚力的过程，价值远超过一个完美的战略描述。战略需要我们去思考并回答所处行业的深层次问题，能让我们更清晰地认识自身并预见未来，更重要的是有力量、激情和机制去创造未来。

战略是一个达成共识的过程

战略规划最重要的是过程，是在这个过程中管理团队多轮研讨、上下对齐、左右拉通，达成一致的战略共识。战略共识可以节约很多战略执行过程中的沟通成本，更重要的是能确保战略沿着规划的方向和路径得到高效和无误的执行。

战略是压力传递的过程

战略要激发全体员工思考如何"活着"，并保持创业激情。战略不能仅仅停留在领导层和管理层，必须让所有员工都理解和参与其中，形成思想和行为的统一，并落实到每名员工的工作中。作为企业管理者，需要清醒地认识到市场和竞争给企业带来的巨大压力，并把市场和竞争压力传递到每名员工。

战略是一个管理体系

管理者需要把握战略制定、战略执行、战略评估和管理的全过程。只有在此基础上建立起完整的战略管理体系，才能真正实现井然有序、高效精准的战略管理。作为企业管理者，需要从业务流程、组织架构、人才、组织氛围、文化建设等多个方面来考虑战略的制定、执行、评估和管理。

1.4 华为以客户为中心的战略要点

以客户为中心是华为最重要的经营理念与核心价值观，华为强调"企业的目的是为客户创造价值""客户需求是华为发展的原动力""为客户服务是华为存在的唯一理由"。任总要求："战略家的目标永远是以为客户服务为中心。以客户为中心是颠扑不破的市场真理与常识，企业在战略层面上一定要予以高度重视。所有组织及工作的方向只要朝着客户需求，就永远不会迷航。"华为的战略、流程、组织、文化和核心价值观及经营理念，都是对齐客户的。本书的总体脉络就是在阐述华为战略、流程、组织上如何与客户对齐的实践，以及我们如何复制这套以客户为中心的经营理念和管理体系。

华为战略上强调基于客户需求，以客户为中心，以目标为导向，构筑核心竞争力，成就客户。作为商业组织，如果不能聚焦客户需求，把握商业趋势，方向就不可能做到大致正确。

任总认为："商业活动的基本规律是等价交换，如果我们能够为客户提供及时、准确、优质、低成本的服务，我们也必然获取合理的回报，这些回报有些表现为当期商业利益，有些表现为中长期商业利益，但最终都必须体现在公司的收入、利润、现金流等经营结果上。那些持续亏损的商业活动，是偏离和曲解了以客户为中心的。"

华为所有经营活动，从把市场需求作为产品开发的驱动力，到产品投资决策、资源投入、考核激励机制，都紧紧围绕成就客户。这套以客户为中心的战略闭环管理逻辑，保障了华为"方向大致正确，组织充满活力"，奠定了华为的核心竞争力，成就了华为 30 年做到年收入 8000 多亿元的奇迹。

有记者问："华为成功的秘密是什么，可不可以学?"任总回答说："第一点，华为没有秘密。第二点，任何人都可以学。华为没什么背景，没有什么依靠，也没有什么资源。唯有努力工作，才可能获得机会。但努力工作首先得有个方向，这个方向就是为客户服务。我们把产品做好，把服务做好，坚定地做好为客户服务。为客户服务，没有人做不到。"

华为始终坚持把自己有限的资源集中在一个狭窄领域里，在成功的关键因素和选定的战略方向上，集中人力、物力和财力，以超过主要竞争对手的强度配置资源，通过压强原则在局部形成资源上的强大配置优势，实现重点突破。任总讲："20多年来，抵制外面机会和诱惑是企业最大的困难。"华为顶住了投资股市赚快钱、投资房地产、进入互联网行业等的冲动和诱惑。笔者认为华为战略上有如下要点。

（1）以客户为中心的战略。客户需求导向，以市场需求作为产品投资开发的驱动力，客户需求驱动公司目标和产品路标的规划。技术与管理双轮驱动，客户需求导向优于技术导向。不追求利润最大化，追求一定利润率水平上成长最大化。强调"深淘滩，低作堰"，挖掘内部潜力，让利客户，善待上游合作伙伴。建立端到端高效运作体系，支撑高质量交付和低成本运作，快速响应市场变化和客户需求。

（2）聚焦主航道，拒绝机会主义，不在非战略机会点消耗战略竞争力量。追求长期有效增长，坚持战略聚焦，聚焦主航道。坚持在大机会时代，拒绝机会主义的方针。坚持战略竞争力量不应消耗在非战略机会点上的方针。坚持有所为、有所不为，聚焦战略机会点，坚持主航道发力，构建持续领先优势。

（3）压强原则，集中战略资源抓住战略机会。选择大市场，围绕核心竞争力扩展业务组合。找到战略机会点后，专注，再专注，持续提升核心竞争力和战略控制点。坚持压强原则，集中战略资源抓住战略机会，用机会牵引资源分配，集中优势资源撕开市场突破口，实现战略机会扩张。战略方向坚定不移，保持战略耐性，战术上多条路径，采取灵活机动的战略战术。

（4）强烈的忧患和危机意识驱动。华为的最低和最高战略是，如何活下来，活得比别人长久，就是成功者。华为天天思考的都是失败，对成功视而不见，讲得最多的是"活下去"。从破釜沉舟自主研制交换机，摆脱对原厂产品供货依赖，到未雨绸缪，"十多年磨一剑"，提前打造"备胎计划"，减少对西方国家的技术依赖，确保业务的连续性，华为以强烈的变革意识，构建了一系列以客户为中心、以生存为底线的管理体系，用规则的确定性应对结果的不确定性。通过管理变革，华为致力于摆脱对个人的依赖，从必然王国走向自由王国。

（5）持续管理变革，保持组织活力。方向大致正确，组织充满活力，通过管理体系变革和流程变革，使组织始终处于激活状态。华为基于合理的"价值创造，价值评价，价值分配"机制，激发组织内驱力；通过组织管控模式的创新与变革，实现大平台支撑精兵作战；根据战略调整、业务要求和外部环境变化，随时变换产品、管理、流程、组织等方面的作战阵型；坚持开放合作，选择优秀的伙伴形成产业联盟、提高系统竞争能力。

华为坚持在大机会时代，拒绝机会主义的方针。任总要求高级干部要聚焦主航道，要有战略耐性，能够抗拒诱惑，压制住战略冲动，不在非战略机会点消耗战略资源。

如何使高级干部主动抵制偏离主航道的利益诱惑？任总要求："要树立公司的远大目标，树立成为世界产业领导者的宏伟目标，以实现公司远大目标作为高级干部的个人目标，而不把个人的名誉、出人头地，以及个人权力和利益看得很重。聚焦主航道，就是聚焦大方向，聚焦公司远大目标。"

第2章
华为战略管理的流程和方法

　　任总讲："一个公司取得成功有两个关键：方向要大致正确，组织要充满活力。这里的大致正确的方向是指满足客户长远需求的产业和技术。作为商业组织，如果不能聚焦客户需求，把握商业趋势，方向就不可能做到大致正确。"

　　战略有艺术性的一面，也有科学性的一面，是科学与艺术的结合。战略思考和规划是艺术，战略管理是科学。基于战略管理流程和战略思维逻辑框架，可把战略从艺术变得更科学，更可管理。

2.1　用流程和规则的确定性管理战略的不确定性

　　大胆假设、小心求证是战略规划和战略构想的重要方法。战略构想离不开企业家尤其是创始人的远见、抱负、胆略，甚至突发的奇思妙想、灵光一闪的战略思考往往可以给企业未来指明新的方向，发现新的战略增长机会。这种灵光一闪有可能是企业家基于长期思考积累的直觉做出的判断，但不能确保正确性，以战略管理的理论、方法、框架和模型为指导，去验证直觉判断，往往能提升科学性，使战略规划更有逻辑和说服力，从而提升战略制定的质量和战略执行效率，变偶然的灵光一闪为相对周全和科学的战略构想，避免盲目决策。在此基础上，还需要进一步把企业家和创始人个人的智慧，变成全体智慧，变依赖企业家和创始人的决策为集体决策。就像任总讲的，"我们不指望都有英明领袖，我们是共同来推动大家都有战略眼光"。

华为认为，战略规划是实现企业愿景与使命的谋划，是基于全局和未来做出有限资源下的取舍，是不断适配客户变化去寻找自身的定位与抉择。战略管理是确定愿景与使命后，通过战略洞察识别发现和聚焦战略机会，并配置资源推进落地执行，管理执行和监控目标达成的动态管理过程。

战略思考和规划是门艺术，但战略管理是门科学，科学可以实现可重复性的必然结果。在华为战略规划与执行的规范性管理过程中，科学的战略管理体系和流程非常重要，可帮助提升管理者的战略思维、战略规划和战略执行能力，确保战略方向正确和高效执行落地。

华为在30多年的发展历程中，绝大多数情况下都能抓住行业和市场机会，这与华为极度重视市场洞察和战略规划，具备强大的战略管理能力密不可分。华为当前集中资源投资攻坚的业务往往在5年甚至10年前就论证清楚了，而华为现在规划的业务往往是在为5年甚至10年以后的能力做准备。比如当前加速发展的智能汽车解决方案业务，华为早在2012年就开始布局，并于2019年正式成立智能汽车解决方案业务单元。

华为目前公布财务收入的有ICT（信息与通信技术）基础设施业务、终端业务、数字能源、云计算、智能汽车解决方案部件五大业务板块（有成熟业务、成长业务，也有新兴业务），大大小小三百多个业务单元，绝大多数业务单元都是成功的，说明这已经不是一种偶然成功。华为正是凭借正确的战略选择，抓住行业发展的机会，从跟随到超越，从超越到领先，实现一次又一次的飞跃，成为全球领先的ICT基础设施和智能终端提供商。

这里补充说明一下，华为各板块业务能"必然成功"跟战略选择、"做正确的事"有莫大关系，但只有正确的战略还不够，还要有能把战略变成机会，把商业构想变成商业变现，把线索变成现金流，把客户需求变成客户满意的流程、组织、文化、机制、能力等关键因素，这就是序言里提到的：华为从跟随到领先的核心密码，以及如何把不确定变成确定、把偶然成功变成必然成功的底层逻辑。

2.2 DSTE 流程，保障战略管理要素集成贯通

华为沿着两个端到端模型建设管理体系：一是沿着从客户需求到客户满意端到端价值创造流程管理，二是沿着战略规划到执行闭环端到端管理。沿着战略规划到执行闭环端到端管理的 DSTE（开发战略到执行）流程是制订中长期战略规划（SP）、年度业务计划（BP）与预算，执行并监控评估的统一流程框架和管理体系。其中战略规划定位为规划未来，重点放在价值创造，聚焦中长期资源分配的方向和重点；年度业务计划定位为业绩合同，重点在业绩衡量和管控，聚焦第二年的关键目标和重点工作。

DSTE 流程是华为业务流程架构中的一级流程，也是各级管理者开展管理工作的主要流程。DSTE 流程是一条主线，完整地描绘了组织战略从制定到执行的业务脉络和管控视图（图 2-1）。整个流程从战略规划、年度业务计划与预算，到业务计划执行与监控闭环、业绩达成情况与管理体系评估，把战略规划、业务计划、述职、全面预算、人力预算、重点工作、KPI（关键绩效指标）等管理事项进行有效集

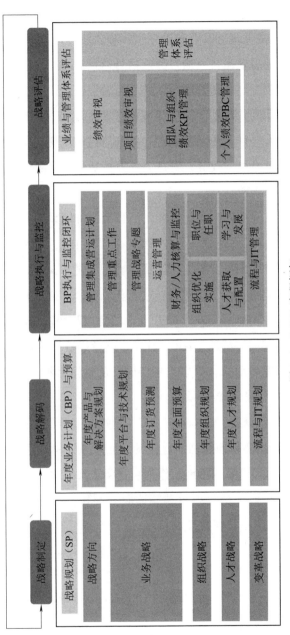

图 2-1　DSTE 流程框架

成，并在各个层级拉通管理，实现战略到执行的闭环。

DSTE 流程通过战略规划和业务计划引领和协同公司主价值流程、使能流程、支撑流程有效运行，通过战略执行运营活动，整体协调和统筹监控各方面的业务活动和管理活动的运行。保证公司及各业务单元目标、预算和行动的一致性，使公司和各领域运行上下对齐、左右协同、前后贯通，人、财、物三方面的计划和监控实现集成，牵引公司建立稳定和可持续发展的业务，管理公司及产业的投资组合，支撑公司战略与业务目标实现。

战略规划是包括业务、组织、人才、流程及管理体系的变革战略与规划。DSTE 流程将战略规划、业务计划、财经、HR（人力资源）、流程与 IT 围绕从战略到执行实现有机集成，把企业原来相对松散、割裂的战略管理活动集中起来，形成一个有机整体。如同 IPD（集成产品开发）实现了各功能部门在产品开发上的集成与协同，DSTE 流程则实现了各职能部门（战略、HR、财经、质量运营等）在战略规划到执行闭环各管理活动的有机集成与协同。从整体上看，DSTE 流程就是企业集成的管理框架与体系。

笔者曾深度参与战略与 Marketing（市场营销）主导的集团 DSTE 流程项目，引入 VDBD（价值驱动的业务设计）方法及 BLM 模型（业务领导力模型）在网络产品线落地，作为项目组成员打通了从规划到执行，特别是执行阶段多个管理活动如述职、预算、KPI、PBC（个人绩效承诺）和重点工作管理的集成和贯通。[1]

---

[1] 备注：网络产品线下属 5 个子产品线，包含近 20 个业务单元 / 产品族，是华为当时最大的产品线。其他还有无线产品线、核心网产品线、业务与软件产品线等，书中提到的"产品线"皆可理解为类似的结构。

2.3 市场管理方法助力提升战略思维和商业思考力

笔者 2005 年 4 月加入华为，对口战略与 Marketing 体系能力建设和相关变革工作，进入的第一个变革项目组就是市场管理（Market Management，MM）项目组，所以对市场管理流程方法有特别的感情。当时导师给了笔者一份材料和一本书，材料就是 IBM 给华为留下的《市场管理 MM 流程指南》，书就是营销大师菲利普·科特勒的《营销管理》。多年后，项目团队调侃说，那时仅有的几个市场管理项目组成员其实就是华为最早一批研究企业战略规划、年度业务计划和产品商业规划的金种子。

那时候国内大多数企业以销售为重，能接触到营销管理知识体系、组建营销管理团队的企业还非常少，材料和书里提到的理念、工具和方法深深地吸引了笔者，引起笔者极大的兴趣。笔者隐隐约约地感觉到，在战略规划及营销领域，华为已经走在了绝大多数企业的前面。而这种战略规划和业务选择的能力，就是"做正确的事"的能力，能帮华为做出正确的业务投资方向选择和投资节奏策略，将为华为的业务成功和业务领先奠定坚实的基础，后来的事实证明，笔者当时的判断是正确的。

当时华为战略与 Marketing 体系刚组建不久，管理体系和流程机制建设相对研发体系 IPD 流程来说，底子薄，差距大，在流程、组织、能力、方法、工具、IT 和治理体系建设方面百废待兴。现任华为轮值董事长、时任战略与 Marketing 体系总裁的徐直军亲自推动体系的流程变革和建设。市场管理项目组后，笔者又先后加入需求管理流程项目组、商业计划书开发流程项目组、产品 / 解决方案路标开发项目组、产品上市 GTM（Go-To-Market）项目组、企业 BG 产品上市流程项目组、CRM（客户关系管理）变革项目群、MTL（市场到线索）变革项目群，并得以在项目组/项目群中担任主要角色，继而在华为大学担任青训班（后备干部培训班）讲师，讲授市场管理、需求管理、产品上市、MTL等相关流程、工具和方法。伴随着战略与Marketing体系的组建和壮大，其核心能力打造和管理体系日渐成熟，笔者也收获了成长的喜悦。

市场管理是一套系统的方法，其核心是对广泛的机会进行选择收缩，制定出一套以市场为中心的、能够带来最佳业务成果的战略与计划。

市场管理流程最初用来指导产品线做业务规划，并探索将公司各个部门有机连接在一起，包括各个业务单元、战略规划、产品开发、财务、销售等。目的是为产品线、产品族及产品业务计划实现价值创造提供一致的分析，从而让公司能够通过明智的投资创造最大的价值。市场管理流程及方法可以面向公司整体、业务单位或产品线、细分市场、区域市场、新产品来运行，用于公司战略规划、产品线业务计划、细分市场业务计划、产品及解决方案路标规划、商业计划书的制订。

市场管理流程分为理解市场、进行市场细分、进行组合分析、制订细分市场业务计划、融合和制定产品线战略及规划、管理业务计划并评估绩效六大步骤。其中每个步骤又包括多项活动任务。

理解市场：明确业务/产品线的使命愿景，界定业务范围和存在的意义与价值。通过市场调查、数据收集、竞争分析、自身分析、SWOT分析、市场地图分析，使企业清楚所面临的市场环境和业务规则，确定潜在的机会目标，并调整自身的业务设计，形成对市场的最终理解。关键活动和任务有：（1）设定愿景、使命和目标；（2）市场分析；（3）确定潜在机会和目标；（4）初步确定业务设计。

进行市场细分：确定市场细分的框架，明确衡量细分市场的维度、标准和权重；对意向的市场进行细分，并通过比较各细分市场结果，最终选定6~8个未来3年的目标细分市场，以确保业务行为能够聚焦。关键活动和任务有：（1）确定市场细分框架；（2）开展市场细分；（3）确定初步目标细分市场。

进行组合分析：针对筛选出的细分市场进行组合分析。通过对各细分市场的吸引力、竞争地位、财务收益等方面进行评估，确定各细分市场优先级排序，以及业务组合策略。关键活动和任务有：（1）市场吸引力分析；（2）竞争地位和差距分析；（3）财务分析；（4）排序并选择投资机会；（5）选定细分市场的SWOT分析；（6）确定业务设计。

制订细分市场业务计划：确定每个细分市场的总体策略和价值定位，识别弥补业务目标差距的思路和方法。根据目标、价值定位及竞争分析制订详细的行动计划，制订达成目标的具体行动方案，需要细分市场内部的功能部门相互协同，实现上下对齐，即高层总体规划、中层细分市场规划及基础执行层的一致。包括相应的产品包、销售渠道、订单履行、定价条款、整合营销宣传等方面。关键活动和任务有：（1）确定细分市场的目标；（2）细分市场的价值定位和竞争分析；（3）确定细分市场的行动计划；（4）功能部门协同，制定业务战略和计划。

融合和制定产品线战略及规划：将同一产品线各目标细分市场的业务计划进行整合，在更高层面融合，通过整合并协调各细分市场及职能部门的资源，达到资源的优化配置，避免资源支持不足或浪费。制定产品线业务目标，明确对市场占有、利润增长及新增长机会的整体愿景、目标与目的。关键活动和任务有：（1）产品线内融合和优化业务计划；（2）跨产品线融合及优化业务计划；（3）制订整个公司和产品线的产品包路标规划。

管理业务计划并评估绩效：对业务计划进行闭环管理，监控业务计划的实施以确保计划的正常运行，并根据评估结果对业务计划进行调整，需要时对业务计划进行刷新。要求贯彻到具体产品开发、营销、技术支持等工作中，并根据产品线运营绩效调整下一阶段的产品规划，使产品投资组合收益最大化。关键活动和任务有：（1）确保业务计划的执行；（2）评估业务和流程的绩效；（3）需要时对业务计划进行修改。

市场管理过程实际上永远没有结束的时候，在实际运作中并不是线性、单向的，而是不断循环往复、螺旋式上升的。外部环境在不断地变化，这就促使管理层不断地评估客户需要和需求，不断地对以往的投资决策进行审视，并做出适当的调整。

市场管理流程 2002 年引入华为，流程方法里包含了 PEST（政治法律、经济、社会和技术）分析工具、市场地图分析、波特五力分析法、价值链分析、业务设计、战略定位分析（SPAN）、财务分析（FAN）、竞争分析、SWOT 分析、市场细分方法、$Appeals 模型、购买行为分析、安索夫矩阵、技术生命周期分析、组合决策标准（PDC）排序等大量业务规划制订及市场规划方法。

可以看到，其实市场管理流程本质上就是制定战略及业务规划到执行的完整闭环。市场管理流程提供的方法和工具比 BLM 模型还要多，流程活动比 BLM 模型更具有指导性，模板也更详细。只不过当时华为战略规划的组织和团队还在组建和打造过程中，没有建立起相应的能力，即使知道有这些关键活动，执行起来也很有挑战。华为就是在这样边建流程边打仗的过程中，根据市场管理流程变革要求建组织、建团队，最终驱动战略与 Marketing 体系的能力和组织建设。

市场管理项目组在设计业务规划汇报模板时，将上文提到的工具、方法和模型融入规划模板中，牵引业务规划团队按规划模板要求完成汇报，帮助华为极大地提升了战略思维及战略规划能力，为后来VDBD、"五看三定"模型[①]及 BLM 模型在华为的导入奠定了坚实的基础。可以说市场管理方法、VDBD 方法、BLM 模型的引入，以及战略与 Marketing 组织的打造和建设，对市场机会的洞察和节奏把握及准确的战略路径规划，起到了决定性的关键作用。

PMT（Portfolio Management Team，组合管理团队）是市场管理流程的执行主体，其定位是支撑 IPMT（集成组合管理团队）运作的跨部门团队，可以理解为 IPMT 的参谋机构，负责制订产品线的业务计划、产品组合及路标。PMT 的组成包括：PMT 主任、业务规划、市场分析、需求管理、解决方案管理、大客户 Marketing 代表、区域 Marketing 代表、销售代表、预测、定价、技术规划、财务分析、执行秘书。

PMT 的主要责任包括：

（1）制订和维护产品线业务计划；

（2）制定和维护产品组合与路标；

（3）制定项目任务书；

（4）审核产品线的技术路标规划，提出修订意见，保证技术规划与产品规划的一致性；

（5）制订产品线的产品预研规划；

（6）对产品线业务计划的执行情况进行评估，向 IPMT 提出纠正

---

① 五看：看行业和趋势、看市场和客户、看竞争、看自己、看机会。三定：定控制点、定战略目标、定策略。

措施建议；

（7）需要时成立专项小组：根据业务开展的需要，产品线 PMT 可确定相关工作组来处理本产品线的业务提升和机会捕捉，例如：对主要竞争对手和客户、价格调整、降成本等的深入分析。

笔者从 2007 年到 2010 年，担任网络产品线 PMT 执行秘书，下设 5 个子产品线 PMT，除了例行参加 PMT 管理会议，主要就是推动 PMT 团队运作及成员工作的开展，支撑产品线业务计划输出和战略专题管理，确保市场管理流程、方法和工具落地。作为产品线 PMT 执行秘书，笔者在参加了上百场 PMT 会议、组织多次产品规划及需求管理项目复盘后，整理出"产品规划箴言"，并在各子产品线进行分享和研讨。

在"产品规划箴言"中，笔者阐述了制定产品战略和产品规划的 23 个关键事项及产品战略和产品规划常犯的 11 个错误。笔者认为产品战略和产品规划团队应该站在市场和客户的角度看产品，而不是站在产品和自身的角度看市场和客户，成功的产品战略和产品规划就是要认识市场和客户的真实面目和需求，而不仅仅是得到自己希望得到的结论，有勇气去做必须做的事件，而不是自己喜欢做的事件。

"产品规划箴言"的很多原则、理念、导向和要求，被《华为产品路标开发》《产品和解决方案商业计划书（Charter）》特别是后者的流程和模板采用。主要观点摘抄如下：

产品规划的 23 个关键事项

1. 聚焦主航道，与战略保持一致。

2. 商业成功是检验产品成功的唯一标准，商业成功才是真的成功。

3. 以市场及客户需求为导向，而不是技术和竞争为导向，也不能以领导意愿为导向。

4. 知己知彼，百战不殆，竞争分析是产品规格的底线。

5. 定位决定地位，眼界决定境界，好的产品定位是成功的一半。

6. 站得高，才能望得远，从终端用户、从产业链视角来看产品需求，规划产品方向。

7. 让数据说话，以数据和事实为依据，不忽视与自己想法不一致的信息。

8. 解决方案规划牵引产品规划，从更高维度的系统层面看产品定位。

9. 小不忍则乱大谋，看清并坚持长期竞争力发展方向。

10. 轻装上阵，摆脱约束，聚焦关键市场、关键客户，没有能包打天下的产品。

11. 活得长，活得好，才是真好，产品要有长生命周期，确保生命周期内赢利。

12. 把自己置身于客户场景，设身处地，才能抓住真正需求。

13. 见树木，还要看森林，产品规划不能脱离产品组合单独规划。

14. 可扩展才有生命力，新产品要考虑面向未来的可扩展性，留有设计弹性。

15. 看准时机，踩好点，太早太晚都是浪费。

16. 回归理性，产品规划要考虑可实现性。

17. 瞄准客户关注点和偏好，在客户最关注的点实现差异化。

18. 创新不能背离客户需求、脱离客户价值，基于客户需求的产品创新才有意义。

19. 产品规划应面向客户群或细分市场，而不是某个客户，同时要避免定位在狭窄的细分市场上。

20. 世界上唯一不变的就是变化，应观察和留意动态环境中的变化，并及时调整策略。

21. 产品规划工作应纳入日常工作中，长期积累信息，不是临时的突击行动。

22. 聚焦重点，抓关键、抓本质，抓主要矛盾。

23. 控制产品开发和上市节奏。

产品规划常犯的 11 个错误

1. 不要戴着有色眼镜看世界，要接受不同观点，避免群体迷失。

2. 不能自以为是，不要对客户需求进行猜测，客户才是自己需求的权威。

3. 避免高估自己、低估对手，务实的竞争分析是关键，不能只看对手缺陷。

4. 避免追求精妙绝伦的极品，不能为了体现规划能力脱离实际，当面临产品高昂的成本和定价时才后悔莫及。

5. 不要对产品抱有自恋的幻想，不要老想圆自己的产品梦，可以热爱产品，但要保持理性。

6. 放不下昨天的战争，不撞南墙不回头，要学会主动放弃。

7. 产品规划不能盲目乐观、自欺欺人，既要报喜，也要报忧，要有客观精神，冷静地看待真实情况，避免讲故事、吹泡泡。

8. 不能轻视或忽略数据分析工作，产品规划是语文题，更是数学题，需要智慧、洞察力以及冒险精神，更重要的是务实精神。

9. 产品规划不能唯领导意愿是瞻，不能以取悦长官为己任，要有说真话的勇气。

10. 避免根据资源来规划产品，要根据客户需求来规划产品，从而规划资源需求。

11. 不要以为规划好就能落实，要定期跟踪，确保规划的要求落实，人们只会做你检查的事情，而不会去做你期盼的事。

没有引入 BLM 模型之前，华为就是用市场管理方法指导业务规划，每年启动业务规划编制发文要求，都要特别指示"用市场管理方法指导业务计划制订"，笔者作为市场管理流程和方法引导员，就参与了多次产品线业务计划的制订。华为后来引入 VDBD 方法及 BLM 模型，并制定了整体的战略规划和业务规划编制流程与规划日历，将战略规划独立凸显出来，把整个规划工作分成"春季战略规划"和"秋季年度经营计划"两个阶段，至此每年启动业务规划编制发文要求，都特别指示用"市场管理方法、VDBD 方法和 BLM 模型指导战略规划 / 业务计划规划。"

华为的战略规划能力也不是一天就建立起来的，而是经过多年的探索和实践，在多种理论、方法、工具的加持下，慢慢建立起来的。笔者认为市场管理变革最大的价值就在于帮助新成立的战略与 Marketing 体系及周边销售和产品研发体系找到战略和业务制定的方法，让整个组织更具战略思维和商业思维，让华为彻底转型为一个市场和客户驱动的商业组织，而不仅仅是技术和竞争驱动。当然市场管理流程中定义的团队、组织、流程角色和岗位职责，也给战略与 Marketing 体系组织的组建提供了指导，促进了整个体系的组织建设和能力布局。

任总在广东学习论坛第十六期报告会上讲华为以客户为中心的战略时提到,"基于客户需求导向的组织、流程、制度及企业文化建设、人力资源和干部管理",他是这样评价战略与 Marketing 体系组织建设的:"在 EMT(经营管理团队,华为日常经营的最高责任机构)下设战略与客户常务委员会,该委员会主要承担务虚工作,通过务虚拨正公司的工作方向。该委员会为 EMT 履行其在战略与客户方面的职责提供决策支撑,并帮助 EMT 确保客户需求驱动公司的整体战略及其实施。公司的组织结构中,建立战略与 Marketing 体系,专注于客户需求的理解、分析,并基于客户需求确定产品投资计划和开发计划,以确保用客户需求来驱动华为战略的实施。在各产品线、各地区部建立 Marketing 组织,贴近客户倾听客户需求,确保客户需求能快速反馈到公司并放入产品的开发路标中。同时,明确贴近客户的组织是公司的'领导阶级',是推动公司流程优化与组织改进的源动力。"

2.4 BLM 模型成就业务领先之路

BLM 模型源自 IBM 一套完整的战略规划方法论。这套方法论是 IBM 在 2003 年和哈佛大学一起研发的,主要内容来自于《创新跃迁》和《发现利润区》两本书。

郭士纳执掌 IBM 后,围绕着战略问题(刚开始郭士纳认为 IBM 是战略出了问题)及 IBM 为什么衰败等问题花了大量时间走访客户和各事业群。郭士纳发现战略并没有问题,但战略执行出了很大问题,没有执行、执行打折扣,或者在执行过程中因为组织惯性缺乏拥抱变化的动力和能力。

后来 IBM 的高层领导花了很多的精力跟哈佛大学团队一起讨论:

到底什么能帮助 IBM 避免过去的失败，去面对和响应外部的变化。在研讨过程中，IBM 有如下三点深刻的认知，这也是 BLM 模型出台的背景：

- 组织如果走向自满，觉得过去成功能保证未来成功，那基本上就是失败的开始；
- 应对变化的动态能力，对一个组织持续成功至关重要；
- 绝对不能把战略和执行割裂开来。

对 IBM 来说，BLM 模型是 IBM 的最佳管理实践，是思维方式，是变革管理的工具与方法论。BLM 模型可以帮助 IBM 通过持续的市场洞察和创新保持业务领先。IBM 要求领导者必须具备 BLM 模型的思维方式和基本能力。

了解 IBM 出台 BLM 模型的初心，我们就能更好地去理解 BLM 模型，其本质就是通过市场洞察和业务规划来识别确定机会，基于机会所需要的能力，驱动流程和组织变革，通过变革构建底层能力，从而支撑战略落地和战略机会的获取。这样我们就可以更好地理解，为什么战略规划不只是业务的战略与规划，还要包括组织、人才、流程及管理体系的变革战略与规划，为什么说"基于未来看现在，倒逼能力建设，才是战略目标的真正用途"。

BLM 模型从市场洞察、战略意图、创新焦点、业务设计、关键任务、组织 / 流程、人才、氛围与文化、领导力与价值观等各个方面帮助管理层在企业战略制定与执行的过程中系统地思考，务实地分析，进行有效的资源配置及执行跟踪。特别说明一下，BLM 模型包含企业战略制定和执行的 8 个方面，加上开启 BLM 模型的差距，以及顶层统领全局的领导力和底层起关键支柱作用的价值观，共 11 个模块共同指向市场结果，即领先之路，如图 2-2 所示。

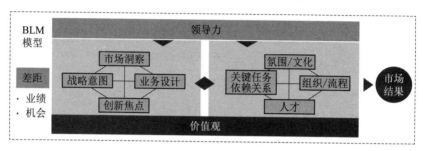

图 2-2　BLM 模型框架

尽管华为从 2004 年开始已经用市场管理方法指导业务规划，但直到 2008 年 BLM 模型引入，高层才敢提"华为初步具备了战略规划能力"。现在看，华为已把 BLM 模型发扬光大，BLM 模型已经成为华为中高层用于战略制定和执行连接的一套方法和平台。BLM 模型用一套非常完备且有逻辑力量的管理语言，从产品线到子产品线再到产品族，从业务群到业务单元，形成上下共同通用的方法体系。

2.4.1　BLM 模型通往领先的逻辑

从市场管理流程到 VDBD 方法，到"五看三定"，再到 BLM 模型，多年来华为不停地用各种方法去赋能业务制订战略规划和业务计划。在整个过程中，战略管理的理念、方法、框架、模型、工具层出不穷，制定战略时经常面对各种战略模型和方法而无所适从。笔者认为，模型、框架和方法只是工具，工具和方法在学习起步期，对帮助快速理解和掌握要点很有价值，但不能当作目的。我们的目的还是挖掘出市场机会，并投入匹配的资源，把商业机会变成商业成果。而且，工具和方法本身是会发展的，我们需要基于目的，而不是教条地死守方法，需要拥抱新的合适的工具、模型和方法，有效的才是最好的。

从另一个方面来说，没有 BLM 模型，参考其他模型也可以做出战略规划。但掌握了 BLM 模型，可以更科学、更系统进行战略规划，进而做出更好的战略规划。笔者之所以有这样的认识，是因为 BLM 模型提供了一套思维和战略落地的逻辑，而本质、规律和逻辑往往是成功的关键。BLM 模型明晰了通过市场洞察落实战略意图，为了弥补差距进行聚焦创新，通过关键任务落实业务设计，对战略执行取得的市场结果进行偏差分析，并成为新一轮战略设计优化的输入，层层递进，环环相扣，形成逻辑清晰的战略管理循环。

BLM 模型作为思维逻辑的魅力在于，它揭示和反映了企业领先的规律，即企业通往领先之路。要做成一件事，首先需要还原事物的本质，尊重底层逻辑、客观规律和趋势。笔者一直都非常相信逻辑的力量，某种程度上很认同"成功是规划设计出来的"，"凡事预则立，不预则废"讲的也是这个道理。

值得一提的是，BLM 模型瞄准的是企业通往领先之路，要取得领先优势，必须要有跟别人不一样的"非凡之举"，需要通过持续创新和变革构筑与众不同的差异化优势。笔者一直认为创新是战略的基本特征，没有创新，按部就班，何谈战略。BLM 模型专门强调了创新焦点，其实在 BLM 模型中，处处都需要创新，比如强调创新的工具方法，强调不一样的视角，强调做好产品和业务创新、模式创新、管理创新等。

2.4.2 差距是战略驱动因素

以终为始，以行为知，守正笃实，久久为功。BLM 模型中的差距既是战略的起点也是终点，战略是由差距激发和驱动的，这种差距源于对业务现状的不满意或不满足，战略和战略的执行都是为了缩小、消除与标杆的差距。差距是开启战略规划的钥匙，是战略和执行的驱动力。差距分析要求企业永远保持危机感和不满足，始终对标行业标杆最佳实践，还要捕捉新的市场机遇，不断追寻和创造更高价值的成长，不断发现并通过变革和创新解决企业问题，这是企业发展的第一驱动力。

如果没有差距，就不需要做战略了。很多企业最大的问题在于，意识不到差距，或者缺乏承认差距的勇气，它们总是习惯性地认为目前做得已经很不错了，毕竟正视问题、承认自己的差距和不足是很难的事，即使意识到跟行业水平和其他企业的差距，很多人也会找各种理由，认为差距的存在理所当然，这就需要有自我批判的勇气和持续改进的土壤及文化来支撑。

华为认为，自我批判是思想、品德、素质、技能创新的优良工具。任总在2008年《从泥坑里爬出来的人就是圣人》一文中讲道："没有自我批判，我们就不会认真倾听客户的需求，就不会密切关注并学习同行的优点，就会陷入以自我为中心，必将被快速多变、竞争激烈的市场环境所淘汰；没有自我批判，我们面对一次次的生存危机，就不能深刻反省，自我激励，用生命的微光点燃团队的士气，照亮前进的方向；没有自我批判，就会故步自封，不能虚心吸收外来的先进东西，就不能打破游击队、'土八路'的局限和习性，把自己提升到全球化大公司的管理境界；没有自我批判，我们就不能保持内敛务实的文化作风，就会因为取得的一些成绩而忘乎所以，掉入前进道路上遍布的泥坑陷阱中；没有自我批判，就不能剔除组织、流程中的无效成分，建立起一个优质的管理体系，降低运作成本；没有自我批判，各级干部不讲真话，听不进批评意见，不学习不进步，就无法保证做出正确决策和切实执行。只有长期坚持自我批判的人，才有广阔的胸怀；只有长期坚持自我批判的公司，才有光明的未来。自我批判让我们走到了今天；我们还能向前走多远，取决于我们还能继续坚持自我批判多久。"

自我批判不是为批判而批判，也不是为全面否定而批判，而是为优化和建设而批判，总的目标是要提升公司整体核心竞争力。任总要求："自我批判是拯救公司最重要的行为。正是这种自我纠正的行动，使公司这些年得以健康成长。还不能掌握和使用自我批判这个武器的干部要减少使用。在职在位的干部要奋斗不息、进取不止。"

差距分析其实是对上一年度战略执行的一个检验，通过差距分析能更深入地了解自身。BLM 模型里有两种不同类型的差距，需要采取不一样的策略。

一是业绩差距，可通过高效执行填补，且不需要改变业务设计，主要是要提高效率及运营水平。业绩差距分析主要集中在三个方面，关注点在是否做到：

（1）与企业本身既定目标的差距；

（2）与行业发展速度的差距；

（3）与竞争对手增速的差距。

二是机会差距，需要有新的业务设计，必须通过战略的创新才能解决。机会差距分析主要聚焦两个方面，关注点在是否看到：

（1）竞争对手做了但是我们自己没有做的；

（2）本来想到了但是因为其他原因没有做的。

BLM 模型中的战略规划以业绩差距、机会差距等为起点，开启战略规划，通过具体而明确地描述业绩差距并将其与机会差距相结合，能够更好地识别目标和重点，进而制定出更有针对性的战略，并能集中力量有针对性地解决关键业务问题，弥补战略差距，实现战略闭环。

2.4.3　领导力是战略引擎

因为相信，所以看见，相信"相信"的力量。BLM模型中的领导力是引擎，是根本。战略取决于管理层的眼界和视野，可以肯定地说，领导力决定战略高度，决定企业能飞多高。企业家或者业务领导者禀赋中应当有战略因子，战略能力一定是企业家得天独厚的能力。如果一家企业的创始人，对未来没有丝毫的洞见，更没有相应的组织能力和领导力，那么任何方法都不能帮他成为战略家。

任总要求："高级干部要砍掉他们的手和脚，只留下脑袋用来仰望星空、洞察市场、规划战略、运筹帷幄。高层干部不能习惯性地扎到事务性的工作中去，关键是要指挥好团队作战，而不是自己卷着袖子和裤脚，下地埋头干活。"

战略思维能力和领导力是高层管理者的必备能力。高层管理者的领导力是通过领导团队进行战略问题和机会的洞察与设计，并通过项目推动变革执行来培养的。高层管理者对业务结果负责，必须亲自领导战略的设计与执行，通过一系列的工作，确保这些设计是切实可行的。

在华为战略管理的要求中，战略是不可被授权的。领导力要贯彻到战略制定与执行的全过程。领导者不能被日常事务缠住，要投入时间进行战略思考。公司的转型和发展归根结底是由企业的卓越领导力来驱动并取得成效的。补充说明一下，我们强调领导和管理者在战略规划中的重要性，并不是要否定自下而上的战略。企业除了自上而下的战略，也要有自下而上的战略的补充，让一线人员有参与的通道和发声的机会，从而激发组织活力，有时候战略就是从一线打出来的。

不要指望用战术上的勤奋，来掩盖战略上的懒惰。战略规划特别强调一把手要亲自参与制订，领导力要贯彻到整个战略制定与执行的全过程，可以毫不夸张地说，一把手对战略的理解和认同决定战略的成败。一把手参与战略制定和规划可以使企业高管们更深入地了解公司业务、市场环境，以及竞争对手的动向，更好地确定业务未来发展方向和规划战略。麦肯锡前董事总经理弗雷德里克·格鲁克说："战略制定者要在所获取信息的广度和深度之间做出某种权衡。不断地进行这种权衡正是战略制定者的任务，一种不可由他人代理的任务。"

另一方面，在战略规划和制定中，需要高管们形成一致的认知，避免出现分歧。如果将战略制定的权力交给下属，就会失去这种认知上的一致性。如果公司高管仅仅是通过下属手中的分析报告来制定战略计划和决策，那么他们无法真正深入了解公司的情况，并且也不能保证员工遵循这一战略。

领导者需全程参与到战略规划到执行的各个环节。在战略规划过程中，领导者要能把握大趋势，给出战略方向指引，明确关键问题和矛盾优先级，识别新机会、开发业务设计、开展业务创新、确保规划切实可行，并且敢于拍板决策，协调周边，整合资源。企业领导者还要培育出一种激励人心的氛围，给组织和团队信心、希望和未来，要鼓励专家和各业务部门的战略思考。

市场洞察阶段

领导者需要安排资源开展研究和分析工作。领导者有足够的判断力，得出正确的结论和预判，指导企业未来的发展。

战略意图阶段

管理层或业务板块的负责团队需要有足够的战略领导力及战略定

力，不仅要着眼于今年或明年的销售目标，更要带领团队突破市场天花板，对企业的投入及要进入的市场进行取舍，力排众议。

创新焦点和业务设计阶段

领导者需要结合现在和未来规划，利用自身的商业规划能力，精准制定出企业的竞争战略和业务设计，实现企业利润及规模的持续增长。

氛围与文化，人才与组织建设

领导者需要有足够的理解力去吸收消化战略规划设计，制定相应文化制度、关键人才准备和输送计划，以及配套的组织架构和变革方案。

战略执行阶段

领导者需要有足够的理解力，把战略规划的任务进行分解并解码到关联部门和关键负责人；需要有人际关系连接力，让相关负责人认可承担并执行解码后的任务。

任总经常用克劳塞维茨在《战争论》中关于领导者的定义来要求大家："什么叫领袖？要在茫茫的黑夜中，把自己的心拿出来燃烧，发出生命的微光，带领队伍走向胜利。战争打到一塌糊涂的时候，将领的作用是什么？就是用自己发出的微光，带领队伍前进。"

1994年，华为成立的第7年，任总在员工内部讲话中就提出，"10年之后，世界通信行业三分天下，华为占其一"。面对当时爱立信、诺基亚、阿尔卡特、西门子、朗讯、北方电信等欧美巨头，很多员工都觉得他痴人说梦。"三分天下有其一"的远大使命和追求，体现了任总的战略领导力。

"眼界决定境界，定位决定地位。"华为常务董事、终端BG CEO余承东先生，曾任华为3G产品总监、无线产品线总裁、欧洲片区总裁，从欧洲回来后任战略与 Marketing 体系总裁，我们经常听他说的一句话就是这句话。他经常用古人的话鼓励团队："取乎其上，得乎其中；取乎其中，得乎其下；取乎其下，则无所得。"要求 Marketing 在做战略和业务规划时要敢于制定宏伟目标。早在做无线产品线总裁时，他就要求无线产品线要有"王者之气"，成为"王者之师"；2013 年做终端 BG CEO，他喊出了"5 年超越苹果三星"，"华为进入汽车行业，目标就是要做到第一"，"在我的字典里没有第二，必须第一"，"如果追求第二，可能就变成三流四流的企业。如果追求第一，短期内做不到第一，但持之以恒地努力，迟早会变成第一"。余承东把一个很大的目标说出去，实际上是在倒逼自己和团队努力奋斗，是给自己压力和鞭策，用目标牵引大家，背水一战，不留退路。

狭路相逢勇者胜，2013 年华为超越爱立信，成为全球第一大通信设备供应商。余承东说要做第一，跟任总当年高喊"三分天下有其一"的逻辑是一样的，都是为了胜利。事实就是如此，只有敢于胜利的人，才能赢得胜利。

2.4.4　价值观是战略底线

BLM 模型中的价值观是企业领袖对企业愿景、使命、战略取向做出的选择，是组织成员普遍接受的共同观念和信仰，代表企业及员工的价值取向，也是企业在追求经营成功过程中所推崇的基本信念和奉行的标准。价值观作为战略制定的底线，是决策的基础，也是战略决策和执行的基本准则，决定企业能走多远。正直、积极、进取和创新的价值观导向和企业文化才能孵化出好战略。华为把"小胜靠智，大胜在德"八个大字刻在了华为大学门口的石碑上，笔者认为做人和做企业都是一样的。

如果企业"心术不正"，在产品打造过程、产品和服务交付过程中，在市场和商业竞争中，不强调质量，不关注服务，靠偷工减料、坑蒙拐骗、投机取巧、歪门邪道，很难产生好的战略，也不能指望它能走多远。

我们经常说，"制度管人、流程管事、文化和价值观管人心"。核心价值观是在完成使命和达成愿景目标的过程中，所有决策和行动的基本准则和依据。共同的价值观，是共同发展的基础。

华为的核心价值观是：以客户为中心、以奋斗者为本、长期坚持艰苦奋斗。任总说："华为为什么成功，其实就是以客户为中心，以奋斗者为本，长期持续艰苦奋斗。这就是华为超越竞争对手的全部秘密，是华为由胜利走向更大胜利的三个根本保障。这三个方面，也是个铁三角，有内在联系，而且相互支撑。以客户为中心是长期坚持艰苦奋斗的方向；艰苦奋斗是实现以客户为中心的手段和途径；以奋斗者为本是驱动长期坚持艰苦奋斗的活力源泉，是保持以客户为中心的内在动力。"

华为将"以客户为中心"置于核心价值观首位，并落实在各项管理考核和分配政策中，深入各组织、团队和员工骨髓。华为战略人力资源管理，就是基于华为核心价值观，围绕战略制定输出的关键任务及其依赖关系，从正式组织、人才和氛围/文化等方面开展工作。

核心价值观的管理，除了定义、诠释、传播，还要植入制度，通过管理者示范、员工践行才能落地，宣传一套做一套肯定是不够的。文化与价值观都要植入公司管理制度，尤其是人力资源管理制度与实践，形成赏罚分明的政策和激励导向。创始人及高层领导在各种场合阐释核心价值观，管理者在员工"选用育留"等人力资源管理工作及日常业务管理中，以身作则；员工在制度与行为规范下表现出来的思维方式、工作方式和行为，最后还要通过组织气氛、客户满意度调查，测评员工行为的落地情况和评估客户感知，牵引改进。只有员工认同了，文化和核心价值观才能形成凝聚力，也才有持久的生命力。

2.4.5　市场洞察保障战略方向大致正确

市场洞察决定了战略思考的深度，其目的是为了清晰地知道未来的机遇和企业可能碰到的挑战与风险，理解市场上正在和将要发生什么，以及这些变化对公司未来的影响，保障战略方向大致正确。美国战略管理学大师约翰·W.蒂兹说："战略制定者的任务不在于看清企业目前是什么样子，而在于看清企业将来会成为什么样子。"

选择和努力都很重要，但选择的重要性往往大于努力。市场洞察的质量关乎企业对市场认知的质量，而认知的质量决定着战略方向选择的质量。好的战略要充分理解市场，通过市场洞察，做到对市场趋势、客户需求、竞争态势、宏观环境的综合研判。当今的商业环境唯一不变的就是变化，企业需在变化中洞察和发现机会，同时也要建立管理不确定性的能力，要做好随时进行战略调整的准备，这依赖于强大的管理能力和响应能力。顺应技术发展的大趋势，顺应市场变化的大趋势，顺应社会发展的大趋势，就能使企业避免大的风险。

战略的本质是抓住机会，而市场洞察是识别和发现机会的关键，同时要基于市场洞察提供战略规划到执行落地的有效措施建议和决策支撑。

在战略制定过程中，对于一个崭新业务或机会差距，我们可以从市场洞察开始；对现有业务或业绩差距，则从战略意图开始。市场洞察要在以下五个方面（华为称"五看"）进行清楚的了解，不仅了解现状，还要能预见未来的发展和变化趋势，变化往往孕育着机会。"五看"包括：

看行业和趋势

从宏观的角度，对行业现状及未来发展趋势有清晰的认识。企业需顺势而为，顺应时代和趋势方向，才能够保证方向不会错，努力不会白费，才能赢得长远发展。内容包括：（1）价值转移趋势和产业链分析；（2）识别利润区和发现利润区；（3）新技术和技术发展的趋势；（4）突破性、颠覆性技术的发展和应用；（5）经济发展趋势、产业格局、市场结构、经济结构的变化；（6）行业政策、法规变化等。

看市场和客户需求

分析研究市场规模、发展趋势、市场需求及客户的痛点。客户需求是企业战略规划制定的基础，不了解客户需求，就无法发现市场机会。通过深入分析研究市场/客户，会发现很多战略机会点。内容包括：（1）市场细分及市场规模、市场趋势、可参与空间；（2）客户群分析；（3）客户购买行为分析；（4）客户系统经济学及总体拥有成本分析；（5）客户痛点、客户体验、关注重点、关键购买因素；（6）客户需求和客户偏好的变化等。

看竞争

所谓知己知彼，百战不殆。评估竞争环境和行业标杆优秀实践，特别需要关注潜在竞争对手和跨界竞争。内容包括：（1）主要竞争对手战略、价值主张、竞争策略分析；（2）竞争对手主流产品竞争力分析，有哪些超越竞争对手的机会；（3）竞争者的投资和发展动向；（4）竞争对手可借鉴点；（5）替代品分析；（6）潜在和新进入者分析；（7）新的跨界竞争；（8）行业标杆分析。

看自己

评估自身优劣势，对自身有明确定位与判断，舍弃自身能力之外的机会点。内容包括：（1）商业模式分析；（2）经营状况分析；（3）内部核心能力分析等。

看机会

关键是发现和输出战略机会点及可参与空间。内容包括：（1）行业和客户痛点孕育的机会；（2）客户偏好转移产生的机会；（3）未被满足的需求；（4）新的和变化的商业模式；（5）行业、政策、市场、客户、竞争环境变化中可能的机会等。

做好市场洞察，是企业战略规划的第一步，是企业不断抓住战略机会并持续壮大的基础。在市场洞察过程中，企业需要采用全新的视角、理念、方法和工具，以深入了解市场需求和趋势。这种创新思维需要从宏观、行业、客户、竞争、自身多个角度来观察市场，通过新的分析方法和工具，获取更准确、更细致、更深入的市场信息。

市场洞察的核心是将信息转化为业务机会，企业需要通过开发新的业务模式、创新产品和服务等方式，发掘市场机会，满足客户需求。这些创新需要依托于新理念、新方法和新技术的使用，以提高企业对市场变化的敏感度，快速发现市场机会。

需要特别重视的是，市场洞察力的缺失会导致对市场信息产生误判，或对业务设计产生负面影响，因为我们所采用的支撑信息和假设，可能是不完整的，甚至是有瑕疵或者错误的。所以，建立市场洞察的能力对一个企业来说至关重要。

任总在《人力资源管理纲要2.0》沟通会上讲过："我们要不断地形成方向大致正确、组织充满活力，就能胜出。如果方向不正确，是产生不出价值来的，组织也难以充满活力。方向正确是领袖要素。领袖要素是方向大致正确的一个保障，组织充满活力要成为方向大致正确的另一个保障。组织充满活力既要能够使得大致正确的方向得以贯彻执行，也要善于自我批判，使得一旦方向脱离大致正确，能够及时纠偏。在知识爆炸、行业快速变化的今天，充满活力的组织要让领袖听得见来自各个层级的声音，吸收全组织的精华，以保证持续维持大致正确的方向。"

2.4.6　战略意图是宏伟蓝图和梦想

BLM 模型中的战略意图描述企业或公司要去哪里，指的是企业或者公司的方向和希望实现的目标，或者说想做成什么样的事、达成一个什么样的结果。战略意图是基于机会、能力、对手、环境等综合考虑的"雄心勃勃的宏伟蓝图和梦想"。

战略意图是企业和组织机构的方向和最终目标。好的战略规划，始于好的战略意图和战略目标表达，明确战略意图是战略思考的起点，是战略规划的第一步。战略规划其本质是实现企业愿景与使命的谋划，是不断适配客户变化去寻找自身的定位与选择。

找到差距以后，要进行市场洞察，剖析市场变化，变化往往意味着机会，要基于市场变化对战略意图进行完善和修订。完善之后的战略意图，应该规划出新优势和新竞争力的构建点，并体现出差异化，这就要求进行创新，这就是创新焦点的主要内容。

战略意图回答的是"我们要去哪儿"的问题，是战略试图实现的愿景及目标，要清晰地指出后续战略活动的大致方向和路径，可以由使命、愿景和目标来构成，而目标又可以分为战略目标（也叫中期目标）和近期目标两种。

制定战略目标一定要体现企业自身竞争优势，要突破舒适区，确保企业能脱颖而出。如果目标没有挑战性，大家都能接受，肯定是有问题的，目标和指标制定出来大家觉得比较痛苦，完成很有挑战，这样的目标才有可能引领企业通往领先之路。

使命：企业为什么存在，即企业存在的目的和理由，体现企业在社会上存在的价值和意义。

愿景：企业未来要到哪里去，想成为一家什么样的公司。具有纲领性意义，能形成感情契约，现实但有挑战性。愿景表述的是公司期望达到的一种状态，来自企业的真正的愿望、期盼，是企业未来的一种图像式和展望式的描述。

战略目标：3~5年后的业务特征和关键指标，阶段性里程碑节点，以及收入结构、业务结构、市场份额、人均产值、组织能力目标等。

近期目标：可衡量的业绩指标，包括利润、成长率、市场份额、客户满意度及新产品销售占比等。

华为长期战略本质上是围绕如何成为行业领导者及怎么做行业领导者展开的。1998年发布的《华为基本法》第一条就明确："华为的追求是在电子信息领域实现顾客的梦想，并依靠点点滴滴、锲而不舍的艰苦追求，使我们成为世界级领先企业。"

我们在领导力部分介绍过余承东带领的终端BG在刚成立的第二年就喊出了"5年超越苹果三星"的口号。2014年其制定的战略目标就包括"华为未来5年，要把手机销售做到1000亿美元，成为世界范围内的第一"。

任总2019年在ICT产业投资组合管理工作汇报时讲道："不懂战略退却的人，就不会战略进攻。对于ICT业务，我希望要做强，而不是做大。选择机会的时候，只有市场规模大，技术上又足够难，才能建立起门槛。有所为而有所不为，不能在世界战略领先的产品，我认为就应该退出生命周期。我们必须要做到世界第一，世界第二就可能活不下去。我们的目标就是成为ICT产业的领导者，要做就做世界第一，为人类社会发展做出贡献。"

企业的战略意图制定需要从不可能中挑战可能，探索新方向和新定位。这种创新思维需要企业通过充分了解自身优势和劣势，形成清晰的目标和计划。在确定战略意图时，企业需要站在客户和市场的角度，以满足客户需求为出发点，将自身的资源和优势转化为实际的商业机会。

企业还需要充分考虑未来的市场变化和发展趋势，并积极尝试利用先进的技术、工具和方法，开发新产品、服务和模式等，来抢占市场先机。这些创新需要结合新的市场洞察和发展策略，应对不断变化的市场环境，以提高企业的竞争力。

2.4.7 创新焦点是制胜关键

BLM 模型中的创新焦点是业务增长的引擎，是对差距分析、市场洞察中的破局点并结合战略目标的总结提炼。实现战略意图需要的模式改变，以及如何通过创新支撑战略意图实现是考虑的重点，这需要创新冒险，但不创新是更大的冒险。创新的基础，是科学合理的管理。

创新是战略的基本特征，战略创新最符合战略的本性。通过创新，企业可以提升核心竞争力，树立品牌形象，增加利润；可以找到并抓住市场机遇，将创新运用于产品开发、工艺改进、市场拓展等各个领域，使自身处于最有利的战略格局中。美国企业管理学者伊恩·C.麦克米伦说："企业所采用的战略应能够打破正常的产业发展进程，并创造不利于竞争者的新的产业条件。"

在企业战略规划中，变革创新是战略和策略的重点。如前所述，战略意图需要规划出新优势和差异化目标，这就要求进行创新。创新既可以是颠覆式的，也可以是迭代式的；既包括产品的创新，也包括商业模式或者市场的创新，还可能包括内部管理的创新等。通过一系列的创新，企业形成差异化的竞争优势，最终形成业务设计。

创新焦点强调把创新作为战略思考的焦点，其目的是运用创新的方法捕捉更多思路，在新的战略设计中，为企业的竞争力和差异化模式带来新的增值点。创新的目的是为客户创造价值。创新焦点最终解决的依旧是为客户、为市场创造价值的问题，其最终目标还是要使企业产生持续的竞争优势，从市场和客户那里获得持续的价值。

影响团队创新的两大障碍，一是怕担风险，二是组织惯性。创新过程要消除这两种障碍，建立机制，鼓励创新的文化氛围，比如崇尚创新、宽容失败、支持冒险等。好的创新体系是企业与市场进行的同步探索和实验，而不是独立于市场之外的闭门造车。通常做创新焦点思考的时候，可以基于如下几种典型的创新模式进行考虑。

产品和服务创新

打造让客户眼前一亮和惊喜的产品和服务，提升客户体验，超越客户期望，使产品和服务获得独特的长久的竞争力和品牌影响力。比如，开发和推广创新产品和服务。

市场和渠道创新

新市场、新客户开拓，寻找新渠道、新的销售路径，从而获得新的市场增长点。比如，开发新市场，推行新的渠道和销售路径。

业务模式创新

模式再造和企业扩张。比如，开发业务运营的新方式，建立伙伴关系快速响应市场，提升业务灵活性。

运营管理创新

改善核心职能领域的效能和效率。比如，开展最佳成本结构优化，优化流程以改进生产力，核心职能改组再造以提高效率。

选择和确定业务组合是集团层面战略的任务之一。制定和刷新产品与服务的业务组合策略，是围绕业务匹配创新策略的重要内容。所谓组合（Portfolio）是企业所经营的有相对明确边界的不同业务组成的集合，企业需考虑以何种产品和业务组合，去覆盖或满足市场、客户和竞争的需求，这就是一个创新重点。在企业的业务组合里，通常会有或者说需要有三类业务：核心业务、成长业务和新兴业务。针对不同业务，需要匹配不同的管理和创新策略，建立起差异化的管理模式。

核心业务，又称果树业务，通俗讲就是"锅里的"。核心业务是企业收入与利润的主要来源，管理重点是延伸、保持、增加生产力和利润贡献。主要考核近期的利润表现与现金流，比如利润（收入／支出）、资本回报率、生产效率。

成长业务，又称苗木业务，通俗讲就是"仓里的"。成长业务是市场增长和扩张机会的来源，管理重点是将已论证的业务模式扩大规模增加市场份额，成长为市场机会。主要考核收入的增长和投资回报收入增长，比如收入增长、新客户/关键客户获取、市场份额增长、预期收益、净现值。

新兴业务，又称种子业务，通俗讲就是"田里的"。新兴业务是产品/业务创新的组合，未来长期增长的机会点，管理重点是验证业务/产品的创新组合，播种未来的机会和优势。主要考核回报的多少和成功的可能性，比如项目进展关键里程碑、机会点数量和投资回报评估、从创意到商用的成功概率。

一个健康并能持续发展、有现在、有未来的企业，总能做到"锅里有饭，仓里有粮，田里有稻"。同时，企业不同业务的不同发展阶段需要关注的重点是不同的，在不同生命周期阶段的业务中，企业需要采取不同的战略方向和侧重点，设计并实施短期、中期和长期业务规划，以保证企业持续稳步增长。

任总讲："持续有效增长，当期看财务指标，中期看财务指标背后的能力提升，长期看格局，以及商业生态环境的健康、产业的可持续发展等。管理要权衡的基本问题是现在和未来、短期和长期。如果眼前的利益是以损害企业的长期利益，甚至危及企业的生存为代价而获得的，那就不能认为管理决策做出了正确的权衡和取舍，这种管理决策就是不负责任的。"

在企业的变革创新焦点设计中，企业需要关注新产品、新服务、新模式和新运营，关注最新的技术趋势和新兴产业，积极开发符合市场需求的新产品和服务，满足客户不断增长的需求，以实现差异化竞争。企业还需要在研发、生产和销售等各个环节都进行变革创新，优化运营流程，降低成本，提高效率和质量，以确保企业的可持续发展。

2.4.8 业务设计是战略落脚点

BLM模型中的业务设计，强调基于市场理解、战略预判、战略布局、创新领域等，来确定支撑战略意图的业务设计，即战略思考要归结到业务设计中。市场机会、战略意图、创新焦点等经过评估后，必须落实到一个高效的业务设计上，去捕捉机会，实现战略意图。

业务设计的核心是战略控制点。战略控制点是不太容易被构建、被模仿、被超越的中长期优势。业务设计要考虑如何利用企业内部现有的资源，创造可持续的战略控制点。业务设计包含六个方面的要素：客户选择、价值主张、价值获取、活动范围、战略控制点和风险管理六要素，以确保企业实现长期增长和赢利。业务设计中各要素所需要的能力，需要落地到流程、组织和 IT 的规划与构筑中，这是业务架构设计的主要内容，我们在流程重构章节会进行展开。

客户选择

谁是你的客户？谁不是？在该细分市场下，客户有哪些特定的需求？可以为哪些客户真正增加价值并获得利润？

客户选择非常重要，决定了企业以后的所有投入方向。客户选择是战略性的，也有阶段性战术考虑，须考虑自身能力及长远目标相结合。优质资源向优质客户倾斜，客户分类和内部各流程环节的投入要对齐。

价值主张

客户为什么选择我？客户需求是否吻合？我们的产品和服务是否以客户的最终需求为导向？可以为客户提供哪些独特的、有差异化优势的价值？我们的产品和服务是否具有独特性和影响力？客户是否真正认可我们的产品和服务，能否帮助客户实现增值和收益？

价值主张是公司的产品和服务，相比竞争对手，给客户传递和带来的独特价值，每个企业的价值主张都应该是独特的。价值主张应该聚焦于解决客户的痛点和问题，满足客户需求。价值主张容易犯的错误就是站在自己的角度想当然地去思考价值。所以价值主张要看客户，从客户的视角来看企业提供的是不是重要的东西，对客户来讲是不是有价值。

价值获取

即公司靠卖什么赚钱。如何为客户创造价值，从而获取其中的一部分作为回报我们的利润？我们依靠什么吸引客户并获取利润？

我们的收入来源于什么？如何把产品卖出去？如何赚钱？采取哪种利润模型？有其他赢利模式吗？如何计算我们的收入、利润和市场份额？

活动范围

经营活动中提供什么产品、服务和方案？我们在价值链中的角色定位和业务范围是什么？主要资产配置在哪里？产品、渠道、推销与合作伙伴的协作点，确定与产业链成员的合作策略。

在产业链、价值链中的位置及合作伙伴的协作关系，做什么与不做什么，哪些是必须要通过外包/外购等合作来完成？比如华为的活动范围，是以研发和销售为主，而将70%的制造外包给别的制造商。

战略控制点

企业的核心竞争力和战略性控制点是什么？怎样保证自己在价值链中持续有存在价值？客户对我们的认可度如何？

是否踩准客户需求和偏好的转移趋势？如何保护利润？是成本优势、快速响应、持续创新，还是技术竞争力，是客户关系、品牌，还是专利、标准？

俗话说："一流企业做标准，二流企业做品牌，三流的企业做产品"，讲的就是不同企业根据自己的优势建立相应的战略控制点。

风险管理

有哪些潜在的风险（外部的和内部的）？如何管理和应对？

外部风险：包括政策、产业风险、客户变更、需求变迁、贸易战、供应中断、价格突降突升、汇率风险等。

内部风险：包括关键人才流失、产品进度滞后、成本超预期、关键物流缺货、生产能力不足、客户开发失败等。

做好业务设计，企业需要积极探索新市场、新客户、新技术、新生态和新商业模式等，以满足客户需求并提高企业的竞争力。企业还须不断优化现有业务模式，通过创新流程和技术，降低成本，提升效率，促进企业的持续发展。

上面的章节我们基本上把战略制定需要考虑的关键要素做了说明。战略制定存在着不确定性，必须通过战略执行管理把不确定性转化为商业成功的必然性和确定性。在整个过程中，需要反复审视如下问题，才能确保战略有效执行。

（1）为保障战略 / 业务设计落地，需要哪些关键任务 / 重点工作？采取什么样的组织架构、管控模式与业务流程体系？

（2）如何建立完善组织架构与管控模式，如何有效实施业务流程体系？

（3）为保障公司战略落地，需要什么样的人员，需要具备什么样的能力？

（4）如何吸引和引进人才，如何系统化提升专业能力，如何评价、激励和保留人才？

（5）为保障公司战略落地，需要在企业中倡导什么样的价值观和企业文化？

（6）如何系统化地塑造公司价值观与企业文化？

2.4.9　关键任务连接战略规划与战略执行

关键任务（有时称战略举措）是 BLM 模型中战略规划和战略执行之间的握手点。关键任务是为了实现业务设计和价值主张、弥补差距必须要做的关键事情，是支持战略意图的战略行动。战略意图、业务设计及差距（包括差距根因），是定义关键任务和依赖关系的重要输入。

关键任务主要是指持续性的战略举措，包括业务增长举措和能力建设举措。要定义关键任务，必须对商业本质、关键矛盾及成功路径有深刻认识。关键任务可以从以下几个方面思考：客户管理、产品营销、产品开发、交付、平台能力、风险管理和能力建设，并将重要运营流程的设计与落实包括在内。

关键任务承上启下，与战略规划直接握手，是连接战略规划与战略执行的轴心点，是 BLM 模型中组织/流程、氛围与文化、人才模块对齐的基础。关键任务有如下特征：

- 持续性的战略举措，包括业务增长举措和能力建设举措；
- 通常会把企业最重要的运营流程的设计、落实和完善包含其中；
- 能支撑战略意图、业务设计和价值主张的实现；
- 年度性的、可按季度跟踪衡量。

关键任务须给出要执行的关键任务事项和时间节点，并且要对企业的管理变革、流程再造提出具体的要求。围绕关键任务应该设计一些年度的或按季度的跟踪和衡量指标，以便于跟踪检查，后期复盘。

依赖关系需明确哪些任务是由自己来完成，哪些任务可以由价值网中的合作伙伴完成，强调要善于利用生态链上各合作伙伴的能力，补齐能力短板，包括内部成员、供应商、外包合作伙伴、渠道、兴趣社区/团体及影响者等。

2.4.10　组织和流程是战略执行载体

组织和流程是战略执行的载体，也是战略落地执行的保障，是不断打胜仗的底气，要求组织充满活力、流程高效增值，是实现战略的必要条件。战略制定后要通过流程、组织、人才、文化氛围来支撑战略的成功。

BLM 模型中，组织和流程是为了确保关键任务和举措能够有效地推进和执行，需要建立的相应流程、组织架构、管理制度、管理系统以及考核标准。包括：（1）组织架构、管理体系和流程体系；（2）组织和人员规模、角色定位；（3）关键岗位的设置和能力要求；（4）资源和权力如何在组织内分配，授权、行权与问责、决策流程，协作机制，信息和知识管理等。

任总讲："作为一把手，核心是做好三件事：布阵、点兵、请客户吃饭。请客户吃饭的目的是准确把握客户需求和业务发展的方向，点兵是用好人，布阵就是抓好组织、流程建设，布阵就是建设好管理体系。"这里"布阵、点兵、请客户吃饭"把战略从规划到执行对一把手的要求生动形象地做了诠释。

一方面，战略需要通过组织去落地，组织承载流程里定义的角色，是执行业务的主体；另一方面，组织的高效运作需要流程支撑。如果没有流程，成功只能是偶然。如果组织依赖个人英雄，成功不可复制，企业就难以实现规模化。流程最重要的作用是能够复制成功，用规则的确定性应对结果的不确定性，这样业务才能持续做强、做大。在展开新业务的时候，需重点审视公司组织结构、流程体系、管理制度及考核的标准，是否能够支撑关键任务高效开展，否则执行的结果往往会大打折扣。

任总在2014年《遍地英雄下夕烟，六亿神州尽舜尧》一文中提到："华为未来的胜利保障，主要是三点要素。第一，要形成一个坚强有力的领导集团，但这个核心集团要听得进批评。第二，要有严格有序的制度和规则，这个制度与规则是进取的。什么叫规则？就是确定性，以确定性应对不确定性，用规则约束发展的边界。第三，要拥有一个庞大的、勤劳勇敢的奋斗群体，这个群体的特征是善于学习。"

组织要能对齐战略、对齐客户，真正做到"以客户为中心"，能

"落实战略、匹配业务流、运作高效"才是根本。关于流程和组织如何支撑战略，将在本书流程重构篇、组织打造篇及持续变革篇详细展开。

2.4.11 人才是战略成败决定性因素

正确的路线确定之后，干部就是决定性的因素。同样，正确的战略确定之后，人才就是决定性的因素。华为 30 多年来成功的秘诀就是管好干部、分好钱，同时通过坚持正确的干部选拔、任用、管理与培训机制，使华为的力量生生不息。

战略确定之后，企业在战略聚焦点上一定要舍得投入人力和资源，需要有相应素质能力的人才去完成战略的执行，要考虑的自然就是组织内的人才，包括人才的获得、培养、激励和保留，以及人才技能和岗位的匹配度。

任总讲过："我们是储备人才，不储备美元。我们要建立一个自己的高端人才储备库，不拘一格获取优秀人才。"华为备受媒体关注的"天才少年"计划，就是任总在 2019 年发起的用顶级挑战和顶级薪酬招聘顶尖人才的项目，以吸引在数学、物理、化学、材料、计算机、智能制造等领域有突出贡献并有志成为技术领军人物的年轻人。

华为要求构建开放、多元的人才结构，不求人才为我所有，但求人才为我所用。凡在公司业务边界内能够贡献突出价值的内外部人员，都是华为所追求的人才。人才既包括内部人才，也包括外部合作人才。专业人才规划重点关注影响未来业务战略的关键人才群体，包括：专业领军人、业务专家、外部合作人才。

专业领军人

洞察技术/专业领域的变化趋势，提出公司核心技术/专业的发展愿景，引领相关的全球技术/专业方向，确立和保持公司在相关技术/专业领域能力达到行业领先水平和拥有相对竞争优势。

业务专家

承担本领域的技术与专业规划、建立方法、流程与工具等，主导解决方案的设计与实施，为战略制定与执行及商业成功，提供专业能力和决策支撑。

外部合作人才

指在华为业务边界内，通过顾问咨询、合作研究、业务外包/人员租赁等合作方式，支撑华为在管理思想、基础研究、专业领域实现理论突破或效益提升的各类外部机构或个人（如各类国际机构、科学家、领域专家、独立顾问、外包公司、自由职业者等）。比如顾问咨询，能在管理思想、战略或技术方向上，提供思想火花、观点碰撞或技术思想丰富与发展，帮助华为丰富思想与拓展视野。而合作研究主要指在思想、专业技术领域，与华为开展灵活的合作研究项目，实现基础理论创新或突破。

关于人才应该具备什么素质？2006年，有位记者采访任总，问道："您认为企业当中最优秀的人才、最顶尖的人才应该具备什么样的素质？"任总没有罗列相关标准，而是回答道："简单。"

在任总看来，最优秀的人才，对社会、对公司最有价值的人才，最根本的品质就是简单。这个简单不是指头脑简单，而是思想简单，心里不长草，唯有目标和效果。任总认为：唯有简单，才最有信心；唯目标和效果为导向的思维简单化的人才，能带领团队实现管理制度化、流程化，继而简单化；带领团队实现团队的价值，使每位员工都发挥最大的价值。

笔者当时还不能理解任总说的"简单"的含义，经历了十多年职场历练和种种"洗礼"之后，回头看时才理解，这种个人和团队"心里不长草，唯有目标和效果"的简单，是多么难能可贵，对组织氛围的营造是多么重要，也才明白要做到这个"简单"是多么的不"简单"。

人才规划落地的具体层面，其实就是关键岗位的识别和需求规划，需要识别支撑战略落地所需要的人才和关键岗位，根据能力和技能需求，对人力和重要关键岗位提前储备，从而支撑战略落地和关键任务实施。

关键岗位指在企业依据中长期经营发展策略，在管理、研发、技术、生产、营销等方面对企业生存发展起重要作用，与公司的战略目标密切相关，承担着重要工作责任，掌握企业发展所需关键技能的相关岗位。

虎彩集团有限公司非常重视人才的培养和管理，其下属多个事业部，结合战略规划 BLM 模型和业务架构设计（业务架构设计相关内容将在流程重构章节展开）的方法，以及人力资源方法，探索出关键岗位的识别及管理方法论，大概分如下几个环节。

（1）业务设计：基于战略及关键成功要素，商业模式设计输出客户旅程、价值流和业务能力；

（2）识别关键能力：基于业务设计输出的业务能力，结合对业务开展影响的重要性和紧迫度，识别出关键能力；

（3）识别关键岗位：基于关键能力需求，以及关键任务开展节奏，识别出关键岗位及需求节奏；

（4）关键岗位配置：基于关键岗位及需求节奏，制定关键岗位补充计划，补齐空缺关键岗位；

（5）关键岗位管理：关键岗位绩效目标制定和业绩评估、关键岗位激励及薪酬设计、关键岗位后备梯队建设等。

2.4.12 氛围与文化确保组织充满活力

氛围是与企业战略执行相关的管理氛围，文化是员工默认的行为准则，这和企业价值观有很大的关系。

创造好的工作环境及激励机制，营造积极的氛围，能激发员工创造出色的成绩，须考虑公司/团队文化氛围是否能促进关键任务实现，或者说需要建立怎样的文化和氛围来支撑关键任务开展。值得注意的是，不同模式和形态的业务，以及不同成熟度的业务，对组织形态和组织文化要求是不一样的。企业家的战略思考和战略决策塑造企业的发展路线，企业家的价值观、管理哲学、管理思想和管理风格，深刻影响企业文化的形成。

管理大师彼得·德鲁克说"文化把战略当早餐吃"（Culture eats strategy for breakfast）。不同的人对这句话有不同的解读。有人认为，战略在文化面前不值一提，企业文化才是战略的战略；有人认为，"战略具体，文化无形，但文化却位于更高境界"；也有人认为，"无论我们制定的战略多么有效、多么实用，如果没有企业文化做支撑，最终都很难落地"。不管何种解读，都强调了文化对战略的重要性。

好的氛围与文化能激活组织，让组织充满弹性与活力，能对市场和客户做出及时、快速而准确的响应，能让员工有自觉性、积极性、责任心、上进心、凝聚力。笔者认为，积极的氛围与文化是使组织充满活力的源泉，不断激发组织、团队和员工的活力，做到"方向大致正确，组织充满活力"。

企业文化是企业核心价值观的集中表现。文化与氛围决定了组织和人才愿不愿意为关键任务全力以赴，优秀的企业文化可以在员工之间营造出一种凝聚力。通常高绩效的团队会让人感觉朝气蓬勃、富有活力，从而取得好的绩效目标，而那些死气沉沉的团队往往绩效都不令人满意。

企业的氛围往往和领导者的管理与领导风格有关，常见的有四种：（1）强制式：类似专制时代统治者，要求绝对服从；（2）身先士卒式：你不行，我来干干给你看；（3）教练式：启发和引导团队成员；（4）授权式：放手让下面的人去发挥。

管理风格没有绝对的对错，领导者要在不同的组织、不同的时间及场合，针对不同的战略目标、不同的管理对象，进行管理风格的调整。不过越来越多的员工喜欢教练式和授权式领导。在知识密集型经济时代，大多数成功转型的企业，最终都逐渐形成了开放、授权、共享的氛围和文化。

华为会每年例行定期开展组织气氛的调查（有企业也称员工敬业度调查），以促进团队主管关注团队的组织氛围提升。建设高效的组织气氛必须处理好员工在基本需求、价值体现、团队归属和共同成长等四个阶段的问题，测评问卷分别对应"我的收获""我的奉献""我的归属"和"共同成长"四个部分，近 20 个问题。测评问卷用作测评时是一套反馈问卷，能够用来测评一个部门 / 团队的工作环境。测评问卷用作管理时是一系列管理重点，一个基层经理如果能关注这些方面，就能推动生产效率、人均效益、客户满意度等经营业绩指标不断提升。

2.4.13 华为的"干部四力"与干部要求

华为用决断力、执行力、理解力、人际连接力，即"干部四力"来评估干部（华为的干部主要指各级管理者）的领导能力，即"领导四力"。"干部四力"由华为早期的"干部九条"逐渐演变而来，可以理解为华为对管理者的领导力要求。华为要求高层要有决断力和连接力，中层要有理解力，基层要有执行力。

决断力：果断地做出决策的勇气和能力

- 战略思维：洞察市场、商业和技术规律，善于抓住主要矛盾和矛盾的主要方面。
- 战略风险承担：在风险可控范围内，敢于决策和担责，抓住机会用于开拓。

执行力：将目标转化为团队行动，并带领团队成员一起完成任务的能力

- 目标结果导向：面向目标结果，有强烈的目标感，有计划、有策略、有监控，在问题和障碍前不放弃，不断挑战并超越自我。
- 激励与发展团队：激发团队斗志，能够帮助他人成长，对人才充满热情。
- 组织能力建设：组织运作、能力建设与持续改进，通过流程建设（一致性）、方法建设（有效性）和资源建设（可持续性），将能力建设在组织上。

理解力：准确而快速地领会组织和他人意图、把握事物本质的能力

- 系统性思维：具备全面业务视野和清晰逻辑架构，能识别整体和局部之间的关系，以及业务变化的规律。
- 妥协灰度：避免"非黑即白"处理问题，在对方向和原则的认识下，顾全大局，合理退让，寻求"迂回中前进"。

人际连接力：与他人产生共鸣，建立和谐关系的能力

- 建立客户与伙伴关系：始终保持谦虚的态度，积极探索、及时响应、牵引、满足客户与伙伴的需求，建立基于信任的双赢关系。

- 协作影响力：能够协助与配合他人，超越局部利益，服务于更高的共同目标。

- 跨文化融合：认知和尊重文化差异，积极融合不同文化，求同存异，让不同文化背景的人成为同路人。

华为干部评议信息表会参照"干部四力"的以上评估要素，对干部能力进行滚动评估，结果分别为强、中、弱。经过滚动评估、牵引提拔和淘汰，实现人才全球盘点、全球调度的目标，以高密度的人才储备支撑全球作战任务。

华为认为，企业的目标是为客户创造价值，实现自身商业成功，而干部的使命与责任，就是践行和传承公司文化和价值观，以文化和价值观为核心，管理价值创造、价值评价和价值分配，带领团队持续为客户创造价值，实现公司商业成功和长期生存。除了"干部四力"的要求以外，华为对干部所必须有的使命与责任有如下六大要求：

（1）担负起公司文化和价值观的传承：为员工提供思想导航。

（2）洞察客户需求，捕捉商业机会，抓业务增长：致力于持续创造客户需求，确保长期有效增长。

（3）带领团队实现组织目标：致力于将商机转化为业务结果。

（4）战略规划业务执行：有清晰的主攻方向，抓主要矛盾；清晰的战略方向和路径选择，实用的管理节奏。

（5）站在全局立场，不断改进端到端业务流程：确保端到端流程传递客户价值的效率。

（6）开展组织建设，帮助下属成长：将个人知识和才干转化为成员的历练和能力，实现个人才干增值。

2.4.14　华为企业文化培育

《华为基本法》于1995年萌芽，1996年开始起草并定位为"管理大纲"。经过华为多轮从上至下、从下至上的讨论，历时数年，1998年3月审议通过。《华为基本法》包含了很多经营管理理念和管理智慧，是学习和了解华为管理体系的重要文献，包括公司宗旨、经营政策、组织政策、人力资源政策、控制政策和接班人与基本法修改等内容。《华为基本法》支撑华为实现了从野蛮式增长到制度化成长的转变，任总评价说："如果说企业文化是公司的精髓，那么《基本法》是企业文化的精髓。《华为基本法》开始形成了所谓的华为企业文化，说这个文化有多好，多厉害，不是我创造的，而是全体员工悟出来的。是《华为基本法》的建设，带领华为从混沌到秩序。"

笔者2005年应聘华为工作的时候，主面试官（时任产品线质量与运营部部长，后为公司企业架构与流程管理部总裁）问我为什么来华为，我脱口而出："因为《华为基本法》吸引了我。"笔者承认对《华为基本法》有较深的感情，是华为的文化吸引了笔者加入华为，一干就是16年，本书中还会多次提到《华为基本法》的核心内容。

《华为基本法》的公司宗旨中，核心价值观第6条第1句话就是："资源是会枯竭的，唯有文化才会生生不息。"华为非常注重培育华为企业文化，并自觉地将这种独具特色的文化注入企业的经营管理活动之中，从而产生了巨大的文化管理效能。文化与管理的关系犹如土壤与庄稼的关系，正如任总提到的："文化是为华为的发展提供土壤，文化的使命是使土壤更肥沃、更疏松，管理是种庄稼，其使命是多打粮食。"

华为有很多响亮的文化口号，比如："为客户服务是华为存在的唯一理由""胜则举杯相庆，败则拼死相救""让听得见炮声的人呼唤炮火""烧不死的鸟是凤凰""从泥坑中爬起来的是圣人""小胜靠智，大胜在德""不让雷锋吃亏""深淘滩，低作堰""力出一孔，利出一孔""全营一杆枪""上甘岭出将军""没有退路就是胜利之路""一切为了前线、一切为了业务、一切为了胜利""让打胜仗的思想成为一种信仰""宁可向前一步死，绝不后退半步生"等。

这些文化口号源于工作，有些来自作战的一线，有些来自高层深思熟虑后的导向，在一次次关键事件中被强化。如市场部集体大辞职、研发体系反幼稚大会、中研部发放呆死料为奖品、自我批判、表彰大会、惰怠行为反思等，形成全体共鸣，最后凝聚成华为的核心价值观，而核心价值观又反过来强化了这些文化。

2016年8月，华为以总裁电邮的形式发布了经过面向员工征集和内部讨论形成的华为"内部21条军规"，即《华为干部的21条军规》，部分军规也符合华为价值观，并与文化匹配。除了华为军规，华为干部体系也广泛开展"惰怠行为"剖析，整理出管理者的18种惰怠行为，要求时刻自查自省，鞭策改进。

华为的"管理者18条惰怠行为"及"内部21条军规"，笔者认为体现的是华为文化和价值观导向下衍生的反对和不倡导或倡导的工作和行为规范，与文化和价值观互为补充，同时也强化了文化和价值观。

除了文化口号和标语，华为还喜欢用故事、图片、歌唱的形式来传播文化和价值观。比如任总喜欢用讲故事的方式传播思想，激发团队，他经常用通俗易懂的语言，讲出富含深刻哲理的话，比如"不做黑寡妇""红军蓝军对抗""不可穿上红舞鞋""薇甘菊精神"等。

华为还喜欢用图像来传播价值导向。比如"伤痕累累的芭蕾脚"摄影作品配文"伟大的背后都是苦难"，强调成功唯有靠艰苦奋斗的奋斗文化。被打得千疮百孔的战斗机图片配文"没有伤痕累累，哪来皮糙肉厚，英雄自古多磨难"，体现永不言败的战斗精神。刚果河渔夫在湍急洪流中捕鱼的照片，配文为"不在非战略市场消耗战略竞争力量"，意在表达华为的战略执行，要集中战略资源把握战略机会。"布鞋院士"、中国国内遥感领域泰斗级专家李小文讲课的照片，配文是："华为坚持什么精神？努力向李小文学习。在大机会时代，千万不要机会主义。开放，开放，再开放。"被誉为"中国龙芯之母"的黄令仪照片，配文是："我这辈子最大的心愿就是匍匐在地，擦干祖国身上的耻辱。"二战奔赴前线士兵答美国记者问的图片，配文是一组对话，其中一句是："中国一定会胜利。（中国胜利的）那时候，我已经战死沙场。"类似这种企业价值观和文化的宣传照片真实而令人动容，结合时代背景和华为处境，往往能凝聚人心，并转化成组织奔涌向前、势不可当的力量。

歌唱方面，比如早期华为的集体大合唱，如《团结就是力量》《保卫黄河》《志愿军之歌》《打靶归来》《共青团之歌》《歌唱祖国》等。笔者加入华为时，就参加过万人集体大合唱，那种"虎狼之师"的气势，至今仍难以忘怀。现在华为还保留着歌唱的文化传播形式，比如大型的动员会议、作战会议，大家都会齐唱《中国男儿》。通过大合唱的形式，抒发员工对祖国、对公司、对工作的热爱，激发员工风雨同舟、众志成城，直面竞争、战胜困难，携手挑战艰难困苦的战斗决心和必胜信念。

关于核心价值观和文化，任总认为："真正的挑战还是核心价值观能否真正制度化，真正融化在各级干部的血脉中，从而构建起一个奋进的、强壮的、包容的企业文化氛围，使得新加入者不论其动机如何、文化背景如何、价值取向如何，都能融入这一文化氛围，不断壮大我们的奋斗者队伍。"

没有制度的文化是口号，没有文化的制度是镣铐。任总讲过："文化是给大家提供了一个精髓，提供了一个合作的向心力，提供了一种人际相处的价值观，这种价值观需要人们心悦诚服。"无论何种传播媒介或传播方式，文化和价值观不是喊喊口号、发几张图片就能形成。重要的是传递的理念和价值导向能否获得员工的广泛认同、引发共鸣，并自愿去践行、讲述和传播，最后能落地到公司流程、制度、机制和评价体系里及人力资源管理制度中，"蓬生麻中，不扶自直"，这样才有生命力，也才能凝聚成企业的战斗力。

2023 年 8 月，任总在与 ICPC（国际大学生程序设计竞赛）基金会及教练和金牌获得者学生的谈话中，有选手问："华为有这么多人，通过怎样的管理实现高效运作？"任总回答说："在创立公司之初我访问了美国，以 IBM 为主体去理解他们的管理。第一，IBM 的企业目标管理，就是为客户服务，一切都要以客户为中心，这样企业就有了一个整体方向感，这个方向感把员工凝聚起来了。第二，学习 IBM 推行 IPD，就是在研发中怎么加入市场、服务代表，IPD 是一个前瞻性的领导组织来引导研发前进。接下来又向 IBM 学习 IFS、ISC 财务和供应链管理。这样，流程体系就清楚了。最重要的是分配问题，我们就研究华为财富在哪儿，财富怎么分配。我们认为财富在员工的脑袋里面，把脑袋拿来称一称到底有多重，就给你分多少。我们的分配方式，劳动分三，资本分一。"在笔者看来，任总讲的就是：（1）以客户为中心，为客户服务的文化和核心价值观；（2）基于流程的管理体系；（3）正确的价值评价与合理的价值分配体系。这三者就是支撑企业和组织自我高效运作的三大基石。

作为本章的结束，笔者想补充说明一下。华为的 IPD、市场管理及 BLM 模型都是师从 IBM，当我们讲这些流程和实践的时候，或多或少都会提到 IBM。IBM 被视为美国科技实力的象征和国家竞争力的堡垒。1993 年，这家超大型企业因为机构臃肿和孤立封闭的企业文化已经变得步履蹒跚，亏损高达 160 亿美元，面临被拆分的危险，媒体将其描述为"一只脚已经迈进了坟墓"。

路易斯·郭士纳临危受命，进行了大刀阔斧的改革，在他掌舵 IBM 的 9 年间，公司持续赢利，股价上涨了 10 倍，成为全球最赚钱的公司之一。郭士纳扭转乾坤，IBM 得以起死回生。

学习 IBM，郭士纳的《谁说大象不能跳舞?》是必读书之一，书里有很多郭士纳在企业经营中的真知灼见和商业思想。郭士纳认为，一家公司有效的战略执行，是建立在以下三个基础之上的，即世界一流的业务流程、战略的透明性及高绩效的公司文化。这三点讲的就是建立高效的流程与组织、战略层层解码到关键岗位和关键人才、打造高绩效团队的氛围与文化。笔者发现，郭士纳的理念与 BLM 模型框架下战略执行部分的内容有很高的相似度，并向 IBM 专家求证，证实 BLM 模型的框架的的确确受到了郭士纳这句话的影响。现在来看，战略要得到有效落地，流程和组织、战略解码、高绩效团队氛围和文化依然是关键。

第3章
战略解码与战略执行闭环

任总说:"高层干部就是确保公司做正确的事情,要保证进攻的方向是对的,要确保进攻的节奏是稳妥的,要协调好作战的资源是最优的。企业管理就是抓住这三件事,客户、流程与绩效。"

在战略方向确定之前,战略决定成败;战略方向确定之后,管理决定成败。战略管理是为实现战略目标、以终为始的管理过程,是战略解码到组织和个人的绩效管理,是持续锻造与目标匹配的强执行力的过程,战略管理重在执行。

战略管理不是静态的,而是循环、周而复始、持续迭代提升的,直达战略目标和愿景使命的动态管理过程。

3.1 战略解码确保战略层层分解

3.1.1 战略规划落实到业务规划

战略的制定是实现业务领先的第一步,能否实现超越和真正领先,关键是战略的执行。我们之前介绍了 BLM 模型出台的背景,BLM模型可以说是 IBM 与哈佛大学合作开发的结晶,也就是 IBM 认识到战略执行的问题，为了避免过去的失败，所以在战略管理方面第一次真正把战略和执行放在同等重要的位置。从 IBM 的经验和教训来看，不能被落地执行的战略都是口号，但战略管理中常常会出现如下问题：

- 战略规划汇报完成后，任务似乎就完成了，被当作文件放在抽屉里，锁在柜子里，下面该干什么还是干什么，成了所谓的"规划规划，纸上画画，墙上挂挂"。
- 业务计划及执行环节没有相应支撑，机会、目标、策略、预算、人力、KPI/PBC 之间不是一盘棋。

战略规划完成后，战略洞察和关键假设、战略方向、战略机会点、战略意图、创新策略、业务设计、战略里程碑要求等关键要点要进行基线化和归档。基线化和归档的战略规划要点，要导入业务计划中，作为业务计划的关键事项，转化成市场目标、经营目标和财务指标、各领域策略和行动计划、重点工作、财务和人力资源预算、组织绩效 KPI 及个人 PBC。

美国学者拉里·博西迪和拉姆·查兰认为："战略执行是一套系统化的流程，包括对方法和目标的严密讨论、质疑、坚持不懈地跟进，以及责任的具体落实，包括对企业面临的商业环境做出假设、对组织的能力进行评估、将战略和运营及实施战略的相关人员结合、对这些人员及其所在部门进行协调，以及将奖励与产出结合。"这段话充分概括了确保战略执行的关键要点。

战略执行的关键就是强调通过运营管理体系保证战略落地，如下几项是确保战略落地达成的关键：

（1）战略要经过管理团队充分讨论，要在各层级部门中充分传达，达成共识；

（2）战略要分解为目标、衡量目标达成的指标及支撑目标达成的措施，落实到各个支撑部门的组织 KPI 中；

（3）要在流程、组织结构和资源配置上适配战略的需要，不能因为短期急迫的事情而不去投入战略所需要的资源；

（4）要在日常监控和管理战略目标和计划，跟进组织 KPI 达成情况，不断纠偏和优化；

（5）评估业务目标和绩效达成情况，并与考核和激励相结合。

3.1.2　战略层层解码到岗位

战略解码过程就是战略对齐、战略分解与战略落地的过程。战略解码的关键在于使其贯穿企业经营管理，保证整个组织对战略理解的一致性，上下对齐，左右拉通。从企业愿景、使命，到战略制定、业务计划，到战略解码、关键任务、关键举措，到组织目标 KPI、个人 PBC 目标，到最后的绩效评估、人才激励与发展，整个管理链条要确保一致性，层层解码，层层落实，层层对齐战略。

组织绩效应分解落实到相关责任主体，包含管理者、下级组织、全体员工。企业可以通过三次解码，衔接战略规划和战略执行，将战略落地到部门和岗位。

战略规划阶段的战略解码，导出战略举措及战略衡量指标：通过业绩差距和机会差距分析、市场洞察、战略意图、创新焦点及业务设计，管理团队研讨和梳理出战略举措/关键任务，然后将战略举措/关键任务落实到具体的组织/流程、人才、文化与氛围中。解码输出：关键战略举措，战略衡量指标清单，关键战略举措 3 年目标分解/里程碑。

战略规划解码为年度业务计划，导出年度重点工作：在集团总体预算的框架下，根据战略举措，战略衡量指标清单，结合战略规划的战略安排，落实来年的资金预算和人力部署。对具体的重大市场机会详细分析，制订行动计划，并推动落实，保证行动和策略的一致性。解码输出：年度行动计划，年度重点工作，年度组织KPI。

部门层面战略解码和岗位绩效计划制订，导出PBC：基于年度组织KPI和重点工作，将组织的战略规划和解码内容向其所属的下级组织和基层岗位进行解码并制定相应PBC，将任务分解到个人。解码输出：部门战略解码，主管PBC，关键岗位PBC。

3.1.3　战略解码要上下同欲和左右对齐

上下同欲者胜，同舟共济者赢。战略解码就是通过可视化的方式，将企业的战略转化为全体员工可理解、可执行的行为的过程。战略解码的意义在于帮助执行层去理解战略并找到与自身价值的关系，使整个组织和团队有共同的目标，形成一个利益共同体，能上下齐心，左右协同，支撑战略高效准确落地。好的战略解码需要遵循如下四项标准和原则。

垂直一致性

垂直一致性体现对公司战略和业务目标的支撑，是指战略在组织上自上而下垂直分解，要求各级要对齐，上下目标要一致。以公司战略和业务目标为基础，自上而下分解目标，从公司到各组织再到各个岗位，自下而上承接，保证目标的纵向承接一致性，而且下面的目标要大于上面的目标，这样公司的目标才能够实现。

水平一致性

水平一致性体现在对公司业务流程的支撑，以公司端到端的业务流程为基础，在公司价值链上的各个环节都是互相关联的，战略在组织的同一层级要拉通各部门所承接的目标。每个组织需要从业务流程视角思考如何支撑业务流程高效运转，建立起部门间的连带责任和协作关系，保证横向一致性。

均衡性和导向性

考核指标选取应结合平衡计分卡（BSC）四个维度，同时公司每年都有管理重点，都有优先发展的业务和事项。在解码的时候，需要考虑均衡性、导向性，如今年重点要发展哪个业务，要重点提升哪个能力，相应地加大其指标权重。

责任层层落实

建立 KPI 指标责任分解矩阵，分解重点工作，落实部门对上级目标的承接和责任，为个人绩效考核目标的确定提供依据。让上下达成能理解、可落地、可追踪的计划和措施，确保责任落实。

3.2　战略解码工具和制胜逻辑

战略制定后，需要经过战略解码和分解，让每个员工理解，并且去执行。好的战略必须是能执行的战略，战略只有得到执行，才能发挥其价值。

华为的战略管理注重结果，以结果为导向，并将战略制定与执行紧密结合。战略解码工作是保障战略得以执行和落地的重要手段，确保形成从战略意图到业务设计、中长期目标，再到关键措施、组织 KPI 及预算目标制定，到个人 PBC、业务执行、效果评估与考核的闭环管理。

笔者 2005 年 4 月进入华为，组织关系归属于网络产品线质量与运营部（部门主要职责包括质量管理、运营管理、流程变革、成本管理、IT 管理等），对口产品线的运营管理工作，其实就是战略制定后的战略解码与执行闭环工作，包括战略解码、述职、重点工作、组织 KPI 的管理等。

直到 3 年后，笔者组织关系调入产品线 Marketing 部，负责主持产品管理部质量运营团队工作，工作职责才调整。[①]

3.2.1 BEM 模型对战略逐层解码

华为战略规划到执行包括了两个方法论，一个是 BLM 模型，一个是 BEM 模型（Business Execution Model，业务执行力模型）。BLM 模型我们之前已经介绍过了，下面重点介绍 BEM 模型。

BEM 模型可以简单理解为战略解码的方法和工具，是华为将六西格玛质量方法融入战略执行领域，创新形成的业务战略执行方法。BEM 模型强调战略和策略的合理性及前后逻辑性，强调用数据说话。通过对战略逐层解码，导出可衡量和管理的战略 KPI 指标，以及可执行的重点工作和改进项目，并采用系统有效的运营管理方法，确保战略目标达成。通过 BEM 模型，可将公司战略分解为各业务发展战略、关键成功要素、KPI、重点工作和各级管理者 PBC，建立公司的目标体系，如图 3-1 所示。

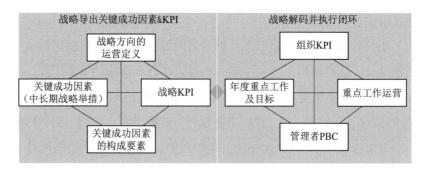

图 3-1　BEM 模型框架

---

① 产品管理部，负责产品线客户需求管理、产业战略、产品规划及产品生命周期管理，对产品竞争力负责，是产品线的"龙头"部门。

基于 BEM 模型，通过如下 6 个主要步骤，可以实现从战略到组织 KPI、PBC 和年度重点工作导出的战略解码过程。

（1）明确战略方向的运营定义：理解战略，澄清和明确战略，并对战略的范围、内涵等进行明确定义，输出战略及战略描述。战略方向的运营定义是指对战略方向的具体化、可衡量的描述，目的是保障战略方向的范围、内涵得到准确、一致的定义，以避免对战略方向理解的偏差。

（2）导出关键成功因素（CSF）：关键成功因素，也翻译成关键成功要素，可理解为中长期关键战略举措，是达成企业愿景和战略目标、确保竞争优势的差别化核心要素，也是企业要重点管理的领域。需基于战略诉求、业务设计、创新焦点和 SWOT 分析内容，绘制战略地图，结合平衡计分卡的方法，从财务、客户、内部运营和学习与成长四个维度识别和提炼支撑战略目标达成的中长期关键战略举措，输出战略举措列表。

（3）导出战略衡量指标 KPI：确定本战略周期中对应的战略举措的内容和范围，识别对应的衡量指标，输出战略衡量指标，即战略 KPI。华为内部使用的是 IPOOC 方法，即从输入（Input）、过程（Process）、输出（Output）、收益（OutCome）四个维度对关键成功要素展开。

（4）确定年度业务关键措施和目标：围绕战略举措，分析差距，确定本组织层级的年度业务关键措施和目标，输出一层组织关键措施列表。年度业务关键措施是为了支持战略达成当年业务目标所需改进的关键点，导出过程的基本方法是基于关键成功因素及其构成要素，需要分析现状和差距，收集客户声音，识别关键问题，对齐关键成功因素。

（5）分解年度业务关键措施和目标：基于组织的业务关键措施，分解出下一级的年度业务关键措施和目标，输出下层组织关键措施列表，将上层组织的业务行动计划和目标，分解到各个部门，制定每个部门的KPI，上级目标必须全量分解至下一级。

（6）确定年度重点工作：根据组织维度基于年度业务关键措施确定年度重点工作，输出年度重点工作清单。年度重点工作是当年的具体措施，包括总体目标、执行策略、关键任务或支撑项目、交付件／交付成果、完成时间、责任部门和责任人，是优先的工作任务，每个部门都要明确。

下面笔者根据本章主题的重点，就战略地图、平衡计分卡、组织绩效三个相关内容，重点展开说明。

3.2.2 战略地图描绘战略目标实现路径

罗伯特·卡普兰与大卫·诺顿说过："如果你不能衡量，那么你就不能管理；如果你不能描述，那么你就不能衡量。"如果不能全面、清晰地描述战略，员工就不了解战略；而员工不了解战略，就难以指望他们来执行战略。战略地图的最大价值在于沟通战略，让员工了解战略。

战略地图和平衡计分卡作为重要的战略管理工具，其突出贡献就在于使战略管理可描述、可衡量。战略地图是描绘战略的工具，而平衡计分卡就是衡量战略的工具，平衡计分卡将战略地图上的战略目标转化为一套绩效量度指标和战略行动计划方案。

战略地图是对企业各战略要素之间因果关系的可视化描述，是一套描述、衡量和管理战略的系统工具。战略地图描绘战略目标实现路径，说明企业如何创造价值，是企业战略及实现的可视化表达。战略地图将企业价值创造过程可视化、系统化，达成因果协同。在用 BLM 模型完成战略规划后，可将其转化为战略地图，通过战略地图，组织中的所有成员可以用一个通用的语言来沟通战略。

战略地图描述了无形资产如何转化为财务业绩的因果逻辑关系，确保企业长期均衡发展，为战略制定和战略执行之间搭起一座桥梁。在企业的战略指导下，战略地图从财务层面、客户层面、内部运营层面、学习和成长四个层面定义公司的目标，各个目标之间层层递进，并通过明晰这四个层面目标之间的因果关系来描述企业的战略。

财务层面：要使我们的股东满意，我们应当达到怎样的财务目标？在财务和业绩规模方面，向股东展示什么？财务业绩描述了战略执行的有形结果。

客户层面：要达到我们的财务目标，应当给客户提供怎样的产品和服务，来满足客户哪方面的需求？客户价值定义了企业的差异化竞争策略。

内部运营层面：要使我们的股东和客户满意，我们应当在哪些内部流程上进行优异运作，把哪些关键业务流程做好？内部流程描述了如何执行战略。

学习和成长层面：为达到目标，我们的部门应当如何学习和创新、改变与创造什么？学习和成长描述了成功的战略执行需要的无形资产，包括人力资本、信息资本和组织资本。

战略地图绘制的过程，其实是梳理业务逻辑关系，从战略开始向下推导出客户、内部流程、学习与成长每个层面的内容和指标，并形成自底向上的逐级支撑的过程。战略地图其实阐述了战略和战略目标（财务目标和客户目标），如何承载在内部流程上，通过内部运营流程创造价值，落地战略；通过学习与成长开展变革，打造组织和 IT 系统能力，从而达成战略诉求的因果支撑关系。

3.2.3 平衡积分卡衡量战略目标实现程度

平衡计分卡是战略绩效管理工具，管理和描述战略目标，从财务、客户、内部运营、学习与成长四个层面衡量企业绩效。平衡计分卡可理解为一种将组织的战略落实为可操作的衡量指标和目标值的一种绩效管理和绩效考核的工具；同时，作为战略管理工具，打通战略到绩效的循环，化战略为行动。人们通常称平衡计分卡是加强企业战略执行力的最有效的战略管理工具，用于明确组织内不同的层级和个人的工作重点和目标。

平衡记分卡与战略地图配套，计分卡的指标设计也包括财务、客户、内部运营、学习和成长四个层面。之所以叫平衡计分卡，是因为其反映了财务指标与非财务指标之间的平衡、长期目标与短期目标之间的平衡、外部群体和内部群体的平衡、结果和过程的平衡、管理业绩和经营业绩的平衡等多个方面。这样就能反映组织综合经营状况，使业绩评价趋于平衡和完善，利于组织长期发展。

基于战略地图和平衡计分卡，就可以导出衡量战略实现程度的战略 KPI 和组织 KPI 池，分析关键成功要素是否均衡。战略 KPI 的评价和筛选依据可以从战略相关性、可测量性、可控性、可激发性四个方面进行考虑。

（1）战略相关性：绩效指标能反映组织的战略目标，与战略方向和战略目标强相关。绩效指标与组织的业务特性相匹配，能够反映核心业务特征，能匹配战略诉求方向。

（2）可测量性：能收集到测量的基础数据，数据必须是可靠、准确和及时的；能明确测量基数，且能做到客观预测，反映业务的实际情况；能设定具体的测量指标值，能够通过数据收集和分析来进行测量和评估。

（3）可激发性：该类指标能用于牵引改善绩效的行动，能够激发组织内全员的积极性和动力。组织内全员愿意付出努力来改善指标，促进指标的改善和目标达成。

（4）可控性：该类绩效指标具有可控性，通过组织努力可以控制和改善。受不可抗力影响小，如自然灾害、政策变化等因素对绩效影响较小。

3.2.4　战略解码与组织绩效衔接贯通

组织绩效 KPI 的主要作用是战略牵引、强化组织协同、衡量组织贡献和强化激励。战略要聚焦构筑竞争优势的关键成功要素，也要保障公司战略诉求自上而下有效落地和有效协同。战略目标考核要牵引新机会、关键能力、市场格局和竞争格局变化。战略目标要清晰明确、易管理、可评估。

战略解码要把战略中所有的行动计划都分解成相应的价值创造行动和任务，都有相应的 KPI 衡量，这个 KPI 的集合（KPI 指标池）是组织绩效 KPI（组织考核指标集）的核心输入。从 KPI 指标池中挑选合适的指标作为组织考核指标。设计 KPI 指标池是整个战略解码的核心工作，组织绩效 KPI 是组织所有的考核指标集。

设置合适的 KPI 需要理解企业的整个战略到流程再到组织的因果关系和逻辑关系。战略如何分解、流程怎么驱动组织，只有理解业务运作的逻辑，理解战略地图各因素的关系，才能把考核指标设计好，进而纳入组织绩效目标 KPI 及高管 PBC，避免战略管理和绩效管理"两张皮"。

处于不同业务发展阶段的业务应该设置不同的牵引指标、目标及权重。对于成熟市场，应着重考虑贡献利润和现金流，其次是销售收入和市场份额；对于增长市场，首先考虑的是销售收入，其次是市场份额和贡献利润；而对于拓展市场，主要考虑市场格局。

组织绩效管理的目的是支撑战略的达成。把企业或业务单元的战略目标，通过解码，变成每个团队和组织可控可管理的目标，让管理者的责任和压力，成为每个团队和组织的责任和压力，促进组织协同，牵引所有的部门力出一孔、利出一孔，最后评估完成情况，衡量组织贡献，牵引闭环。

3.2.5　组织绩效指标设计原则和要求

绩效管理促使公司整体战略在组织层面和员工个人的落地，形成合力。组织绩效由公司的战略规划驱动，个人绩效承诺 PBC 则从组织绩效中分解。组织绩效 KPI 方案设计和分解到个人 PBC 时，要做好战略目标解码和一致性管理，重在牵引，确保目标层层分解，有效承接。在公司组织绩效及激励管理导向指导下，基于各组织实际业务特点，设计并实施差异化考核和激励方案。

组织绩效 KPI 指标是牵引组织方向的"牛鼻子"，又是"双刃剑"，往往牵一发而动全身，考核什么就得到什么，稍有不慎，就会出现只为指标负责不为整体目标负责的情况，一定要慎之又慎。笔者基于工作经验和教训，总结组织 KPI 的设置要点如下：

- KPI 设置是结果导向的，聚焦对结果的考核，尽可能减少对过程的考核，过程指标不宜作为 KPI。
- KPI 要体现被考核组织的核心价值和贡献；需突出重点，在保证考核效果的前提下控制数量，建议指标数不超过 7 个。

- KPI 是用来牵引的，KPI 要激发团队和组织去挑战，目标设置应该有一定的挑战性，与战略规划、业务计划 / 预算定义的目标形成合力。

- KPI 是要可以进行度量的，需要设计成指标可以计算得分；如果数据无法提供，再好的指标也不能作为 KPI 指标。

- KPI 指标原则上应该是成熟的度量指标，所有纳入 KPI 的指标必须是由第三方来统计数据的指标。

- KPI 应该是稳定的，如果不是战略调整或者组织职责发生变化，一般不会有大的变化，但会根据每年的重点有微调。

- 各级团队 KPI 体现对上级目标的支撑，确保目标的垂直一致性和水平一致性。

- KPI 指标设计应该体现平衡记分卡要求，做好当期目标和中长期目标、财务性目标与非财务性目标的均衡。

- KPI 指标定义应该是清晰明了、简单易懂、易于传播和沟通的。

当用于考核的组织绩效 KPI 确定后，要设置考核目标值。目标值的设置要对比战略和差距，回到 BLM 模型起点，战略是由差距驱动，目标的设置要牵引战略目标和差距的闭环，目标设置可参考如下四方面的比较。

（1）与公司战略要求比：结合行业整体发展趋势，制定挑战目标。

（2）与友商比：排名靠后时，以行业 TOP（头部）玩家相比，牵引差距减少；排名靠前时，要保证每年超越平均增长水平，持续保持领先地位。

（3）与企业内周边业务单元和部门比：设置挑战目标，比如区域最佳、事业部最佳、客户群最佳等。

（4）与自己的过去比：每个组织每年对自己必须要有改进和提升，不断超越。

3.3 战略执行管理确保战略闭环

伊戈尔·安索夫在《从战略规划到战略管理》一书中提到，企业的战略管理是指将企业的日常业务决策同长期计划决策相结合而形成的一系列经营管理业务。

IBM前CEO郭士纳认为："战略执行就是把战略转化为行动计划，并对其结果进行测量。"同时他还提醒："人们只会做你检查的事情，而不会去做你期盼的事。"

安索夫和郭士纳针对战略执行的策略和要点，为战略执行提供了很好的指导意见。管理战略执行，其实就是管理好下面的工作。

（1）管理集成营运计划：管理年度业务计划中的各专项计划，实现各项业务计划（产品计划、销售计划、运作计划）集成运作，并与财务滚动预测、人力资源计划有机结合。

（2）管理重点工作：管理支撑战略规划和年度经营计划目标达成的优先工作和关键任务。重点工作要按项目来管理，成立项目团队，选高潜干部做项目经理，分规划、立项、执行和结项等阶段，并对关键里程碑进行决策评审。通过重点工作形成的优秀实践和经验需要固化到流程、组织和IT中。

（3）管理组织绩效KPI：指有效管理和监控公司各级组织KPI执行情况，进行完成情况评估，并将评估结果应用到考评中，从而推动和促进组织和个人努力创造高业绩，成功地实现战略目标。

（4）管理战略专题：指对公司和各事业部、子公司、区域、功能领域等业务及未来发展有重要影响的重大战略性问题进行专题研究和管理，包括但不限于业务增长、盈利、竞争、新技术、新机会、客户关系、流程变革、组织变革等重大战略性问题。

（5）审视投资组合确保预算对齐战略：根据外部环境变化、内部条件改变，以及战略执行结果等，进行战略执行的审视和调整管理。在这个过程中，对投资组合、投资沙盘执行情况进行审视是重要内容。

（6）经营分析倒逼业务绩效改善：企业经营分析会是一种重要的管理工具，是战略执行的最重要抓手，有助于企业识别出潜在的问题和机会，并采取相应的措施加以改进和利用。在进行企业经营分析会时，需聚焦目标，聚焦问题，聚焦机会。另外经营分析会通过分析差距和根因，把打胜仗的流程、制度、方法、工具、模板沉淀下来，变成所有人都会的动作进行复制，就可以提升组织能力。

（7）战略复盘促进组织缺陷自愈：战略复盘可总结业务成功经验和规律，把经验和教训转变成能力，依赖管理体系全流程，全要素优化和固化，复制推广。构建自我批判的复盘机制，不断调整与优化，让组织缺陷自愈，帮助企业把偶然成功变成必然成功。

罗伯特·卡普兰和戴维·诺顿在《战略中心型组织》中提到："战略调整的首要任务就是验证潜在的假设是否成立。管理团队至少需要每季度评估一次外部环境的影响，以确定是否需要修正其战略及如何进行修正。"

战略规划之后，企业需不断审视战略目标，并且通过周期性地审视和复盘，对战略进行评估和优化，有助于保持战略与时俱进，适应市场变化和相关行业的发展趋势。

3.4 战略驱动变革反哺战略机会

战略规划需要能力支撑，华为也是经过多年对战略规划的探索，通过对市场管理方法、VDBD方法、"五看三定模型"和BLM模型的不断实践和打磨，建立起战略规划的相关支撑流程和支撑组织，才开始说华为逐步具备了战略规划的能力。同样，战略能有效地执行闭环，并达成战略和业务目标，更需要流程、组织和相应能力的支撑。

任总说过："战略就是能力要与目标匹配。我们的组织变革、流程变革要支持我们的战略。变革应使达到目标更简单、更快捷、更安全。"在此，笔者想强调的是战略落地的最大挑战是缺乏匹配战略达成要求所需要的能力，企业看到了很多机会，但往往无能为力。战略规划与业务计划不只是业务的战略与规划，还包括相应的组织、人才、流程及管理体系的变革战略与规划。笔者非常认同"基于未来看现在，倒逼能力建设，才是战略的真正用途"。

"机会留给有准备的人"，同样"商机留给有准备的企业"。能力弱可触达和参与的市场就小，能力强可触达和参与的市场就大。企业只有提前准备好能力，机会才能是自己的，不然只能是别人的。

战略驱动的持续变革至关重要，战略规划应该形成一个个关键举措和重点工作，通过项目的方式开展落地。项目就是用于提升组织创造价值的能力的方式。华为的成功得益于持续管理变革的能力，瞄准未来，基于长期战略愿景或潜在威胁，倒推关键能力需求，根据能力需求和差距启动变革项目，通过一个个变革项目提升或打造能力，做好面向未来挑战的准备。华为在成长过程中，多次面对管理和技术上的挑战与问题，都能一一化解或者说没有造成对市场的重创，就得益于这种前瞻性的战略洞察、居安思危的危机意识，以及通过变革提前进行能力准备。

笔者基于对战略、流程、组织和变革关系的理解，整理出企业管理体系架构示意图（图3-2），帮助读者更好地理解整个管理体系的逻辑关系，做到承上启下。

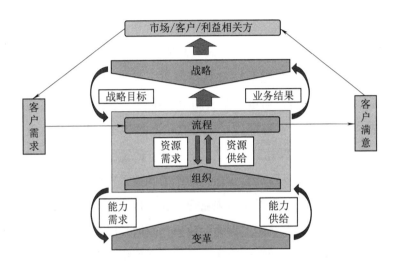

图 3-2　企业管理体系架构示意图

管理体系架构包括如下要点：

- 企业战略选择及业务模式用于支撑市场、客户及价值链上各利益相关方诉求和目标期望。
- 企业战略目标和业务诉求落地到流程和组织上，或者说流程和组织要承载战略目标达成和业务模式落地，通过流程和组织高效运作，输出业务结果，闭环战略目标和期望。

- 流程用于支撑市场、客户及利益相关方需求落地，通过端到端流程进行价值创造和价值传递，为市场客户及相关方提供满意的产品、服务和解决方案，解决客户问题、为客户创造价值；流程需匹配战略，组织需匹配流程；组织建设为流程提供能支撑流程高效运转的流程团队成员、流程角色和匹配流程要求的岗位，并打造符合战略和业务特征要求的组织文化和氛围。

- 当流程和组织能力不能满足战略诉求，或者战略和业务调整时，需瞄准战略意图和目标诉求开展流程和组织（包括IT）变革和创新，通过变革实施重构流程、组织和IT，打造战略落地需要的业务能力、关键成功要素和核心竞争力，支撑战略和业务目标达成。

战略意图和业务目标需要强大的产品和技术研发能力、市场拓展和营销能力、供应和交付能力来兑现。通过持续变革，建立匹配业务形态、支撑战略诉求并能支撑业务快速稳健增长的管理体系和业务能力，实现流程和组织的高效运作，才能抓住战略机会。关于如何开展变革，并用变革进展度量指标（TPM）评估变革进展和效果，驱动管理体系成熟度，我们将在持续变革相关篇章展开。

第二篇

流程重构篇

企业就是端到端的流程，从客户需求端来，到客户满意端去。流程作为企业的命脉，只有脉络通畅，人流、物流、资金流、信息流才能高效地在这个管道体系中运转，新陈代谢才得以周而复始，企业的活力才得以保持。

没有流程支撑的业务是自发的、低效的和不可重复的。企业管理的目标是流程化组织建设，要建立一系列以客户为中心、以生存为底线的管理体系。我们要用规则的确定性来应对结果的不确定性。

第4章
流程承载企业管理体系和战略落地

任总说："流程是为作战服务，是为多产粮食服务。流程是企业的业务运作形式，是企业战略和商业模式的核心支撑，是企业价值创造的根本过程。企业管理归根结底就是流程的管理，就是让业务在以客户为中心的高效的流程上面跑。"

流程承载企业创造价值的过程，价值驱动的业务流程管理，能以最简单、最有效的方式，实现从客户需求到客户满意、端到端流程贯通，支撑业务高效运作，实现客户价值和企业商业目标。

4.1　流程是企业做强做大必由之路

4.1.1　流程助力成功快速复制

迈克尔·哈默被誉为20世纪90年代"推动美国恢复竞争力"的管理学家，是公认的企业流程再造之父。他认为，"流程是一组共同给客户创造价值的相互关联的活动进程，从根本上说，就是我们组织价值创造的机制"。哈默认为对于21世纪的企业来说，流程将非常关键。他说："优秀的流程将使成功的企业与其他竞争者区别开来。"

优秀的流程能够提升公司的核心竞争力。IBM 前 CEO 郭士纳也认为，"管理的主线是流程，连接客户须从流程开始。某个行业中的最优秀的公司一般都会构建一个竞争对手所无法比拟的业务流程"，这与迈克尔·哈默的观点有异曲同工之妙。

郭士纳认为在 IBM 所处的行业中，产品设计是一个关键成功的因素。于是 IBM 花 9 年时间建造了一个世界一流的产品设计流程，这个流程耗费了 IBM 数百万美元的资金投入、数千小时的时间，最终改变了数万名 IBM 员工的工作方式。郭士纳提到的产品设计流程，正是大家熟悉的华为从 IBM 引进的 IPD。

流程是做事的先后顺序和方式方法。同一份工作，比如市场调研、客户需求分析、客户拜访、客户邀约，或者制订一个营销计划、输出一份财经分析报告或者商业计划书，安排给不同的人员，最终交付的效果或者输出的质量往往参差不齐。除了经验因素外，主要就是因为大家做事的先后顺序和方式方法不一样，高质量的交付往往得益于高效的做事方法，如果我们把这些优秀的做事步骤和实践提炼出来，沉淀为经验，固化成操作指导、标准要素、方法、工具和模板，就形成了流程。其他团队或员工按这个流程做事，就能确保交付过程的有序性和可控性，交付的结果就可预测、可重复，也有保障。通过流程沉淀最佳实践，并将最佳实践进行复制，整个组织的能力就能得到快速的提升，就能实现成功的复制，从偶然成功变成必然成功。

补充说明一下，当我们开启一块新业务，尚未形成有效的管理方式和业务实践时，甚至不知道怎么开展新业务，或者与行业标杆、领先玩家差距较大时，就要从外部寻找和借鉴最佳实践，而不仅仅是内部摸索和沉淀。华为通常就是通过"购买"的方式，引入业界标杆实践，比如在产品开发、供应链、营销和财经领域，分别引入 IPD、

ISC、MTL 和 IFS 流程变革，这样可以站在前人肩膀上，减少摸索周期，少走弯路，少踩坑，快速构建能力。（关于如何规划和构建新业务的管理体系，我们将在"战略及业务驱动的流程架构规划"一章中展开。）

4.1.2 流程管理是企业管理核心

流程是不是就是工作审批流？肯定不完全是。工作流（电子流）把线下审批工作搬到了线上，实现无纸化办公，提高了审批效率，但对业务工作本身的管理和运营能力并没有多大提升。比如说如何高质量开展市场洞察，如何高质量输出业务规划和预算计划，如何开展有效的营销活动，如何提升打样产品中标率，如何提升试制产品合格率，如何把商业机会变现，这不是有审批流或者电子流就能解决的问题，这时就需要流程而不仅仅是电子流。

任总说："流程管理是企业管理的核心，也是企业必须要做好的工作。"华为把流程管理作为最重要的管理方法，持续进行流程再造和丰富优化，常抓不懈。不少企业搞流程建设，更关注 OA（办公自动化）里的审批流程，其实是非常片面和不完整的。

管理的核心是建体系、建系统。流程是管理体系的基础和核心，建流程就是建管理体系。流程体系包括流程活动、执行流程的团队和角色、可以参考使用的工具方法和模板、业务和管理规则、相关政策和决策机制、质量评审要素、风险控制要素、支撑的 IT 系统和数据、流程绩效评价标准等，是一整套的管理体系。

比如产品开发流程 IPD 就不仅是流程，还是一套先进的、成熟的管理思想、模式和方法。IPD 不只是关于开发活动本身，而是一个公司面向商业成功，实现价值创造的产品规划和产品研发投资管理体系，是整个市场和客户需求驱动产品规划、产品开发及产品全生命周期管理体系。除开发活动，还包括各阶段管理和投资决策评审点、流程团队、管理规则等定义，以及客户需求分析、投资组合分析、衡量标准、跨部门团队、结构化流程、项目与管道管理、异步开发及 CBB（共用基础模块）、UCD（以客户为中心的设计）等能力的建设。

如果只是按流程来操作，不关注管理体系建设，不关注团队打造，不关注底层能力建设，那只能做到形似，做不到神似。就像一套绝世武功，如果只有招式，没有心法和内功的修炼，肯定没有威力。挂在墙上的流程图和写在操作指导书里的流程活动描述是招式。比如战略规划会涉及市场洞察、客户分析、行业分析、战略地位分析、业务设计等活动，如果支撑这些活动的要求和能力没有建立起来，要输出高质量的战略规划是很难的。很多国内企业引入 IPD，大多数都只是流程图层面，以为学到了流程，其实根本没有入门。

在华为企业 BG 规划咨询部工作期间，我们对外也提供了不少的流程变革咨询服务。部分企业会有这样的疑问，我们学了 IPD，知道了 IPD 的主要活动，也按活动执行了流程，但产品开发的效果还是没有改善。

记得有一次，四川一家知名企业的研发总裁带队来华为交流 IPD 落地难、落地效果没有达到预期的问题。负责流程变革咨询的总经理和笔者负责接待。从 IPD 的核心理念、管理精髓到流程框架，从 IPD 管理体系、管理机制到核心团队，从使能流程、工具方法到支撑能力，从业务规划、产品规划到技术规划，从业务分层、异步开发到公用模块构建，从项目管理、资源管道管理到决策评审点，从需求管理、UCD 到产品定价与上市，我们整整交流了一个下午，客户才表示，基本理解 IPD 落地的要点。通过以上案例笔者想说明的是，流程不仅仅是流程图，而是一个管理体系，流程落地是一个系统工程。

另外，流程和制度是企业管理中的两个重要概念，两者之间存在着区别与联系。制度基于问题，强调管控措施，关注能做什么不能做什么；而流程基于客户，强调价值增值，关注先做什么后做什么。流程包括输入资源、活动、活动间相互作用、输出结果、客户、价值六大要素，旨在完成特定任务或达成指定目标，并促进组织内部各部门之间高效协作，提升资源利用效率。而制度则更多地关注整个组织的规则和工作准则，制度和流程通常相互补充、紧密联系。

制度和流程在管理要点、表现形式和特征、出发点、关注点方面有比较大的差异。流程强调要让不同的人做同样的事情有相同的结果，意味着交付可控、可重复、可预测，说明企业管理成熟度较高，如表4-1所示。

表4-1　制度与流程对比表

比较项	制度	流程
管理要点	• 具有指导性与约束力的条文总称 • 强调能做什么、不能做什么、有什么后果	• 流程是做事的路径，是动作的组合 • 强调逻辑性，先做什么、后做什么、输入什么、输出什么、如何转化
表现形式和特征	• 制度是篇章式、片段式的，结构按照章、节、目、条、款组织 • 制度是解决问题的打补丁，补丁打补丁，有重叠，有交错，有缺失，有冲突	• 流程是线性的、连贯的、客观的，是活动的先后顺序 • 流程有架构的精准的内容，确保不会有缺失、重叠、交错和冲突
出发点不同	• 制度基于问题，强调管理措施	• 流程基于客户，强调价值增值 • 流程管理要解决的核心问题是"跨部门和跨岗位的协同"
关注点不同	• 制度作为一种"提要求"的规范，关注的是结果	• 流程定义了做事情的路径和方法，关注的是过程，好处在于让结果更稳定

总体上，一个成熟的组织，制度要求应该被落实到流程里，即所谓的"管理制度化、制度流程化、流程IT化"，最终制度是越少越好，能落地到流程和IT就落地到流程和IT中，提高制度的落地性，以及对工作的指导性和管理的精细化水平。

任总说："管理就像长江一样，我们修好堤坝，让水在里面自由流，管它晚上流还是白天流。晚上我睡觉，但水还自动流，说的就是无为而治的一种境界，而管理的最高境界就是无为而治。"

4.1.3 流程思维是一种管理思维

刚才已经介绍过流程是一套管理体系，下面来看怎么理解流程思维是一种管理思维。我们可以从以下几个方面来理解。

1. 本质上，流程就是业务，流程支撑业务开展，服务好业务

- 业务的核心是为客户创造价值，流程用于描述为客户创造价值的业务过程，须源于业务，关键是要能反映和还原业务本质，并支撑业务开展，服务好业务，服务好客户价值创造。

- 流程承载企业的经营理念和经营导向，文化和价值观导向要通过规则化、制度化、流程化落地到组织、团队和员工的行为中。

- 流程是做事的先后顺序和方式方法，约定了组织内部各个部门和各角色之间协同完成某项业务所需的具体步骤、活动要求、关键任务及角色间配合的合作要求，是将复杂的工作拆解成一系列有责任人的、可管理、可落地的任务，使企业能够更好地达成业务目标，管流程就是管业务。

- 流程本身就是业务实现方式和价值创造过程，本质上是业务的最佳实践，是组织价值创造的机制，其目的是实现企业的战略和业务目标。

- 企业价值由流程创造，企业的成本也由流程消耗。好的流程简洁高效。良好的流程设计可有效降低业务错误和风险，减少不必要的工作环节。通过定义清晰的角色和职责，避免出现事没人管或者多个人管同一件事的情况。

2. 流程管理是一种区别于科层制管理的新的管理模式

- 流程管理作为新的管理模式，更关注：以客户为中心、服务战略和业务、端到端拉通、价值交付、全局效率最优、管理要素集成等。
- 流程管理的核心是要以客户为中心，从客户需求出发，构建符合客户需求的流程体系。流程管理不仅要关注产品和服务，也需要注重价值交付，实现对客户价值的最大化。
- 流程管理要实现横向端到端拉通，即在流程中组织内部各个环节之间实现有效的协作，使整个流程更加高效。
- 流程管理还需要驱动流程化组织建设，构筑以客户和业务为中心的流程团队，并将管理要素集成，具体我们将在打造流程化组织相关篇章展开。

3. 流程是优秀实践的总结和固化，定义流程的目的是获得成功的可复制性

- 企业通过各种方式来探索和发现优秀的业务实践，通过流程体系标准化建设，总结各种经验和教训。流程则是将这些经验和教训固化成系统性的管理体系，并将其复制到其他业务和团队，让不同团队执行流程时都获得成功的可复制性，加速组织的职业化转型，打造高效的职业化团队。
- 流程可以使企业的各项工作有章可循，从而提高组织的效率和稳定性。定义合适的流程能够提高产品或服务的质量，并帮助企业快速地应对变化。

4. 流程和战略的关系就是，流程是战略实现的途径

- 战略制定出企业的目标和方向，而流程则是实现战略的途径。好的流程可以帮助企业更好地实现战略目标。

- 流程源于战略和业务模式选择，流程需要匹配战略，并承载战略所需的核心能力构建，牵引和促进组织能力提升，从而更好地支撑战略实现。

5. 流程通过过程管理，管好关键过程，得到好的结果

- 流程是给客户创造价值的活动组合，流程是过程管理，只有管理好过程，才能得到好的结果。

- 管理不仅是管结果，重要的是管好影响结果的关键过程，才能得到好的结果。流程管理就是企业运营的过程管理，通过对关键流程的跟踪和管理，从全局的角度了解组织内部各业务活动的执行情况，例如销售、生产或服务过程中出现的问题或瓶颈，以及如何加强内外协作等，通过管理过程的"因"得到好的业务结果。

企业的所有流程都应该聚焦于战略和业务，满足客户需求，并且在不断探索和改进中获得经验和能力，为客户提供更高品质的产品和服务，也能为企业带来更高的利润和良好的商誉。

华为认为，流程是管理体系中的核心要素，是企业用金钱和教训换来的优秀实践，是业务最佳实践的总结，是企业不断积攒和持续经营的企业核心战略资产。业务流程为业务运转提供了高速运转的通道，使得割离的条状业务和各自为政的组织能汇聚到业务流程的"高速通道"中，高效自运转。

4.1.4 流程管理是企业管理体系升级的机会

尽管流程的价值日益凸显，被越来越多企业家和管理者重视，但对于流程的认知还不足，缺乏流程规划、流程建设、流程运营的系统方法。基于笔者的了解，通常会有如下典型问题，这也是企业升级管理体系，形成差异化竞争力的机会。

流程规划方面

- 没有考虑或审视过流程是否对齐战略和业务模式，是否承载了能力落地需求。
- 缺乏统一的流程架构，没有对流程分类，分层分级的深入探索。
- 没有业务架构规划的顶层设计，或者业务架构和流程架构对IT建设指导有限。
- 对流程的认识和理解有偏差，认为电子审批流完备了，流程就建设完备了。
- 流程变革项目缺乏规划，没有规范化管理，流程责任主体缺乏，流程管理不规范。
- 流程建设缺乏全局优化视野，流程设计没有突出团队作战的理念。

流程建设方面

- 以职能部门的视角而不是业务的视角梳理和编制流程，"铁路警察"各管一段。
- 流程开发承载经验和实践不足，流程开发缺乏标杆对标，没有沉淀优秀实践，仅仅是工作现状的归纳。
- 流程开发缺乏方法，流程文档编制和流程图绘制不规范，缺乏统一标准，模板和样式五花八门。
- 流程的建设和改进没有纳入业务部门的例行工作，常常被认为是流程管理部门的责任。

- 流程作业不规范、不标准，依赖个人经验，交付一致性差，输出难以保证。

流程运营方面

- 失效流程多，没有随战略和业务更新，流程绩效指标管理不足。
- 不是基于流程来进行业务持续改进，而是喜欢不断发文、打补丁、搞运动。
- 管控要求和管控动作没有融入流程之中，公司政策和制度落地难，业务和监管部门两张皮运作。
- 不按照流程执行，喜欢用备忘录、工作联络单等例外审批方式，领导忙于应付。
- 缺少流程日常运作的组织，不能保证流程进行持续优化，固化经验，闭环问题。

4.1.5 基于流程管理新理念构筑打胜仗的企业竞争力

流程是打胜仗的组织能力。企业要持续打胜仗，就要不断地把打胜仗的流程、制度、方法、工具、模板沉淀下来，变成所有人都会的动作。

同时，我们只有了解流程管理新理念，带着这些理念结合未来企业管理和流程组织变革的大趋势，才能做好流程架构规划，让流程真正对齐战略、对齐业务，承载核心竞争力构建的诉求。基于多年流程管理的实践，笔者认为如下是流程管理的新趋势和新要求。

- 流程服务战略和业务模式落地：流程要对齐战略意图和战略诉求，对准战略关键成功要素，对齐业务和商业模式要求。
- 建立以客户为中心的流程：流程需对准客户，瞄准客户满意和客户体验，从客户端、从全业务流视角进行梳理，流程体系的建设应该以客户为中心，而不是以职能部门为中心。

- 端到端全局最优的流程体系：基于业务本质，从业务端到端的视角而不是职能部门的视角定义流程，做到全局最优而不仅仅是局部优化。

- 支撑流程化组织建设和项目化运作：流程规划建设要体现团队协同作战和项目化运作，让流程更好地穿透部门墙，变各自为政为集成作战。

- 流程需变管控为服务：建立流程不是为了管控，而是强调为业务和客户带来增值，流程需服务好业务、服务好客户、服务好一线作战，减少不增值的流程审批和管控。

- 承载核心竞争力构建：流程需承载业务战略和业务模式落地需要的核心能力构建，将能力落地到流程、组织和 IT 上。

- 支撑管理要素集成：流程要承载战略定位、商业模式、组织结构、角色职责、决策标准、运作机制与政策、指标、考核及奖惩机制、配套 IT 系统等企业管理体系的核心要素，打通管理要素孤岛，建设基于流程的管理体系。

- 服务数字化转型：数字化转型是企业变革趋势，流程是支撑数字化转型的基础，流程建设需考虑与新技术的融合，通过新技术加持，使流程自动化、智能化。

- 主干清晰，末端灵活：流程要分类，分层分级，并建立分层分级管理的责任体系和机制，使流程有序管理，主干清晰稳定，末端灵活支撑业务多场景诉求，快速响应。

- 流程能力服务化、标准化：流程和能力解耦，能力要模块化，流程要标准化和服务化，支撑流程灵活编排，快速响应业务变化和业务需求。

- 承载质量、法务、合规、安全等管控要求：将质量、法务、合规、安全等要素纳入流程，确保按流程执行就满足了质量、法务、合规、安全等管控要素的要求。

4.1.6　基于流程的确定性打造可信赖的组织成熟度

高效卓越运营的基础在于打造"从客户需求来，到交付让客户满意的产品和服务为止"的最简单高效的端到端的价值创造流程。流程的作用，无非就是两个：一个是"汇聚最佳实践"，须不断有序地、系统地吸收好的业务经验与业界最佳实践；另一个是"承载业务管控"，须承载法律法规、标准、政策、内控、质量管理、数据管理等要求。定义流程的目的是复制成功，是对最佳实践的总结和固化，使问题真正闭环。

但缺乏高质量流程，缺乏流程规划、流程建设和流程运营管理，往往会导致没有有效的流程指导，工作的内容、步骤、组织、职责分工等就会有较大的随意性和不可控性，从而导致结果的不确定性。

流程是能持续产生好产品和交付好服务的保障机制。我们需要用流程的管理理念和思维方法，来解决业务运营问题、增长问题、效率问题、执行问题和协作问题。流程的推行就是在摆脱企业对个人的依赖，使要做的事，从输入到输出，直接端到端，简洁并有效地连通。

通过流程规划对齐业务战略，建立团队工作协作模式，尽可能地减少层级，使成本最低，效率最高，让成功在各业务和团队之间批量复制，用流程规则的确定性对付交付结果的不确定性，企业才能摆脱成功对个人的依赖，方能打造出成熟的可信赖组织，赢得市场及客户的青睐。下面是流程在帮助企业打造成熟组织过程中的关键作用和价值，优秀的流程最终使成功的企业与其他竞争者区分开来。

（1）承接战略，对齐战略和业务诉求，承载能力落地。承上启下，承载战略能力落地，保障和加速公司战略的有效落实，同时通过流程管理提高资源合理配置程度。

（2）固化机制和经验，实现最佳实践的沉淀与成功的复制。沉淀最佳业务实践经验，使经验、能力和知识显性化。通过把无形的知识转变成有形的财富，把个人经验沉淀为组织能力，加速成果固化，实现个人能力向企业能力复制，摆脱对个人的依赖，从而实现企业的稳健和可持续发展，促进规模增长，实现成功的复制。

（3）降本，增效，提升客户满意度，形成竞争力。优秀的流程能够提高生产效率，在风险可控前提下，最大限度简化流程节点，降低成本，改善客户满意度，并且能够保持对市场变化做出快速响应的能力。

（4）让平凡的人做伟大的事。流程目的就是降低工作难度，让平凡的人也能产出非凡的业绩。流程的本质是通过将复杂业务拆解成单个工序，把复杂的业务简单化、标准化、程序化，变成任总说的"扳道岔"的简单工作，以降低对人的要求。基于成熟有效的流程，人人都可以出成绩，来提高业务交付的成功率。

（5）减少沟通和学习成本。大规模组织的人员经常流动，不同人员有不同分工，流程作为最佳实践的总结和固化，可以让每个员工知道如何与上下游协同，而不是每一次都重新约定不同角色之间的分工与合作方式，节约沟通和员工培养成本。

（6）提升组织氛围。组织的流程越成熟规范，员工工作越高效规范，做事分工协同有序，不打乱战，交付有效和可靠，增强赢的信心，团队的氛围会比没有流程的部门好。

（7）行为指引，减少重复工作和工作误差。规范业务操作，清晰界定责任，保障企业正常运营，提升执行力。流程优化将机械、烦琐、重复的工作规范化、标准化、自动化，减少人工操作所产生的误差，使工作在不同的团队和场景下具有一致的标准，降低了因人为差异而产生的变化性，确保输出质量稳定，提高工作效率，降低成本，提高客户满意度。

（8）穿透部门墙，流程的本质是协作，将促进文化转变。流程跨越多个部门，多个岗位角色，流程本质就是协作。流程规范跨部门接口，厘清职责，减少扯皮，做到高效协同。流程意识将促使团队协作，形成以客户为中心的文化，从全局视角追求客户增值和客户满意。

（9）防范风险，实现可预测的交付。好的成熟流程能够明确责任和所有权，通过精细化管理提高受控程度，合理设置业务节点和审批节点，控制人为操作风险，并提高管理透明度。通过数据驱动和数据运营，对经营活动进行实时监控和评估，实现可预测的交付，为客户提供更有保障的产品和服务。

（10）打造值得信赖成熟的组织。把复杂的业务，基于流程架构分解到可落地和可管理的活动和任务，可更好地把握业务执行和运营情况，监测每块业务的表现和质量。通过不断地评估和优化流程，提高流程和组织的成熟度。好的流程交付质量更稳定，交付周期更有保障，组织通常是一个成熟的组织，一个值得信赖的组织通常有良好的客户口碑和品牌信誉，能够获得更多的服务客户的机会。

成熟公司的日常运作大多数时候都是静水潜流的。彼得·德鲁克说过："一家有效管理的企业应该是平淡无奇的。真正管理好的企业，外部看起来是风平浪静的。因为每个人、每个部门都知道流程该如何往下走，内部和外部的循环是良性和互动的机制。相反，那些看起来如火如荼、热闹非凡的企业，往往目标远大，执行乏力，随意性太强。"

4.2 华为如何构筑世界一流的管理体系

4.2.1 《华为基本法》埋下管理和业务领先的种子

华为是一家非常重视企业管理和管理变革的企业，正是通过持续不断的优化管理和管理变革，才建立起世界一流的管理体系，打造出赢得客户、赢得市场、赢得产品成功的核心能力，把成功从偶然变成了必然。

华为对流程建设和管理体系的重视，得益于任总对管理价值的高度认同和深刻理解、高度重视和亲自推动，并投入大量资源进行落地，通过流程和管理体系建设，构筑世界一流的管理体系。

前面提到，华为在1998年3月审议通过《华为基本法》。其中专门提到业务流程重整的指导思想和流程管理要求，提出"推行业务流程重整的目的是，更敏捷地响应客户需求，扩大例行管理，减少例外管理，提高效率，堵塞漏洞"。并提出了业务流程重整的基本思路，要求将质量标准与业务流程重整和信息系统建设相结合，为公司所有经营领域的关键业务确立有效且简捷的程序和作业标准；围绕基本业务流程，理顺各种辅助业务流程的关系；在此基础上，对公司各部门和各种职位的职责准确定位，不断缩小审批数量，不断优化和缩短流程，系统地改进公司的各项管理，并使管理体系具有可移植性。

《华为基本法》进一步提到，流程管理是按业务流程标准，在纵向直线和职能管理系统授权下的一种横向的例行管理，是以目标和客户为导向的责任人推动式管理。处于业务流程中各个岗位上的责任人，无论职位高低，都须行使流程规定的职权，承担流程规定的责任，遵守流程的制约规则，以下道工序为用户，确保流程运作的优质高效。要求"建立和健全面向流程的统计和考核指标体系，是落实最终成果责任和强化流程管理的关键。客户满意度是建立业务流程各环节考核指标体系的核心"。并指出，"提高流程管理的程序化、自动化和信息集成化水平，不断适应市场变化和公司事业拓展的要求，对原有业务流程体系进行简化和完善，是我们的长期任务"。

《华为基本法》25 年前就提出了业务流程重整的指导思想和流程建设的要求，现在来看依然具有前瞻性和很高的参考价值。可以说华为成功的基因和种子，早在 20 多年前就已经埋下，现在终于长成参天大树。随着华为一系列流程变革不断推进，管理体系不断完善，华为对流程的理解就更加深刻，更加精准和完善了。

任总早期经常讲："华为是一群从青纱帐里出来的土八路，还习惯于埋个地雷、端个炮楼的工作方法，还不习惯于职业化、表格化、模板化、规范化的管理，重复劳动、重叠的管理还十分多，这就是效率不高的根源。"

2002 年，通信行业遭遇危机，华为面对内忧外患，但依然没有放弃抓管理。2014 年，任总在董事赋能研讨会上与候选专职董事交流讲话，回顾说："公司要真真实实走向科学管理，需要很长时间，我们需要扎扎实实建设好一个大平台。你们是否听过，2002 年华为快崩溃的时候，我们的主题还是抓管理，外界都嘲笑我们。现在社会大辩论，也说华为这个时代必死无疑，因为华为没有创新了，华为的危险就是抓管理。但我认为，无论经济发展得多么好，不管高铁可以多么快，如果没有管理，豆腐渣工程是要垮掉的，高铁是会翻到太平洋的。"

经过 20 多年管理变革和流程建设，华为现在已经成长为一支拥有 20 多万人的持续打胜仗的正规军、现代化铁军。华为业务覆盖全球 170 多个国家和地区，服务全球 30 多亿人口，2019 年全年营收8588 亿元人民币，5 年复合增长率为 21%，5 年翻一倍，管理和业务成功实现从跟随到超越，从超越到领先。[①]

客户和消费者看到的是华为有竞争力的、遥遥领先的产品、技术、解决方案和服务，看不到是华为的管理思想和管理体系。正是冰山之下看不到的理念、制度、流程、文化和核心价值观、组织和人才，成就了而且还会继续成就冰山之上华为的持续竞争力，使华为的领先成为迟早的必然。

4.2.2　华为以客户为中心、以生存为底线的管理体系

任总认为企业管理的目标是流程化组织建设，要求建立一系列以客户为中心、以生存为底线的管理体系。我们可以通过任总关于流程和管理的相关讲话，整理如下要点，提升对管理和流程的认知。

1. 公司最宝贵的是无生命的管理体系

企业的生命不是企业家的生命。要建立一系列以客户为中心、以生存为底线的管理体系，而不是依赖于企业家个人的决策制度。在这个管理体系进行规范运作的时候，企业之魂就不再是企业家，而变成了客户需求。客户是永远存在的，这个魂是永远存在的。一家企业的魂如果是企业家，这家企业就是最悲惨、最没有希望、最不可靠的企业。企业家在这家企业没有太大作用的时候，就是这个企业最有生

[①] 笔者注：2019 年 5 月 16 日，美国将华为列入出口管制实体清单，向华为发起第一轮制裁，要求未经美国商务部许可，美国企业不能向华为提供产品和技术，被称为"5·16 事件"。之后美国又向华为发起第四轮制裁、第五轮制裁，华为的业务增长受到严重影响，所以笔者选取 2019 年的收入数据更有代表性。目前华为经历九死一生，顽强地活了下来，2023 年一、二季度经营业绩企稳回升。2023 年 8 月 29 日，在被美国打压 4 年多之后，华为 Mate60 系列手机横空出世，在没有任何预兆的情况下开售，引发国内外媒体关注，"遥遥领先"一度成为华为手机的代名词，展现出华为的创新实力和领先地位。

命的时候；企业家还具有很高威望，大家都很崇敬他的时候，就是企业最没有希望、最危险的时候。

华为最宝贵的是无生命的管理体系。华为留给公司的财富只有两样：一是管理架构、流程与 IT 支撑的管理体系，二是对人的管理和激励机制。这种无生命的管理体系，是未来百年千年的巨大财富。这个管理体系经过管理者的不断优化，只要我们不崩溃，这个平台就会不断发挥作用。所以我们会很重视流程。

2. 公司的生存发展靠的就是管理进步

公司的生存发展靠的是管理进步。华为会否垮掉，完全取决于自己，取决于我们的管理是否进步。华为打翻身仗就是要靠管理，现在我们管理效率太低下，人员浪费太大，重复劳动太多。规模是优势，规模优势的基础是管理。

某种意义上看某些公司不比华为差，为什么没有发展起来，就是没有融入管理，什么东西都是可以买来的，唯有管理是买不来的。华为最伟大的一点是建立了无生命的管理体系，技术会随着时代发展被淘汰，但是管理体系不会。

3. 未来的竞争是管理的竞争

未来的竞争是管理的竞争。企业间的竞争，说穿了是管理竞争，有效地提高管理效率、是企业的唯一出路，要在管理上与竞争对手拉开差距。

核心竞争力对一个企业来讲可以存在于多个方面，技术与产品仅仅是一个方面，管理与服务的进步远远比技术进步重要。没有管理，人才、技术和资金就不能形成合力；没有服务，管理就没有方向。

在互联网时代，技术进步比较容易，而管理进步比较难，难就难在管理的变革触及的都是人的利益。如果对方持续不断地进步，而我们不改进的话，就必定衰亡。单靠技术壁垒取胜的时代很快就要转变成为靠管理取胜的时代。

4. 管理使企业从必然王国走向自由王国

人才、技术、资金是可以引进的，管理与服务是引进不来的，必须靠自己去创造。

未来华为战胜对手的关键因素不是技术、资金、人才，而是管理和服务。要逐步摆脱对资金的依赖、技术、人才的依赖。公司要走向科学管理，摆脱三个依赖，走向自由王国的关键是管理。通过有效的管理构建起一个平台，使技术、人才和资金发挥出最大的潜能。

管理是否可以做到无为而治，需要一代又一代的优秀员工不断探索。只要努力，就一定可以从必然王国走向自由王国。

5. 管理的最高境界是"无为而治"，用规则的确定性来对付结果的不确定

管理学中有一个观点，管理控制的最高境界就是不控制也能达到目标。这实际上就是老子所说的那句话："无为而无不为"，这是管理的最高境界。

华为将来也要像长江水一样，不需要管理层成天疲于奔命，就自动地势不可当地向成功奔去。

任总在华为CFO（首席财务官）孟晚舟被恶意陷害、无故拘押后对记者说："他们以为抓了孟晚舟，我们就垮了。抓了我们也没垮，我们还在前进,发展的速度更快了。我们这个公司已经流程化、程序化了，不依赖于个人存在不存在。即使我个人哪一天不存在了，这公司前进的步伐也不会改变。"

6. 如果没有规范化，队伍则溃不成军

不规范管理将导致公司越大，效益越低，矛盾越多，越没有竞争

潜力，最后就破产了。改革就是要产生效益，要向管理要效益。

如果有这种规范化的作业，就能把前期的改革成果巩固下来，就能形成了一支雄师劲旅。如果没有规范化，队伍则溃不成军。

管理上的进步，使华为成为一个以客户需求为导向的商业目标明确、流程化的组织，保证每个"扳道岔"的人、上岗的员工都有任职资格体系去评价，整个环节是完整的。华为要想成为世界级的行业领先企业，就必须在管理水平上与国际接轨，以支撑华为的全球化战略。

7. 流程化才能提高公司的运作效率，降低管理内耗

不抓人均效益增长，管理就不会进步。管理能够大幅度提高潜在效率，华为的潜力也正是管理。各级部门都要格外重视管理的进步，短期内效益有可能会降下来，但从长远看会提高。

淡化英雄色彩，特别是淡化领导人、创业者的色彩，是实现职业化的必然之路。只有职业化、流程化才能提高一个大公司的运作效率，降低管理内耗。最主要的是流程、制度和结构的改革。流程改革以后，重复劳动才会减少，效率才会提升。

8. 企业管理体系是企业运营管理的基础，纲举目张，管理才能简化

无论精力多旺盛的管理者，精力和时间也是有限的，救火式管理把人累死也管理不好。企业的员工都工作在组织和流程中，创造和传递价值需要相应的流程和组织能力支撑。

企业的每个组织都应该围绕价值创造和传递开展工作，并受政策、规则的管控和约束。管理体系则是企业管理的重要载体和工具，是企业日常经营管理的基础。作为一把手只要抓好了管理体系的建设和运营，就抓住了管理的纲，纲举目张，管理才能简化。

第 5 章
战略及业务驱动的流程重构

任总说："我们的组织变革、流程变革要支持我们的战略。变革应使到达目标更简单，更快捷、更安全。"

战略制定完成之后，如何让价值创造的业务流程、关键能力、组织和 IT 等管理体系的核心要素对齐企业战略诉求和业务模式，建设基于流程的管理体系，实现管理要素集成，避免管理孤岛，就需要涉及企业架构的相关内容。

遗憾的是，我们很多企业都没有意识到流程的重要性，更没有思考过企业现有的流程是否对齐了战略和业务模式，是否承载了能力构建的要求，是否把能力落地到了流程、组织和 IT 上，是否按照流程要求设置了匹配的组织，并配置了满足要求的资源。

5.1 企业的成功是架构出来的

架构（Architecture）是指针对某种特定目标，有相互关系的体系性的、结构性的组件组成的系统。架构一词首次出现在文献中是 2000 年前古罗马的维特鲁威的《建筑十书》，他给出了著名的建筑三原则：

实用、美观、坚固。

通俗讲，架构就是蓝图规划，是顶层设计。架构有三大特点：（1）顶层决定性，即顶层决定底层；（2）整体关联性，即系统内各要素之间相互关联、匹配及有机衔接；（3）可实施性，即架构设计可实施，可落地。

国家层面有各类国家治理顶层设计，如社会保障体系顶层设计，包括医疗保障体系、民政救助保障体系、养老金制度等。行业层面有各种行业标准、设计标准等顶层设计。架构的概念衍生到企业治理方面就是企业架构。企业架构，就是企业治理和运营层面的蓝图规划和顶层设计。

架构设计可以帮我们基于事物本质和发展趋势，进行系统性、全局性的统筹规划，从而保障我们"在正确的路上做正确的事"，而不是想到什么做什么，想到哪里做到哪里，头痛医头，脚痛医脚。顶层设计蓝图不能确保企业一定成功，但成功的企业通常都有顶层设计或蓝图规划支撑。

5.1.1　企业架构定义企业治理结构

企业架构（Enterprise Architecture，简称 EA），是承接企业业务战略与 IT 战略之间的桥梁与标准接口，是指导企业 IT 建设的蓝图，是企业信息化规划的核心。

企业管理体系信息化建设驱动了企业架构产生和发展。流程和管理体系先于 IT 技术存在（泰勒科学管理），随着 IT 技术发展并在企业中得到应用，逐步产生企业架构。企业架构框架有很多流派，大部分企业架构方法都是从 IT 架构发展而来的。当前越来越多的企业意识到，企业要真正发挥 IT 的价值，必须从技术架构视角转到业务视角，从企业架构规划开始考虑 IT 和业务的融合，从根本上改善 IT 带来的价值。

企业架构可以分为两大部分：业务架构（BA）和 IT 架构，其中 IT 架构又包括信息架构（IA）、应用架构（AA）和技术架构（TA），如图 5-1 所示。

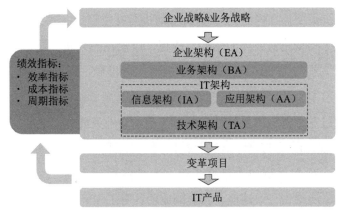

图 5-1　企业架构构成图

企业架构定义企业治理结构，是决定企业各个管理要素组成部分如何运转的工具。其中业务架构向上支撑企业战略和业务战略，向下指导部门定位、角色与岗位职责、业务流程设计、IT 建设等日常运营，当战略有调整或者经营绩效差距较大时，驱动新的变革项目规划和相应的 IT 规划，建立起企业战略与日常运营之间的关联关系。业务架构是把企业的业务战略转化为日常运作的渠道，确保战略落地到流程、组织和 IT。

业务架构包含商业模式、价值流、业务场景、业务能力、业务组件、业务流程、组织与绩效体系、业务数据、治理结构和管控模式等。其中价值流描述端到端客户价值创造业务流；业务能力定义企业做什么，并识别企业须拥有或须从外部获取的能力；业务流程定义企业怎么做，承载价值流和业务能力。业务流程通常被认为是企业的业务运作形式，是企业战略和商业模式的核心支撑，是企业价值创造的根本过程。

业务架构设计是企业管理体系构建的基础，是企业战略转换为日常运营的必经之路。业务架构规划就是围绕业务战略和商业模式讲清楚如何落地，需要什么能力，需要哪些流程承载，匹配什么样的组织和岗位，需要什么样的 IT 支撑，如何进行有效管理。

业务架构是对业务的结构化描述，以便在公司高层领导、各级管理者、流程与 IT 建设人员之间形成对业务准确一致的理解，是管理体系中组织设计、流程、数据和 IT 建设与运营的基础。

通过业务架构体系设计，梳理价值流、业务能力、业务流程、组织及绩效，以及 IT 架构规划设计，使得流程、组织和 IT 能对齐战略诉求。换句话讲，战略就能被有效地落地到流程、组织和 IT 上，确保战略能得到有效落地，企业的成功就有了保障。

5.1.2 流程架构是支撑战略落地的重要载体

业务流程架构（Business Process Architecture，简称 BPA）是业务架构的关键组成部分。业务流程架构解决的是流程如何对齐战略、对齐业务的问题。流程架构通过流程层级、归类、边界、范围等结构化的整体框架展示企业业务范围，是企业业务能力的反映，不同的流程架构反映不同的企业业务特点和商业模式。

流程架构描述了企业的流程分类、层级关系及边界/范围、归属/衔接关系等，从而反映企业的战略使命、目标及其业务领域的业务模式及业务特征。流程架构从宏观层面定位各业务流程在企业运作中的位置与性质，反映业务运作的模式，具有相对稳定性。流程架构有层级之分，反映业务运作范围和所属关系，流程须基于流程架构来管理，牵引流程设计对流程架构的遵从。

常见的流程分类框架有 PCF（流程分类分级框架）、POS（规划—运作—支撑三分法）、OES（运作—使能—支撑三分法）等，其适用的业务形态有较大差别。企业须结合自身业务特征，价值链情况，选择合适的流程分类框架。

（1）PCF：PCF 最初是 1991 年基于美国生产力与质量中心（APQC）为业务流程的分类方法而提出的，目的是创建高水准、通用的公司流程架构模型。PCF 流程框架分成两大类：一类是企业的运营流程，如开发愿景和战略、开发和管理产品/服务、产品交付、客户服务管理等；另一类是管理和支持流程，如开发和管理人力资本、管理信息技术、管理财务资源、开发和管理业务能力等。

（2）POS：POS 将流程分为规划类（Plan）、运作类（Operation）、支撑类（Support）三类，适用于稳定性高、周期性和计划性强的行业，这样公司就可以宏观考虑规划、运作、支撑的各项工作。

（3）OES：OES 将流程分为运作类（Operation）、使能类（Enable）、支撑类（Support）三类，常用于强调以客户为中心、以项目交付为主的企业，是一种以客户为关注焦点的分类方法，典型的如华为就是 OES 分类框架。

值得一提的是，OES 框架高度体现了以客户为中心、从客户来到客户去、始于客户需求、终于客户满意、以客户为关注焦点的管理原则。跟 POS 框架相比，OES 框架更强调项目型运作，更强调对市场的快速响应，也更适合当今快速变化的市场及业务形态，适用于横向流程管理能力强、流程管理成熟度高的企业。

华为前后花了 10 多年时间建立、重构和夯实业务流程架构来支撑业务拓展，大致上分为如下四个重要的阶段。

阶段一（2007—2009年）：华为基于IPD、ISC、IFS、CRM等变革项目，建立了第一个业务流程架构BPA 1.0，支撑面向运营商客户（大客户）业务为主的业务开展，总体运作上以集团统一管控为主。

阶段二（2009—2010年）：华为引进IBM顾问，参照IBM流程架构区分运作、使能和支撑三类流程体系，并发布BPA 2.0版，这就是外界所熟知的华为以客户为中心的OES流程架构，其中IPD、MTL、LTC、ITR流程是四大价值创造运作流程。

阶段三（2011—2020年）：华为开始由运营商业务扩展到企业业务和消费者业务，为支撑业务扩张需要，华为发布BPA 3.0版，新增管理伙伴和联盟关系及管理资本投资两个一级流程，并在随后几年中在BPA 3.0版的基础上进行架构优化，比如将管理伙伴和联盟关系调整为渠道销售，新增管理零售流程、云服务流程等，支撑企业业务、消费者业务、云业务、智能汽车等新业务开展，在此期间华为运作开始从集团管控向一线指挥战争转变。

阶段四（2021年以来）：华为进一步发布BPA 4.0版，支持华为多业态发展和匹配"天地树"的治理结构。"天地树"治理结构是华为统治与分治并重的分布式经营管理架构。集团治理机构是统治的核心，对应共同的价值（"天"）；集团职能部门构成中央平台，对应共同的平台（"地"）；前方平台和各差异化业务体系是分治系统，对应差异化业务（"森林"）。从流程架构角度看，"天"是集团中央集权的管控，"地"是公共能力与服务，"树（森林）"是面向作战的价值创造过程，这种共同价值守护与共同平台支撑下的分布式经营模式，支撑从"一棵大树"到"一片森林"的发展，并强调在共同的"天"与"地"下的"业务要发展、集团不分家、树要进前三"诉求，支撑华为在多业务结构下的持续健康发展。

回顾华为流程架构重构和建设的历程，华为从功能化、职能化为主的管理线逐步向主业务流简洁、集成、高效和功能卓越迈进，很好地支撑多业务复制和扩张。笔者 2011 年工作关系调整到企业业务 BG，第一件事就是在原来运营商业务流程架构的基础上适配企业业务流程架构，并很好地完成了流程变革团队"逢山开路，遇水搭桥"，支撑新业务开展的任务要求。

业务流程架构是业务架构的主要内容，是企业管理体系的基础，是支撑企业业务战略落地和战略目标实现的载体。[①]

5.1.3 流程架构体现战略和业务经营导向

流程规划是系统梳理流程架构，描述企业价值创造的全过程，输出分层分级结构化、可视化的流程全景图和流程清单，流程架构须保证逻辑清晰。

流程架构是基于流程设计者视角的层级划分。流程视图是针对一线流程使用者的端到端业务流程展示。流程架构的水平分解，即业务流程广度要覆盖到全业务。比如上面提到的 OES 流程架构，包括运作类、使能类和支撑类三类流程。

运作类：直接为客户创造价值的流程，是公司的管理主线和公司存在的基础，端到端定义为完成对客户的价值交付所需要的业务活动，并向其他流程提出协同需求，例如产品开发、生产交付、市场营销、服务交付等。

使能类：响应运作流程的需求，用以支撑运作流程的价值实现，

---

① 关于企业架构中 IT 架构的内容，将在数字化转型变革章节进行展开，流程管理篇主要涉及业务架构和流程架构。

会影响运作流程交付的结果，如管理采购、管理渠道、管理客户关系等。

支撑类：公司基础性流程，为使整个公司能够持续高效、低风险运作而存在，虽然不直接创造价值，但对运作流程和使能流程的执行和企业日常运作起支撑、保障作用，如管理人力资源、管理信息技术、管理财务等。

流程架构的横向分类，代表业务的广度。流程架构的纵向分层，则代表业务的深度，如图5-2所示。以6层流程架构为例：

- 流程架构（Level 1—Level 4）：流程模块，是逻辑上的工作模块，从为客户创造价值和企业愿景出发，支撑公司战略和业务目标实现，体现公司的业务模式、业务本质和价值链特点，是对业务的全覆盖、无遗漏、清晰的表达。主要回答"干什么"的问题。Level 1—Level 4 流程模块组成流程架构（流程框架），指导具体流程的建设与设置，强调架构稳定，对业务覆盖全面，需进行有效管控。

- 操作流程（Level 5—Level 6）：具体的流程，是流程模块操作方式的具体描述，主要回答"怎么干、谁来干、什么时候干、用什么干"的问题。Level 5—Level 6 作为行动手册或操作指南，具体指导日常运营的过程，强调有效执行，实现价值。

流程架构中，Level 1—Level 4 流程模块及流程说明，是对企业的业务从流程上进行结构化、整体性的框架描述。流程架构与操作流程相互配合，自上而下、从里到外覆盖全业务，为实现客户价值创造提供了完整而且可执行的流程体系方案。如果进一步将流程架构与操作流程细分，以华为流程分层为例，可以从上到下分为流程类、流程组、流程、子流程、活动和任务六个层级，其中流程类、流程组、流程、子流程构成流程架构，活动和任务构成操作流程。

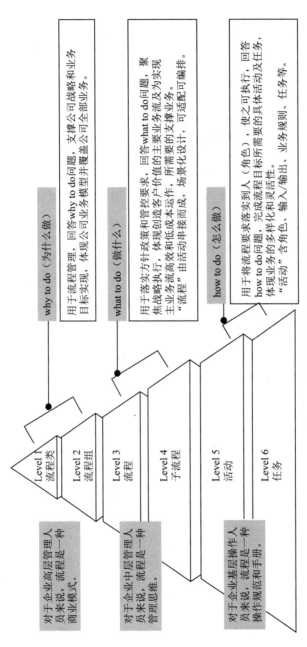

why to do（为什么做）

用于流程管理，回答why to do问题，支撑公司战略和业务目标实现，体现公司业务模型并覆盖公司全部业务。

what to do（做什么）

用于落实方针政策和管控要求，回答what to do问题，聚焦战略执行，体现创造客户价值的主业务流运作，所需要的支撑业务而成，场景化设计，可适配可编排。主业务流高效和低成本直接而成，"流程"由活动串接可编排。

how to do（怎么做）

用于将流程要求落实到人（角色），使之可执行，回答how to do问题，完成流程目标所需要的具体活动及任务，体现业务的多样化，业务规则和灵活性。"活动"含角色、输入/输出、业务规则、任务等。

Level 1 流程类

Level 2 流程组

Level 3 流程

Level 4 子流程

Level 5 活动

Level 6 任务

对于企业高层管理人员来说，流程是一种商业模式。

对于企业中层管理人员来说，流程是一种管理思维。

对于企业基层操作人员来说，流程是一种操作规范和手册。

图 5-2　流程架构的横向分类与纵向分层

流程架构和操作流程，能更好地体现战略，更好地体现业务本质，更好地以客户为中心。在流程管理上，流程架构代表主干流程，由集团统一制定，活动和任务代表末端流程，由区域制定，这样就能保证主干清晰、末端灵活。分层分级的流程架构设计是为了解决不同管理层次的问题。

对于企业高层管理人员来说，流程是公司业务的顶层设计，关注目标和方向，是一种商业模式描述，重在客户满意、财务指标、战略匹配、组织成长。高层主要关注 Level 1 和 Level 2 级流程，回答"why to do（为什么做）"的问题，用于支撑公司战略和业务目标实现，体现公司业务模型并覆盖公司全部业务。

对于企业中层管理者来说，流程是业务执行的路径和规则，关注有效执行，是一种管理的思维和方式，重在流程执行的质量、效率和成本（流程绩效指标），落实公司的方针政策和管控要求。中层管理者主要关注 Level 3 和 Level 4 级流程，Level 3 和 Level 4 级流程分别指流程和子流程，在层级上都属于流程，回答"what to do（做什么）"的问题，聚焦战略执行，体现创造客户价值的主要业务流，以及为实现主业务流高效和低成本运作，所需要的支撑业务，即由哪些具体的业务流程去实现价值创造。

对于企业一线基层操作人员来说，流程是作业的操作指导，关注准确操作，是一种操作规范和手册，重在流程执行的规范性、有效性。一线基层主要关注 Level 5 和 Level 6 级流程，回答"how to do（怎么做）"的问题。Level 5 是活动，Level 6 是任务，即完成流程目标所需要的具体活动及任务，用于将流程落实到人（岗位和角色），使之可执行，需体现业务的多样性和灵活性。

流程分层解耦的本质是将流程要素对象化，将带有顺序的过程和可被编排的活动相对解耦。活动就好比乐高积木的零件，而流程就好比用零件拼搭起来的玩具模型。这个覆盖全业务、层级分明、细化到可执行的严格、有序、简单的流程体系，支撑华为从一家管理松散的本土公司变身为一家以流程立身的全球化公司。

5.1.4 流程架构是企业管理体系构建的基石

从高层经营者视角来看，流程架构用于描述企业总体业务框架，以支持业务目标，体现公司业务模式、业务本质和价值链特点，并覆盖公司所有业务活动。借助流程架构描述，可以清晰系统地看清楚我们的业务和管理是如何展开的。流程架构有如下价值：

（1）有利于掌控业务全局：流程架构是对业务流程的分类、分组，对企业业务流程进行架构化的全貌描述，是公司管理体系的基础。流程架构帮助企业"在正确的路上做正确的事"。

（2）有利于业务集成：流程架构是业务流程集成、端到端拉通的基础。通过流程架构驱动对流程进行层层梳理，识别流程中需集成、握手或相互调用的环节，推动流程集成和端到端效率提升。

（3）有利于落实流程管理的责任：流程架构是流程治理体系的基础，基于流程架构建立流程责任机制，定义和明确流程责任人，驱动并授权流程责任人负责流程建设、持续优化，对流程运营及绩效结果负责，推动业务改进。

（4）有利于流程建设的质量：通过流程架构的分层设计，可以实现流程的结构化、可视化和标准化，形成企业的流程资产。

（5）有利于专业能力提升：流程架构也是业务能力框架的体现，据此可以进行问题和差距分析，驱动业务流程、组织能力的提升、优化、变革。

（6）有利于组织建设：宏观上要沿着流程架构审视组织设置，微观上岗位要匹配流程角色。通过组织与流程匹配，一方面精简冗余组织，另一方面消除职责盲区。

（7）有利于IT应用集成和数据质量提升：流程架构是企业架构中业务架构的核心，是其他架构（信息架构/应用架构）的重要输入和建设基础。流程集成是IT应用集成的基础，IT的应用架构要基于流程架构进行蓝图规划。流程中的输入、输出信息即为IT承载的信息，缺乏流程定义，会导致数据质量下降。

（8）有助于企业的变革规划：流程架构是企业业务能力的集合，通过年度的战略解码可以识别出架构中需要重点建设的能力组件，以驱动流程变革的规划。

5.1.5 战略驱动的业务架构规划和流程架构设计

战略制定完成后，要沿着业务设计（商业模式设计）、价值创造流程、能力、组织、关键角色/关键岗位、绩效与激励政策这样的核心主线来解码组织能力的构建，文化和核心价值观的打造，才能确保战略和业务设计落地。

流程是为业务服务的，根本目的是为客户创造价值。流程架构要对准战略，反映业务模式/商业模式，承载价值流、业务能力。流程架构的建设首先是价值流及能力框架的梳理，然后从能力框架导出承载能力落地的流程架构。

这里补充说明一下，战略导向和客户导向相辅相成，是一体的两面。战略的核心本质还得回归客户和市场选择，即谁是我们的客户，哪里是我们的市场，我们要以客户和市场为中心，来驱动战略规划；而战略规划落地到客户和市场，两者相辅相成，相互融合。流程对准了客户，实际上就是对准了业务，对准了战略；或者说对准了战略的流程，就是对准了业务，对准客户，是以客户为中心的流程。

之前提过，业务流程架构解决的是流程如何对齐战略、对齐业务的问题。基于业务架构设计理念和要求，企业可以完成从业务战略到业务架构规划，再到流程架构设计，使每个规划的流程明明白白地对齐战略，承载战略诉求。

具体实践中，需从理解战略开始，导入商业模式和业务设计，进行价值流分析，甄别业务能力，输出业务组件框架、分析运作模式及业务场景，进行业务流程架构设计，具体有如下关键步骤和活动：

（1）理解战略：导入战略要求和战略关键成功要素。

（2）导入商业模式和业务设计：理解商业模式和业务设计，理解客户细分（客户选择）、价值主张、关键业务（活动范围）、客户关系、渠道通路、核心资源（战略控制点）、盈利模式（价值获取）等要素。

（3）分析价值流：结合客户旅程分析、价值主张、关键业务、渠道通路、关键成功要素等综合考虑，识别和定义价值流，识别客户痛点和触点，匹配客户旅程的关键活动。

（4）梳理业务能力：沿着价值流，识别业务能力，搭建业务能力框架，输出业务组件全景图。

（5）分析业务组件：细化业务组件要求，定义支撑业务组件的关键活动。

（6）分析运作模式和业务场景：识别端到端的业务场景，确保场景归纳覆盖所有运作模式和业务类型。

（7）设计业务流程架构：基于业务场景和业务组件定义的活动，设计业务流程架构，承载业务组件能力要求，将能力承载到流程上。

战略驱动的业务设计和流程架构设计涉及知识点较多，对管理要素和业务理解要求高，如下各关键要点供参考。

分析客户旅程

- 客户旅程指的是消费者从潜在客户变为客户的过程，可以理解为客户在购物过程中心理认知的变化。梳理客户旅程是提升客户体验的重要步骤和前提。

- 设计客户旅程，要端到端地对客户旅程进行分析，覆盖所有关键活动，并罗列出企业与客户旅程中的触点，进而发现客户的痛点，找到企业的机会点，构建以客户为中心的价值流和业务能力。

- 识别客户旅程的关键触点。客户在从了解产品到使用产品的过程中，要与企业发生多次互动，通过接触企业提出需求、获得产品、反馈问题并得到解决。对于企业来说，这是了解客户需求、维系客户关系的窗口。客户旅程中的关键触点，往往决定了产品的下一步走向，因此把握好关键触点的客户体验就至关重要。

分析价值流

- 企业通过一系列连续的增值活动为客户创造价值，这些活动构成了价值流的阶段，并提供一个递增的价值项（value item)，最终实现为客户交付完整的价值。企业为实现价值创造，从输入客户要求开始到交付产品及服务给客户、获得客户满意并实现企业自身价值的端到端业务过程就是价值流。价值流描述的是如何为客户创造和传递价值，因此，客户选择、价值主张、价值传递通路是识别价值流的主要因素。

- 企业价值流来源于其商业模式设计，通常以外部客户视角来描述为最终客户创造价值的各种方式。宏观上，价值流描述了企业为客户创造价值的端到端过程。

- 所有和客户相关的价值流，天然是从客户到客户的，围绕价值流开展工作时必须瞄准客户，以客户为中心。业务是以客户为中心的，价值流也是从客户中来，到客户中去。因为企业本来就是围绕客户创造业务价值，不能脱离客户。

- 价值流是一切工作的原点和基础，准确识别价值流非常重要。企业内部的各个组织紧密地围绕价值流作业，就不会偏离工作的方向。针对每个价值流，我们都要解释为什么它可以为客户创造价值，以及创造什么样的价值。

- 价值流要对准客户旅程。价值流的阶段划分尽量与客户旅程的阶段划分相匹配，直接对应或建立明确的映射关系，便于企业内部各个业务单元围绕明确的客户价值集成，实现合理分工和高效协同。在设计价值流时，通常会将客户旅程和价值流进行映射，以此来确定价值流和业务场景。

- 价值流的设计要对齐客户的痛点，减少不增值的业务流，遵循简单高效的交易原则。

分析运作模式及业务场景

价值流从宏观上描述了企业为客户创造价值的过程。在用价值流来表述业务时，因为业务场景不同，价值流就会有差异，具体执行时，需要根据业务的差异性进行场景划分，比如从客户细分、销售路径、销售模式与产品类型等差异化业务维度分析独特业务场景和模式，只有让价值流真正匹配业务实质，运作才能高效。一般来说，识别业务场景有以下两种方法，如图5-3所示。

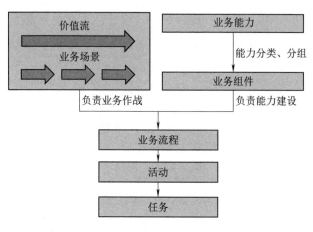

图 5-3　"Y"模型示意图

　　一是沿着客户旅程,识别端到端的业务场景。端到端场景分析有助于从最终客户价值交付视角对业务过程进行整体分析,避免因陷入细节而导致业务场景之间出现遗漏或不集成的情况。

　　二是沿着价值流阶段识别业务场景,用于分析作业层面的业务运作问题及差异化的解决方案。以投标与生成合同阶段为例,合同的类型包括销售合同、预销售合同、客户测试合同,这是三种典型的签约类型。合同类型的差异将影响合同的履行方式,因此需按照合同类型划分为不同的业务场景。

梳理业务能力

- 业务能力,即企业创造价值的能力,是企业自身拥有或者从外部获取的为实现某一特定目的能力,是包含所需要的流程、数据、IT 系统、技能、资源等的结合体。

- 对于企业来说,业务能力是支撑价值创造及形成企业差异化竞争优势的关键所在。业务能力的规划、布局和建设是构筑竞争力的基础，会深刻影响组织的运营模式。

- 业务能力讲的是做什么，而不是如何做。业务能力是业务架构规划中的关键输出，承接商业模式设计和为客户创造价值的价值流。业务能力的实现最终要建立在流程、组织和 IT 上。

- 业务能力识别可以采用以下 3 种方式，这 3 种方式通常结合使用。一是基于价值流自上而下识别业务能力，先确定企业级的业务能力，每个能力都可以进一步分解直至业务组件。二是基于已有流程的活动，自下而上归纳、抽象出业务能力。三是基于业务对象定义业务能力，围绕业务对象的操作进行聚合，形成业务能力。例如"合同管理"业务能力，就是以合同这个业务对象为中心，将合同的谈判、注册、审批、发布等活动聚合为业务能力。

- 在识别业务能力时，我们还可以借鉴业界标杆的实践经验，以对初步识别的业务能力进行校验。

分析业务组件

- 业务组件是业务架构核心，业务组件化把企业的研发、营销、销售、采购、生产、物流、财务等业务能力转变为业务模块，称为"业务组件模型"（简称 CBM），通过业务能力组件化对企业进行重新定义和组合，形成一套对业务结构化的全面描述，可直观地显示出企业的业务蓝图。

- 业务组件就是把业务能力拆解成单个的业务模块，更加结构化地展现业务能力的构成，比如营销是业务能力，其业务组件就包括市场洞察、营销推广等业务组件。

- 业务组件是业务领域内具备某种业务用途、高内聚轻耦合、既能独立运行又能彼此服务的功能模块，每个业务组件都有清晰的业务目标和范围、管理的业务对象、成本构成、度量指标、作业规则标准和对外提供的服务与接口等。

- 通过业务组件化、流程资产化，使企业的业务标准化、模块化和服务化，实现流程灵活编排，敏捷快速响应业务需求。同一业务比如采购业务存在行政采购、生产采购、工程采购等不同场景，针对每一种业务场景需匹配相应的业务流程，但因为同属一类业务，这些业务流程中的活动有一部分可能是相同的，还有一部分是相似的，在应用服务化设计时，不同流程中的相同或相似活动可以由同一个应用服务来支撑。

- 业务组件有如下特征：（1）业务组件能够独立进行运作，是独立的业务模块，在企业系统中承担特定的职责，既可以由企业内部完成，也可以外包；（2）组件内部各个活动之间是紧密相连的，与外部其他组件的关联度较低；（3）每个业务组件的输入和输出是标准化的；（4）组件一般都拥有自己的资源。

- 业务组件拆分要遵循的原则就是组件之间要做到全面且不重复，可以消除企业内部冗余的功能，企业所有的业务活动必须而且只能归属于某一个组件，确保所有的工作都有人在做，而且没有人做重复的工作。

- 业务组件的识别要聚焦支撑战略落地、为客户创造价值的功能模块，从规划、控制、执行三个层面展开，要考虑增加、取消、合并对应业务组件，做到资源最优化。

构建流程架构

流程架构综合了价值流维度和能力维度，据此可以进行能力分析，识别问题和差距，从而推动业务流程、IT 及组织能力的提升和优化。

流程架构规划要符合业务逻辑关系，将业务的主要内容、主要结构阐述清楚，常用规划方法有：PDCA 法、生命周期法、对象转换法、树状分类法。其中 PDCA 法、生命周期法、对象转换法三种方法一般用于运作流程规划指导，树状分类法用于使能类和支撑类流程。

- PDCA 法：PDCA 循环是美国质量管理专家沃特·阿曼德·休哈特首先提出的，由戴明采纳、宣传，获得普及，所以又称戴明环。PDCA 是英语单词 plan（计划）、do（执行）、check（检查）和 act（处理）的首字母组合。可以简单理解为把事情分成计划阶段、执行阶段、检查阶段和处理阶段。大多数的业务都符合 PDCA 的逻辑，比如营销流程或者 DSTE 流程，先策划和制订计划，然后实施执行、检查执行情况效果，根据检查结果采取相应的措施。

- 生命周期法：生命周期的概念应用广泛，一般是围绕某事物进行全生命周期管理的逻辑时，会用到生命周期法来划分业务阶段和架构流程。比如公司销售的产品大体上会经历产品规划、产品开发、上市推广、产品退市几个阶段，可以将产品的开发流程按类似逻辑进行分解；渠道管理大致也有渠道开发、渠道使用、渠道培育、渠道保留几个阶段，同样人力资源管理里面对人才的管理也有"选、育、用、留"。类似围绕事物进行全周期管理时，可以参考使用生命周期法，比如华为 IPD 流程分成概念、计划、开发、验证、发布、生命周期管理 6 个阶段。

- 对象转换法：常常用于业务周期长、管理投入策略和投入重点有变化的情况，比如华为的 LTC（线索到回款）流程，把整个从销售线索到回款的过程，按照线索、商机、合同三类不同的对象，分成线索管理、商机管理、管理合同执行三个流程段。同样，可以将用户管理划分为潜在用户、首单用户、活跃用户、忠实用户、沉睡用户、流失用户等。

- 树状分类法：树状就是把包含的业务进行分类，按树形结构层层展开，讲清楚业务所包含的内容和层级关系，把复杂的业务解码到可以管理的颗粒度。比如人力资源管理的流程架构包含的内容很多，可以通过层层分类的方法，把整块业务分解成人力资源规划、人才获取与配置管理、薪酬与福利管理、企业文化与氛围管理、组织管理等。薪酬与福利管理，又可进一步分成工资管理、奖金管理、福利管理、长期激励管理、个税管理等。管理财经的流程架构也可以参考树状分类法进行解构。

5.1.6 战略及业务能力差距驱动变革规划

业务架构规划除了导出流程架构，让流程规划对齐战略和业务外，另一个重要应用就是基于业务能力组件，开展能力差距分析，识别变革举措，提炼变革项目，这样就可以解决能力打造和能力建设对齐战略诉求的问题。华为已经将业务架构融入 BLM 模型，在战略规划过程中，通过如下步骤，指导变革规划，通过战略牵引规划变革举措清单：

（1）理解战略目标和业务设计，分析价值流及业务能力，识别变化点。

（2）分析业务能力和业务组件能力差距，从流程、组织、IT 和数据四方面进行评估。

（3）结合能力组件价值高低和紧迫度，绘制业务组件能力热力图，进行优先级排序。

（4）基于业务组件能力热力图，提炼变革项目，输出变革举措/关键任务。

变革项目是基于业务能力差距和热力图，为满足战略意图、业务设计要求所必需的以项目形式开展的一系列行动。识别出价值流需要的关键业务能力后，基于能力框架地图，就可以提炼用于能力建设的变革项目规划。

变革项目目标主要聚焦于改善用户体验和满意度、提高内部运营效率和降低成本、创新业务运作模式等。变革项目清单输出后，要明确责任人。

战略驱动业务架构规划和流程架构设计，识别提炼变革项目的方法，是笔者之前在新业务的管理体系设计或者开展变革规划时常用的方法。目前从战略和商业模式导入，通过业务架构规划，最终导出流程架构，输出变革举措和变革项目的整套工具方法，已经在虎彩集团有限公司下属多个事业部落地实践。

上面介绍的流程架构设计的方法，只是包含了关键的环节和要点。需要补充说明的是，对于一个完整的管理优化咨询项目来说，需要根据具体业务特征和咨询要求、咨询项目范围等进行调整适配，明确管理咨询的流程阶段和方法，这对推导出真正能支撑战略业务诉求的关键举措和重点项目非常重要。笔者基于多年在华为及给其他企业做流程和管理咨询、数字化转型规划的经验，总结出如下环节和要点，供进一步理解。通常的规划咨询包括5个阶段：项目启动阶段、业务洞察和现状诊断阶段、蓝图架构及方案设计阶段、实施路径及项目规划阶段、速赢项目及项目收尾阶段。

项目启动阶段：项目资料准备、项目计划制订（目标、范围、进度、交付要求、项目成员等）、项目团队组建、方法及工具培训赋能、项目启动会。

业务洞察和现状诊断阶段：战略导入与战略理解，业务模式分析，利益干系人诉求（需求）与痛点访谈调研，资料研读，趋势分析，业界标杆分析，访谈与现状调研，案例研究，成熟度评估（可选），专项/专题调查（可选），调研诊断关键发现，业务能力差距和痛点分析，识别变革点，初步方案构想及变革举措提炼，设定咨询项目愿景及目标，制定初步总体思路（指导思想、规划实施原则、总体目标），完成现状诊断汇报。

蓝图架构及方案设计阶段：明确愿景、总体思路和总体目标，基于战略及业务诉求、能力差距分析进行顶层设计和蓝图架构规划、确定变革点，制定规划路径，制定变革关键举措，制定详细解决方案（如涉及制度、政策、机制、流程、组织、岗位、IT 的优化和调整），完成蓝图架构及方案设计汇报。

实施路径及项目规划阶段：围绕变革方案，规划支撑方案落地的重点项目，包括项目群/项目（项目建设目标、建设内容、建设计划），制定项目节奏和项目路标（项目排序、项目依赖关系、项目节奏、项目推进计划等），识别速赢项目，制定项目预算，明确实施保障机制，完成项目实施路径及项目规划汇报，确保项目对准战略、对准业务、对准能力建设。

速赢项目及项目收尾阶段：针对速赢项目制订项目落地计划，推动跟踪速赢项目开展，评估速赢项目开展情况，项目成果移交，项目评价，完成项目结项汇报。

5.1.7 流程架构规划设计原则和要点

业务流程架构不是对流程的修修补补和局部优化，而是要让流程对齐战略和业务诉求，对流程体系进行系统性梳理，需要大刀阔斧的重构。流程架构规划是一个重要且关键的工作，涉及诸多要点，有较高的专业性。流程架构要从为客户创造价值和企业愿景出发，支持公司战略和业务目标的实现，要能体现公司管理理念和管理模型。

在流程设计过程中，一定要尊重业务本质。承载价值流的流程应该尽量分场景去建设，在用 IT 固化时要考虑编排能力，能力的固化也需要把流程设计清楚，内部通过什么样的活动来提供作战需要的服务，然后用 IT 固化下来。承载能力和流程的 IT 建设关键是保持外部接口的稳定性，并实现服务化以支撑不同场景下的价值流。如下架构规划设计原则，可供读者参考，也可以作为流程架构设计的评审要求。

战略导向，随战略而变

- 战略驱动，业务流程架构需支撑战略诉求和业务模式，承载能力建设，支撑公司战略发展要求。
- 战略调整有可能带来商业模式变化，商业模式变化就会带来业务/业务流的变化。
- 流程要反映业务本质，战略调整和业务模式调整，流程和组织跟随调整。

以客户为中心，端到端打通

- 从客户需求到客户满意的端到端首尾相连，全程贯通的流转过程。
- 流程视角，非职能视角，以业务流程视角，而不是部门职能视角来划分流程。

流程边界清晰

- 各级流程的边界应该清晰，并且有有效输出，产出可以是阶段性产出，也可以是端到端产出，但绝对不能是半成品。
- 流程规划符合端到端原则，能为关键客户提供有价值的产出，交付一个完整的服务。

结构科学

- 遵守流程分类、分层的架构框架，主干清晰，末端灵活，相对稳定和持续改进。
- 逻辑清晰，流程规划有清晰的流程分级逻辑与主线，便于理解和接受，易被执行。

MECE（相互独立，完全穷尽）原则遵从

- 不重复：同一层级流程之间不重复不交叉，清晰定义流程边界与流程之间的接口关系。
- 不遗漏：每一个上级流程都完整地包含所有的下级流程，下一级流程的集合能够完全覆盖上一级流程要求，保证完整性。

方法遵从性

- 同一层级流程之间颗粒度要保持一致。
- 合适的颗粒度：事情是否从头到尾得到端到端的解决，同时根据组织架构做适度的匹配调整。
- 通用流程模块化，以方便调用，同时也可以提高流程设计的效率和柔性。
- 流程架构所代表的业务模式是否先进，是否能支撑公司发展阶段及战略落地需求。
- 是否能够找到各级流程的所有者，是否有利于流程后续的跨部门协调。

虎彩集团有限公司2022年开始启动集团层面流程架构搭建。为满足虎彩集团有限公司"以用户为中心,变革创新为本"核心价值观的导向要求,采用OES框架。在"一个虎彩、一个体系、一个标准"理念及设想的基础上,从0到1构建集团层面流程架构。目前建立起的流程架构基本满足如下要求:

(1)业务覆盖全面:覆盖虎彩集团运营的不同层次(如集团、事业部、分子公司),覆盖业务运营不同诉求(承载商业模式、业务能力、组织、流程运营)。

(2)架构体系结构相对严谨:使用业务组件模型方法,结合MECE原则,确保流程模块之间层级与逻辑关系,流程模块之间全覆盖没有交集,并以服务方式提供能力支撑。

(3)反映业务逻辑,强化流程贯通:反映了价值链创造的业务总体顺序与关系和业务开展的逻辑方法,用流程视图贯通流程。

(4)体现业务差异:为各事业部、子公司业务场景模式下适配了不同的业务能力和流程框架模块。

5.1.8 构建基于流程的管理体系

在华为,每当讲到管理体系时,通常会加一个定语,即"基于流程的管理体系"。业务战略、关键成功要素、商业模式、价值流、业务能力、管控模式、数据、组织、岗位、关键指标等各类管理要素相互关联、相互作用,构成一个整体。业务流程是将各类管理要素关联起来并构成一体化管理体系的关键纽带,也是管理体系运营的载体,通过对诸多管理要素进行梳理和重构,来构建企业管理的体系,避免出现管理孤岛。

华为管理体系建设上形成了规划、实施、固化、运营的管理体系建设与运营四部曲。当进入新的业务领域或者做战略调整时，就从战略制定开始，通过商业模式设计（客户选择、价值主张、价值传递通路等），到业务架构分析（价值流、业务对象、业务能力），再到运营模式设计（流程、组织、数据与 IT）、变革实施，并固化到管理体系，基于管理体系开展持续运营和优化，以实现战略和目标的落地。

笔者曾参与华为企业业务、行业解决方案业务、云与计算业务三大新业务管理体系和流程体系建设，遵循的就是规划、实施、固化、运营的管理体系建设与运营四部曲。

规划阶段

围绕业务的管理体系的建设，需要基于业务战略和业务设计，提前制定管理体系变革的愿景和蓝图，基于愿景驱动的管理体系建设非常关键，简单的痛点和需求驱动建设出来的管理体系可能缺乏全局性、长远性、趋势性的考虑。管理体系的蓝图规划是整个业务规划的重要部分。

根据前文战略管理的内容，我们知道在战略规划阶段，如果采用 BLM 模型，将会完成从战略到业务设计，即：差距分析、市场洞察、战略意图、创新焦点、业务设计。在业务设计中，将确定客户选择、价值主张及价值传递通路等。而 BLM 模型的右边则是关键任务、组织、人才和氛围。从 BLM 模型的左边到右边，可以通过企业架构方法，识别为客户创造和传递价值主张的价值流，对支撑价值流运转所需要的关键能力进行识别，定义出支撑战略的业务架构、信息架构和应用架构蓝图与愿景目标及路标规划，输出匹配业务设计的运营模式蓝图规划，进而规划出管理体系建设所需要的关键任务。

实施阶段

基于蓝图规划的关键任务，可以通过变革项目或改进项目实施。

变革包括流程、组织和IT，还涉及理念文化、政策规则、组织与能力、数据、度量运营等整个管理体系各要素的统筹设计和变革实施。

在变革方案设计实施过程中，首先应该通过业务的结构化分析准确理解和描述业务本质，定义价值流，识别关键能力和业务对象，对承载能力的组织进行设计；然后到流程中活动、角色、输入输出的设计，实现活动输入输出与业务对象的属性关联；再到IT产品设计，实现IT对流程和数据的承载；最终通过变革完成组织变革以匹配流程与管理体系的运作，将能力承载在流程、组织和IT上。

固化阶段

变革成果必须固化到管理体系中，以形成可以持续运营的政策规则、组织、流程、IT等，并区分建设者和使用者视角。对于管理体系建设者而言，需要把简单留给使用者，复杂留给自己。从建设者视角，流程与IT设计有一套系统的方法论，但是对于使用者而言，最好有面向使用者体验进行设计的IT和清晰明确的作业指导。

运营阶段

管理体系的固化和运营则需要进行持续看护和优化，与时俱进，以适应业务的需要，也是让管理体系得到有效运营的保障。对于已实现线上作业，具备运营可视化、可追溯的作业环节，运营管理的工作模式也需要改变，要从过去在过程中不断设卡进行检查和审视、事后收集数据写报告等转变为建设好实时感知的运营系统，以便及时准确地处理作业过程中碰到的各种问题，运营的效率也才能提高。

组织战略指向哪里，流程能力就要建到哪里。当一个组织的战略发生变化的时候，业务设计要刷新，流程和组织要跟着变化。对于不涉及业务和战略及业务模式调整的，就基于现有管理体系进行持续改进，改进成果也要固化到管理体系，并持续运营优化。

5.2 流程是企业和组织的战略资产

5.2.1 流程架构是企业作战沙盘

流程架构是业务架构的主要内容，业务能力须承载在流程、组织和 IT 上才能落地。流程支撑战略落地，根据业务诉求对流程进行重构或优化，确保流程对齐业务战略。

通过流程体系规划建立流程架构，从能力到业务组件再到流程活动，设计出 Level 1—Level 4 的流程模块，组成业务流程架构（流程框架），即类似于画一张"企业作战地图"，可指导业务作战。

建立流程资产及流程清单，像管理资产一样管理流程。基于流程架构对组成"模块"进行管理，针对每个模块，可以视为一个独立的交付产品或服务。如果明确每个模块的流程名称、流程层级，流程编码、目的、责任人、包含子流程、流程输入／输出，起点、终点、流程 KPI、管控及质量要求及 IT 系统等，就相当于把流程记录在案，这样就能为每一个流程建立一条资产信息，形成资产库，便于管理。流程资产汇聚成完整的流程清单，即流程资产库，有如下作用：

（1）帮助梳理业务，从本质上说明企业如何创造价值。

（2）实现全局观察，重塑以客户为导向的业务流。

（3）建立流程责任人，让流程管理对应到具体责任对象。

（4）发现业务盲点、业务冗余，以及组织重叠问题。

（5）流程绩效指标的梳理，便于对整体流程的绩效进行评估。

（6）建立起企业经验可持续积累和沉淀的架构，使流程资产有序管理。

（7）建立一致的流程管理清单框架，统一流程管理语言，统一认识问题的思维结构。

（8）提供不同企业间、同一企业下属不同事业部间，流程借鉴和流程复制的可能性。

5.2.2　流程架构指导流程、组织和 IT 规划

基于流程架构，可审视能力承载、组织匹配情况，然后识别差距，根据差距对相应流程进行重构或优化，更好地支撑业务作战。

基于流程框架绘制业务流程视图、指导数据和 IT 方案设计。基于流程架构图，可以进一步理顺 Level 3—Level 4 级流程间的接口关系，按照一定的活动顺序组织起来，形成业务流程视图，就可以让我们清晰地了解每个流程对外提供的服务或交付件，系统地分析整个业务流程的连贯性和关联性，确保业务流程贯通、顺畅和高效，且没有断点。

基于业务流程视图，以管理诉求和业务痛点为主线，可进行跨领域端到端流程串接，突出业务主线，明确业务活动关联关系，这样可以直观展现端到端业务活动全景。业务流程视图，聚焦于业务主线流程拉通，可以清晰展示业务衔接、边界，帮助进行业务断点和影响分析，识别业务改进点。

流程视图还可用于指导数据方案设计，让所有子流程之间的数据和信息传递更加高效和流畅，避免重复劳动和错误的数据输入，帮助建立业务活动的数据分析，识别流程断点，避免信息孤岛。

流程视图还可以帮助企业制定全面的流程监控和管理机制，通过对流程中的各个环节进行监测和分析，发现流程中的堵点和断点，及时发现问题并采取相应的纠正措施，提高业务流程的可控性和稳定性，

保证企业的业务运营稳步前进。

业务流程视图是业务和 IT 分析的作战地图，有利于全局分析和系统方案设计。在建立全流程业务视图时，须考虑到各子流程之间的互动和信息交换、输入/输出，以及数据传递和共享等方面。流程架构结合流程视图，常常用于如下流程及 IT 分析与规划，指导 IT 方案设计：

- 基于流程框架和模块，开展流程及业务成熟度分析。
- 基于流程框架和模块，进行业务的 IT 信息化依赖分析。
- 基于流程框架和模块，进行 IT 分布和覆盖程度分析。
- 基于流程框架，审视组织架构，指导组织架构建设和分工。
- 根据业务流程对 IT 依赖程度及流程成熟度，分析 IT 系统支撑优先级，指导 IT 规划节奏。

5.2.3 开发流程文档沉淀组织资产和组织能力

基于流程架构，可以对流程进行有序管理，包括有序规划和有序开发（流程开发也叫流程建模）。流程架构可理解成流程规划沙盘，基于流程架构，结合流程的重要性、紧迫性，可以完成 Level 5—Level 6级流程的开发。

流程开发和优化，就是要把最佳实践固化下来，沉淀成组织资产，让"英雄"的优秀经验变成整个组织的能力，产生更多"英雄"。如果企业不把专家和优秀员工的经验固化下来，优秀经验就不能被很好地复制。

一般情况下，一个流程（含 Level 3 流程和 Level 4 子流程，都属于流程）需要一套相应的流程文件（流程文档），如流程指南、流程操作指导书、相关模板、检查表。企业可以依据下面 8 个步骤和相应要点，开发出高质量流程文档。

（1）调查分析业务需求和问题：基于业务诉求和痛点问题，进行差距和根因分析，给出流程和组织优化方案初步建议。

（2）进行高阶业务方案设计：基于现状业务流分析，给出未来业务流设计方案，列出变革点和原因，提示业务活动中的高风险点。

（3）高阶流程方案设计：分析流程中的业务场景，场景需覆盖所有业务可能发生的情况；分析各个业务活动的先后、串行、并行、跳转等的逻辑是否符合业务发生的实际逻辑；流程活动的输入、输出；要设计哪些模板、检查表和业务规则。

（4）详细流程方案：流程图绘制，流程活动说明；流程角色和岗位匹配，各角色职责；活动编号、名称和内容确定；活动输入 / 输出定义；参照标准和规则，执行流程活动需要用到的模板、检查表，需要遵守的操作指导、业务规则等；数据设计，新增哪些数据或信息，由哪些字段组成，各字段的属性要求；流程对 IT 的要求，即 IT 如何支撑流程运作；满足业务需求和问题解决要求的具体方案；流程绩效指标，如效果、效率、质量、成本、风险控制等，以及计算公式。

（5）设置质量控制点（QCP）：识别流程中有重要输出的活动，在其后设置相应的质量控制点，保证业务结果的质量；根据质量控制要求，设计评审控制要素。

（6）设置关键控制点（KCP）：识别高风险的业务活动，设置关键控制点，管控业务风险；根据风险情况，设计出该关键控制点的控制要素和测试程序。

（7）职责分离（SOD）设计：防止业务腐败和财务风险，避免监守自盗；根据可能存在的风险类型进行相应的流程管理要求设计。

（8）RACI 权责分配设计：谁负责（R=Responsible），谁批准（A=Accountable），咨询谁（C=Consulted），告之谁（I=Informed），明确流程中各角色及其相关责任。

流程文件编制完成，要进行检查，看是否满足流程文件编制的原则和要求，几个关键的检查项如下，供参考。

- 结果正确：流程一定要主张做正确的事，以增值和满足客户需求为导向，真正支撑业务开展。
- 职责分离：带有舞弊性质的两个活动不可以同一人执行。
- 穷尽且唯一：流程的场景归纳要保证覆盖所有业务类型，且每一种业务场景只能有唯一的业务运作流程。
- 执行落地：流程说明要具体，细化到使用者看后就可操作，并且知道如何操作。
- 业务流顺序：流程的设计要符合业务流的先后顺序，因果或本末不可倒置。
- 前后握手：前后流程要做到无缝衔接，前一流程的结束事件是后一流程的开始事件。
- 解决固化问题：业务需求和问题，在流程设计中要对应地得到解决和固化，使问题得到闭环。

第 6 章
流程管理与流程运营

任总说:"流程的作用就三个:一是正确及时的交付,二是挣到钱,三是没有腐败,如果这三个目标都实现了,流程越简单越好。"流程管理与运营,就是要对准这三个目标,要简单高效,要增值,同时兼顾好业务管控的要求。

规范的流程是企业形成知识沉淀和快速复制能力的重要基础,是以规范动作代替经验主义的重要标准化工具。企业的使命是为客户创造价值,给客户创造价值的是企业的流程。企业的成功来自于优异的流程运营,优异的流程运营需要有优异的流程管理。

6.1 通过流程管理提高端到端组织绩效

流程管理,也称为业务流程管理(BPM),包括流程规划、流程定义与流程再造、流程诊断分析、流程质量与效率测评、流程优化推行、流程运营等。通俗来讲,流程管理就是为了管理好流程,使流程更好地服务业务的方法。流程管理不是简单地管理流程,而是通过管理流程解决业务和管理问题,在运营过程中发现问题和机会点,持续不断地进行改善，并将改善结果固化到管理体系，闭环问题。

流程管理是一种以规范化地构造端到端的卓越业务流程为中心，以持续地提高组织绩效为目的的系统化管理方法，其本质是构造卓越的企业运营管理体系。流程管理也是企业根据自身的战略重点，有选择地对支撑其战略实现的关键业务流程进行系统化的、持续改进的管理过程。流程管理的基础是端到端流程，最终目的是提高端到端（也就是组织）的整体绩效。

流程管理是以业务流程为管理对象，关注流程是否给客户和公司增值的管理方法与活动。通过不断优化和完善业务流程，构建与战略匹配的业务能力，提升运作效率，降低运作成本，实现增收增效目标，从而使企业保持竞争优势，有效支撑业务的发展和持续改进，为公司的业务战略服务。任总说："我们现在赚钱越来越多，工作量越来越小，事实上就是我们的管理效率有了大幅度提高。"

流程管理的实施是一种变革管理的新模式，也是一种全新的组织管理模式。比如，华为的流程管理体系是一项系统工程，涉及：（1）政策与规则；（2）流程架构与流程；（3）组织、角色与职责；（4）考核、激励与问责；（5）流程管理IT平台；（6）文化及领导力等要素。

6.2 流程优化与流程再造要点

流程优化与流程再造要对准流程增值，简单高效，同时兼顾好业务管控的要求。首先要用价值链分析法分析业务流及流程中的活动，识别出增值和不增值的流程和活动，然后调整和删除不增值的流程和活动，保留并尽可能激活增值的流程和活动，最大限度地创造价值。

很多企业都存在一个共性问题，即业务流程太粗放，大多数活动靠经验驱动。流程只有通过固化最佳实践，才能变得高效；只有持续地优化流程，才能让企业与时俱进，始终保持强劲的竞争力。这就需要对低质量、低绩效、没有参考价值、没有指导性的粗放流程进行优化管理。

那么什么是好的、优秀、卓越的流程，要从客户和自身两个角度去评估和衡量。

从客户的角度去衡量

- 快速：及时提供客户所需要的东西，即流程的周期要短。
- 正确：流程的输出应是客户想要的东西，并满足质量要求。
- 便宜：客户需要我们少花些钱来满足他们，即流程的成本要低。
- 容易：容易与之做生意或业务，即流程要具有友好、简单的界面，并能响应客户要求的变化。

从自身的角度去衡量

- 增值：每一个流程都要有明确的为客户创造价值（直接或者间接）的目标。
- 简单：流程的层级、步骤、活动简单明了，易于理解、易于执行。
- 高效：流程运作必须正确有效，输出满足客户要求，流程的执行周期要短。
- 低成本：流程的综合运作成本要低，与业界相比要有竞争力。

流程是否先进，要以贡献率的提高来评价，不断简化、优化、再固化。我们经常会参照业务流程增值和流程优化的 ESEIA 方法优化流程中的无效活动。ESEIA 是 eliminate、simplify、establish、integrate 和 automate 5 个单词的首字母缩写，即"清除、简化、填补、整合和自动化"。

ESEIA 法是减少流程中非增值活动，调整和增加流程的增值内容，然后进行整合和自动化的实用原则。

E 清除（eliminate）：找出并清除现有流程中的非必要和非增值活动，强调业务流程中每一个环节尽可能实现最大化增值。所有工作必须以满足客户需求为核心，审视是否增值，能否提高客户满意度、提高产品或服务质量，同时要求业务流程之间尽量实现单点接触，不仅有利于流程通畅，还有助于提高内、外部客户的满意度。比如：过量产出、等待时间、不必要的搬运、反复加工、过量库存、过度控制、不必要的沟通、重复活动、反复检验等。

S 简化（simplify）：清除不必要的活动后，对必要的活动进行简化，强调管理权力下放，将决策点定位于业务流程执行的地方，尽量消除纯粹的中层"领导"，使业务流程简化、规范和明确。可以从减少多重审核、批准和控制，减少管理层级，简化工作手续，充分授权，让员工做决策等方面考虑。如从简化记录表格、简化程序、简化沟通渠道、简化物流等方面进行简化。

E 填补（establish）：根据需要增加增值的活动，或补充指导性知识、让流程沉淀经验，并更有指导性。比如知识积累、知识复用、总结备注。

I 整合（integrate）：对简化后的工作流程和活动进行整合与同步，使流程顺畅、连贯，打破部门界限、减少监督审核、减少协调、提供单点接触、集权分权并存。可以从工作合并、减少重复的行为、消除重叠机构和重复业务、缩短信息沟通的渠道和时间、外包效率不高的流程等方面考虑，从而提高对客户和市场的反应速度。比如：从重复的活动、职责、部门等方面整合，以及客户、供应商等流程上下游配合方面整合。

A 自动化（automate）：充分利用信息技术自动化功能，提高流程处理速度和质量，实现作业流程的自动化。比如脏活、累活、有危险的活、乏味的工作，比如数据的采集与传输、数据分析等运用自动化技术，采用成熟的软件系统或定制开发系统，实现流程的电子化，提高流程运行效率。

可以通过流程优化、流程再造、流程变革等工作，构建优秀的流程体系。实现流程简捷、实用、规范，减少工作的流转，降低成本、提高生产率、缩短周期时间，提高财务表现。

6.3　流程全生命周期管理

流程管理基本上按照 PDCA 循环，可把流程管理按生命周期分为流程规划、流程建设、流程推行、流程运营四个环节，形成一个闭环。要像管理产品一样管理流程，通过流程版本的管理，不断升级迭代固化，夯实管理体系和沉淀组织资产与能力。

流程规划。流程规划包括：流程架构规划、流程建设规划、流程版本管理、流程需求管理、流程优化提案管理等。

流程建设。流程建设是流程相应文档开发及资产管理。包括：流程需求分析、流程方案设计、流程文档开发、流程集成验证、流程试点与发布等。

流程推行。流程推行则是解决流程文件执行落地的工作，包括：流程宣贯、业务适配、组织适配、流程推行与赋能、培训等。

流程运营。流程运营则是对流程分层授权、流程执行与流程绩效等的运营管理，包含：成熟度评估、流程绩效管理、过程保证、流程审计、遵从性测试（CT）/ 半年度控制评估（SACA）、流程与 IT 系统废

止 / 退出等。

任总说："我们在管理上，永远要朝着以客户为中心，聚焦价值创造，不断简化管理，缩小期间费用而努力。"笔者认为流程管理也应如此，如下原则和要点供参考：

- 树立以客户为中心的理念，对客户和结果达成共识，关注客户满意度。
- 流程不可以彰显权力和存在感。
- 效率原则，效率优先，兼顾管控。
- 有序地管理业务流程，避免流程碎片化。
- 有利于业务能力提升。
- 有利于业务集成和效率提升。
- 有利于流程化组织建设。
- 有利于落实流程责任。
- 有利于流程分层建设。
- 有利于端到端信息贯通，有利于 IT 建设和集成。
- 关注业务之间的衔接，导向团队合作，不过分依靠"英雄"。
- 关注端到端流程的整体绩效，而不是局部优化，基于流程的产出制定绩效指标。

第三篇

组织打造篇

企业存在的价值是为客户创造价值。不能为客户创造价值的流程是多余流程；不能为客户创造价值的组织是多余组织；不能为客户创造价值的人是多余的人；不能为客户创造价值的动作是多余的动作。从而使管理简单化、考核简单化，组织精干、执行力强，效益高。

　　公司组织与运作的改革要始终瞄准"流程简单清晰，组织精兵简政，奋斗能多打粮食"这个目标，我们要认识到不同组织要遵循不同的业务运作规律，只有进行差异化管理，才能让组织真正焕发活力。

第 7 章
打造真正以客户为中心的流程化组织

任总说："华为的宏观商业模式是：产品发展的路标是客户需求导向，企业管理的目标是流程化组织建设。华为的微观商业模式就是一部分有效和谐的方法论，完成企业管理各元素从端到端、高质、快捷、有效的管理。我们一定要坚持 IPD、ISC 的流程化组织建设，坚决按流程来确定责任、权利及角色设计，逐步淡化功能组织的权威，这就是我们说的微观的商业模型。无论是宏观还是微观的管理模式，都要牢记客户永远是企业之魂。"

越来越多的企业倡导以客户为中心，高喊"以客户为中心""以用户为中心""客户第一""客户为先"口号的企业上千万，很多都因为职能型组织天然厚重的部门墙导致出现各种问题和障碍，使得"以客户为中心"只能停留在理念和口号层面，在实践中无法实现对客户的快速响应。可以说，能做到真正以客户为中心的企业万里挑一。

7.1 组织需承载战略落地诉求

7.1.1 企业组织结构发展要匹配业务和战略

彼得·德鲁克在《公司的概念》一书中曾提到，随着企业规模的扩大，如果单纯依靠个别的管理者和领导者，组织是无法长久存在下去的，必须建立能够在普通人管理下持续运作的组织结构和形式。在《卓有成效的管理者》一书中，彼得·德鲁克补充说："组织的目的是使平凡的人做出不平凡的事。"

流程和组织要承载战略落地。我们之前提到，一把手的核心是做好"布阵、点兵、请客户吃饭"，其中布阵就是抓好组织、流程建设，布阵就是建设好管理体系。笔者认为组织就像作战队伍，而组织结构就是作战阵型，考虑的是如何布阵、如何把队伍组织起来，相互配合，高效协同，有效作战。作战阵型对于战役的胜利至关重要，同理，企业组织结构对业务有效开展和战略目标达成也至关重要。

自工业革命以来，随着社会的不断发展和进步、企业生产经营方式的不断变化、管理重点的不断调整，企业组织形态也在不断变化和演进，有直线型、职能型、事业部制、矩阵型、混合型等组织形态和方式。

20世纪末，受经济全球化影响，信息技术的不断更新和升级，改变了企业经营所需的资源结构和员工之间劳动组合的关系。同时，知识成为现代企业最重要的生产要素，企业知识的创造与积累主要依赖于人，人居于核心地位，发挥关键的作用。企业内部的管理重心、管理目标、管理手段和管理职能相应地发生改变，要求企业改变资源配置和权力分配，变革企业现有的集权、多层级管理的组织结构。

在这种背景下，企业新型组织形态不断涌现，组织形态变革的趋势也在不断加速，出现了如网络型组织、生态型组织、平台型组织、流程型组织等，它们基于互联网、云计算等技术手段，把员工、供应商和客户组成一个共同体，打破了传统组织形式的局限性，极大地提高了企业的灵活性和响应速度。当然流程型组织、平台型组织、学习型组织等从严格的意义上来讲并不是一种组织结构形态，而是在组织治理中植入了"流程""平台""学习"等对应的理念、思维和基因，使组织某种治理导向更突出，使组织更有效。

上面我们罗列了企业在发展过程中出现的几种典型的组织形态，每种组织形态都有其适用范围和优缺点。根据企业规模、业务类型、管理理念等因素，选择最适合的组织形态，才能提高效率、降低成本、赢得市场竞争。

没有最好的组织结构，只有最合适的组织结构。组织和团队打造的目的，就是为了产生更好的综合生产力、竞争力和快速响应的能力。这种情况下，企业要做的就是战略、流程和组织的匹配，形成好的组织结构，最终提高组织能力。

值得一提的是，未来新型组织的发展趋势是以"扁平化"和"智能化"为主要特征，借助数字技术和自动化设备实现生产流程的无人化、高效化，降低人员成本，提高效率，我们将在数字化转型变革章节展开相关内容。

7.1.2　职能型组织是以客户为中心的障碍

当我们开展流程化组织建设，打造真正以客户为中心的组织的时候，职能型组织的缺陷就会凸显出来。相对于流程化组织，职能型组织有天然部门墙，如何穿透，如何做到真正以客户为中心，是企业家心里的痛。职能型组织有如下突出问题：

（1）部门墙厚重：职能部门成为一个个权责和利益的孤岛，以管理者为中心或者官僚主义，可以冷落客户，但丝毫不敢怠慢"领导"。部门目标和利益高于整体目标和利益，组织不敢提挑战目标，其结果是各部门工作可能都是有效的，但整个流程运作却是低效的。职能部门权力过大，而流程责任人权力太小，致使部门墙越来越厚重。

（2）缺乏全局责任主体：无人负责整个端到端业务经营过程，执行任务或出问题时本位主义，只关心本部门工作，并以上级职能部门满意为准。职责不清，或政出无门或政出多门，议而不决，决而不行，行而不果。"铁路警察，各管一段"，不关心生产的产品或提供的服务整体上是否能真正满足客户的需求。

（3）各自为政，协作性差：各职能部门条块分割，各自为政，山头林立，不能力出一孔、利出一孔。业务和部门之间沟通、协调困难，信息不畅。尽管员工越来越优秀，但是矛盾却越来越多；尽管 IT 系统越建越多，但是信息共享却越来越困难。

（4）管控大于服务：组织僵化，机构臃肿，助长官僚作风。众多管理人员，众多"签字和审批"环节，大多数是不增值的监督和管控，为管控而彰显岗位价值和权力。

（5）对市场和客户的响应速度慢：不直接面向业务或支撑业务交付，对客户及市场竞争反应迟钝，员工感受不到外部市场压力，组织没有紧张感，内部之间的服务或支持响应迟钝。决策慢，行动慢，运作时间长、成本高，执行力低下，战斗力不强。

（6）集权而低效：管理者思想僵化，安于现状，墨守成规，不思进取，没有危机感，自我感觉良好，变革阻力大，自我变革能力差。管理层级多，组织架构复杂，命令和沟通渠道长，信息传递速度慢且容易失真。层层反馈，层层布置，决策迟缓，无法对客户需求做出及时、准确响应，人均效能低。

（7）员工技能单一，缺乏全局意识，适应性差：工作单调，"只扫门前雪"，员工缺乏积极性、主动性，责任感差，不能创造性地对变化环境做出反应。

职能型组织是当前多数企业的组织形态。企业在做大过程中，会催生各种部门，比如销售部、生产部、人力资源部、财务等，且还会催生很多下级部门。但大多数部门都只关心本部门的事和考核的 KPI，不关心客户。

比如，销售部门只做销售，生产部门只生产产品，开发部门只做产品开发，相互之间缺乏有效协同。销售不成功，会说是产品开发有问题，说产品很烂；产品部门会说是市场部门输入不够，客户需求不准，导致产品开发失败；市场部门会说销售部门没给自己信息，销售能力差。然后组织开始割裂，每个人都很忙，效果却不明显。其实客户并不关心企业内部运作，关心的是时间、速度、质量、成本，以及企业能不能解决问题，带来价值。这时候我们会发现，各部门关心的和客户关心的是不一样的，很难对齐。

7.2 流程化组织建设是做实以客户为中心的解决之道

7.2.1 如何真正做到以客户为中心是企业管理的痛

从客户价值创造的角度来看，客户的需求需要能够通过流程迅速、准确地传递和增值，并最终能够被高效满足。职能型组织存在的部门墙天然会割裂价值创造过程。如何使企业和组织能真正实现以客户为中心，而不仅仅是喊口号，成了企业家和管理者心里的痛。笔者认为，流程化组织建设是解决之道。流程化组织转型就是要从以本位为中心的管控型组织，向以客户为中心的服务型组织转型，做实以客户为中心。

我们之前提到，基于战略驱动的业务架构规划、流程设计及变革项目规划，解决了流程规划和能力构建对齐战略诉求、对齐业务模式诉求的问题，而流程化组织建设将解决流程和组织对准客户、对准价值创造的问题。

流程化组织（也称流程型组织）是以系统、整合理论为依据，为了提高对客户需求的反应速度与效率，降低产品或服务供应成本，建立的以业务流程为中心的组织形态。流程型组织的出现是时代发展和企业优化管理的必然。

20世纪八九十年代以来，全球经济一体化加大了组织业务活动的复杂性，加上外部环境的变化，组织面临的压力越来越大。面对挑战，各种管理理论和实践都在寻找更有效的组织模式，以适应时代的要求。另外，由于常见的职能型组织具有种种弊病，如部门设置割裂了完整的流程，员工感受不到外界的市场压力，只注重本部门目标的实现，忽视了整体利益和外部客户利益。

人们迫切需要新的管理理论，借助它的力量在企业中进行一场根本性的管理革命。因此，理论界和企业界都开展了多种形式的改革探索活动，力图通过组织类型的创新让组织焕发活力。

流程型组织便是其中的一种形式，它能够有效地帮助组织树立协作精神，持续改进流程，提高客户满意度。尤其在业务领域广、分支机构多的大型企业集团中，以关注客户为出发点，强调跨部门的流程协作，更是必要。

7.2.2　流程化组织建设与业务流程再造一脉相承

100多年来，管理史上发生了三次重大的革命。第一次管理革命就是泰勒的科学管理，极大地提高了劳动生产率；第二次管理革命就是日本的质量管理革命，让日本成为世界翘楚；第三次管理革命就是以哈默为代表的流程再造（BPR），让美国重新登上历史舞台。华为的流程化组织变革来源于迈克尔·哈默的流程再造理论。

流程再造是20世纪90年代最有影响的管理理论。1993年，哈默与詹姆斯·钱匹合著的《企业再造》一书出版，书中提出流程再造理论，掀起了企业流程再造的高潮，开启了第三次管理革命。"流程再造"一词迅速成为美国企业界的流行语。

根据迈克尔·哈默的定义，业务流程再造是对企业的业务流程（process）进行根本性（fundamental）的重新思考和彻底性（radical）重建，以便在成本、质量、服务和速度等方面取得显著性（dramatic）的改善，使得企业能最大限度地适应以顾客、竞争、变化为特征的现代企业经营环境。流程再造定义中特别强调根本性、彻底性、显著性和流程四个关键词。

业务流程再造有两条路径。一是"横向集成"，指横向集成活动，打破传统的职能型运作模式。横向集成要求实现从职能管理到面向业务流程管理的转变，实现团队工作方式，强调协作和组织。二是"纵向压缩"，指纵向压缩组织，压缩管理层级，使组织扁平化。纵向压缩要求建立扁平化组织，缩短管理者和员工、客户之间的距离；强调权力下放，向员工授权，充分发挥每个人在整个业务流程中的作用。

流程再造的核心思想是打破企业按职能设置部门的管理方式，将以职能为核心的传统企业，改造成以流程为核心的新型企业。流程再造主张选定对企业经营极为重要的几项企业管理过程和程序进行重新规划分析与设计，从整体上确认企业的作业流程，构建面向客户的业务流程，追求全局最优，而不是局部最优。

流程再造对企业战略、增值营运流程，以及支撑它们的系统、政策、组织、结构、文化进行重塑，并管理相关的企业变革，以达到工作流程和生产率的最优化，以及成本、品质、对外服务和时效上的重大改进，使企业绩效达到显著性的成长。流程再造的原则如下：

- 客户导向，站在客户的角度策划流程：把握客户的需求，满足客户，客户满意第一；贴近客户、反应灵敏、调整快捷；适应个性化需要。
- 从以职能为中心，变为以流程为中心，组织和职能服从于流程，流程决定任务，团队服务于流程。
- 通过对企业流程的构成要素进行重新组合，产生出对客户更有价值的结果。从客户的满意开始做起，是流程再造的一大特征。提高流程运作为客户所创造的价值，是流程再造的根本。
- 用"价值链分析法"对企业的业务活动进行分析。

流程化组织的产生和发展不是偶然的，其驱动力来自三个方面：第一个方面是组织外部的环境发生了变化，全球经济一体化，技术更新快，客户需求多样化，这些外部的变化都推动着组织的改变；第二方面是组织内部的驱动力，机构臃肿，部门之间互相推诿，存在部门墙，客户等待时间长，服务质量差；第三个方面是管理理论的发展，流程再造、价值链、核心竞争力等理论为流程化组织的诞生提供了丰厚的理论滋养。

我们之前提到的郭士纳用业务流程再造的思想和方法，成功重整IBM流程，让IBM起死回生。IBM在他执掌的9年间持续赢利，到2002年郭士纳离开时，IBM股价涨了10倍，年收入达870亿美元，跃升《财富》500强排行榜的前10名。

华为在1998年审议通过的《华为基本法》提到业务流程重整的

指导思想，提出"推行业务流程重整的目的是，更敏捷地响应客户需求，扩大例行管理，减少例外管理，提高效率，堵塞漏洞"。

华为在 1998 年启动流程化组织变革，到 2003 年，流程化组织变革终于给华为带来效果，华为收入逆市增长 26%，2004 年逆市增长 40%，2005 年增长 40%，2007 年增长 49%。到 2020 年，华为收入达 8914 亿元。

7.2.3 华为组织围绕作战实现端到端全流程打通

任总讲："公司组织变革的主要目的是避免官僚主义产生，增强作战能力。"华为强调针对不同的客户需求要用不同的解决方案、不同的流程、不同的组织结构、不同的资源配置、不同的激励机制。华为的组织形态随着华为业务的扩张，大致经历了如下几个阶段：

- 野蛮生长期的游击队组织：依赖个人经验和能力、依赖于英雄，运作不规范，成功是偶然。
- 规范运作期的职能组织：建立职能组织，但跨部门协作效率低，存在部门墙。
- 流程规范化时代：成功经验总结固化，依赖于跨部门的流程团队，基于项目化运作，成功概率提升。
- 全球化时期项目型组织：项目型跨部门团队运作模式，实现跨部门的大型团队工作协同，助力业务开疆拓土，稳健快速增长。
- 流程型组织：基于端到端的业务流，推动流程型组织建立，实现上下对齐、左右拉通，集成作战，成功由偶然变为必然。

目前华为内部存在着多种组织形态，比如平台型组织、流程化组织、铁三角组织、矩阵式组织、项目型组织、各种军团组织等，笔者认为这些组织形态本质是流程型组织在不同业务场景下的不同的呈现形态，或者是为了支撑流程型组织作战，实现大平台支撑精兵作战的目标衍生出来的支撑和使能组织，其最终目的是围绕作战实现端到端全流程打通。关于组织和流程建设，根据任总讲话，整理出了如下要点供大家参考。

- 公司主航道业务需要面对快速的内外商业环境、客户需求和产业变化。为了抓住机会，打造领先优势，作战队伍要能在任何情况下，产生适应性变化，但作战队列不能乱，这就是流程与矩阵。
- 在组织管理中，要加强流程型组织运作的建设，强调端到端的组织与运作横向打通，牵引纵向职能更好地优化各自的责任定位，更有效地组织各类人、财、物等资源，逐步实现"一线呼唤炮火、机关转变为服务与监督"。
- 组织建设要对准目标，而不是对准功能，齐全的功能会形成封建的"土围子"，我们的目标是"上甘岭"，要建设有力、精干的作战队伍。过去对准部门功能的建设思想要调整。各个部门要面向目标主战，将一部分必需的非主战功能移至平台，或与其他共享。
- 未来组织的结构一定要适应信息社会的发展，组织的目的是实现灵活机动的战略战术。

7.3 企业管理的目标是流程化组织建设

任总说："华为的宏观商业模式是，产品发展的路标是客户需求导向，企业管理的目标是流程化组织建设。我们所有的目标以客户需求为导向，充分满足客户需求以增强核心竞争力。我们的工作方法，其实就是一系列的流程化的组织建设。明确了目标，我们就要建立流程化的组织。"

之前提到，华为的流程化组织变革是 1998 年启动的。为了更好地实现从功能型组织到流程型组织的转变，华为于 1998 年 7 月开展了 IT S&P（策略与规划）咨询项目，在 IBM 顾问帮助下定义企业竞争定位、业务构想和变革愿景。1999 年 2 月，IBM 顾问团队 IT S&P 项目第三阶段交付为华为规划了未来 3~5 年需要实施的 8 个业务变革项目：（1）IPD；（2）市场管理；（3）MRPII（制造资源计划）改进；（4）全面供应链管理可行性；（5）售后客户服务；（6）项目投资管理；（7）成本核算；（8）预算与预测。

从 1998 年，华为开始聘请 IBM 进行流程改造，包括 IPD、ISC、CRM 等，借助流程改造和流程变革，打造流程化组织。

华为流程化组织建设强调要基于流程来设置组织，分配权力、资源和责任，使组织设置更加合理，组织能力更加匹配业务需要，管理简化，廉洁高效；强调坚持以流程为基础的组织改革，将权力部门转变为资源建设者，将业务专家群转变为流程运作者，淡化功能组织的权威。

华为所有的目标都是以客户需求为导向，业务流程化后，建立起流程化组织，公司就能快速响应，并最有效地运作，充分满足客户需求以增强核心竞争力。

笔者认为，正是在任总流程化组织建设的导向和要求下，华为在 IPD、ISC、LTC 等流程变革中才能较好地落地流程化组织建设的变革和管理要求，并形成 IPD 流程中 PDT（产品开发团队）、LTC 流程中大客户系统部、铁三角 CC3、销售项目团队和交付项目团队、客户联合创新中心，以及各类跨功能部门委员会，各类项目团队等流程化组织。IPD 和 LTC 流程变革成功的关键就是由原先的职能式组织运作方式，转变成 PDT 和铁三角 CC3 这样的重量级团队运作方式，聚焦客户需求，目标一致，形成一个作战单元和利益共同体。

近年来华为面向行业和客户群成立各类军团，比如先后成立煤矿军团、公路水运口岸智慧化军团、电力数字化军团、政务一网通军团、机场与轨道军团、园区军团、广域网络军团、数据中心底座军团、数字站点军团、数字金融军团、制造行业数字化系统部、公共事业系统部等，通过军团整合资源高效服务客户，为客户创造价值。

军团模式来自美国互联网公司谷歌，把基础研究的科学家、技术专家、产品专家、工程专家、销售专家、交付与服务专家全部都汇聚在一个部门，把业务颗粒化，缩短产品进步的周期。

任总希望通过军团作战，打破现有组织边界，快速集结资源，穿插作战，提升效率，做深做透一个领域，对商业成功负责，为公司多产粮食。这里面很多行业军团，就是由笔者之前所在的行业解决方案部演进而来，军团作战方式在笔者看来是流程化组织深化运作的体现。

华为流程化组织建设的理念和要求，同时也催生了"以功能为中心到以项目为中心转变""大平台支撑下的精兵作战模式""让听见炮声的人指挥战争""班长的战争""力出一孔，利出一孔"等组织变革，大大提升了华为响应客户、协同作战及服务客户的能力。

华为管控目标逐步从中央集权式，转向让听得见炮声的人来呼唤炮火，让前方组织有责、有权，后方组织赋能、服务及监管。华为将激励机制从基于上级评定的"分配制"逐步转向"获取分享制"，强调打破平衡、拉开差距，改变过去过于强调均衡的激励体系，使各级组织和员工从关注分配转变为关注如何将饼做得更大，多劳多得。

企业管理的目标是流程化组织建设，华为管理变革的目标就是打造从客户中来、到客户中去的流程化组织。所有的流程要围绕着组织的商业成功进行设计，而不是从管控的角度。建流程的目的就是为了打粮食，增加土地肥力。当组织的战略和商业环境发生变化的时候，要不断地自我变革，要把变革工作制度化、流程化。通过流程标准化降低对人的依赖性，不依赖于某个个人英雄，而是靠组织的体系去承载。

7.3.1　华为以客户为中心的流程化组织

华为所有的目标都是以客户需求为导向，充分满足客户需求以增强核心竞争力。华为认为基于流程来分配权力、资源及责任的组织，就是流程化组织。华为流程化组织有以下特征和要求。

（1）基于流程来设置组织，多余的组织要裁掉。流程定义角色及职责，组织承载流程的角色和要求，并分配资源来执行流程。流程与组织能力越匹配，流程运作就越顺畅、高效，管理也就越简单。评价流程化组织的标准是准确性和时效性，以及运作成本的降低率。按流程来设置组织就不会出现冗余和职责重叠，能够防止机构臃肿，避免陷入烦琐主义。

华为所有部门的设置，要回答的第一个问题就是该部门执行流程架构里的哪个流程，没有哪个部门游离在流程之外。流程里只定义角色，组织要承载流程角色。流程决定组织，就是组织首先要承载流程里面定义的各个角色要履行的职责。组织执行流程，承担流程角色才能"有位"，有存在价值，多余的组织要裁掉，人员要重新分配。

（2）基于流程来分配权力和责任，责任下移、责任前移，用流程解放管理者。流程角色不清，权力就没有办法下放；组织职责不明，流程就会流于形式，导致要么什么都要最高领导批准，要么增加很多控制环节和层次，出了问题就扯皮，谁都不对结果负责。

（3）真正的流程化组织是反官僚化的，是去部门墙的。流程定义的角色和要求清晰后，各级组织就要清楚自己在流程中承担的责任，安排合适的资源，及时、准确、高质量地完成流程要求的工作，保证流程目标的达成。流程化组织靠规则驱动而不是领导驱动，用流程解放管理者。

（4）按流程要求来分配合适的资源，资源要匹配业务和流程需要。实现组织资源的优化配置，流程才能高质量、高效地运作。安排不满足流程要求的资源来执行流程，比如让新员工或业务技能达不到流程要求的员工来承担流程角色，会增加工作时间，影响工作交付质量，导致延长流程完成周期，增加流程运作成本，影响流程的效率。所以，职能部门要不断通过培训、赋能来提高组织能力，匹配业务和流程需要。

（5）流程化组织是流程决定组织，而不是组织决定流程。所有组织要么必须工作在主流程中，要么就必须工作在支撑流程中为客户间接创造价值，否则就是没有价值的。在组织与流程不一致时，要改组织以适应流程，而不是为了组织专门设置流程。组织是为了业务和作战而存在的，而不是作战服从组织。流程决定组织，就是要因事设岗、因岗设人，从而消除冗余的组织和人员。

（6）流程化组织要能做到随业务的变化而变化。客户变了，业务变了，流程要改变，组织也要做相应调整。只有这样才能建立起满足客户需求的流程化组织，使得流程简洁、组织简单、业务响应快速、运作成本低，最终支持企业战略目标和业务目标的达成。

（7）基于流程规则，充分授权，让流程高效运转。围绕组织商业成功模式，设计端到端的业务流程及配套的支撑流程，然后基于流程中各角色的分工来分配部门职责和岗位职责。当主流程、子流程、关键业务活动和战略控制点的规则变得清晰后，权力就可以下放，让流程高效运转，然后通过预算、核算和审计的手段，确保权力按流程、按规则来行使。

华为的业务模式强调以市场为驱动、以客户需求为导向的研发。以营销拉动销售，以客户需求推动研发，以战略和业务目标驱动一线和产品线。这是华为组织变革的模式，其目的就是精兵简政，以提高作战能力，多产"粮食"。

要建设前端拉动为主、后端推动为辅的流程化组织，必须先从流程和客户端开始梳理。以客户为起点，要从一线开始梳理，也只能从一线开始梳理。所有支撑部门都应该是为一线作战部队服务的，一线业务不需要的就是多余的，要裁掉。

要以作战为中心，以胜利为目标，纵向减少组织层级，横向减少组织协调环节，精兵简政，提升组织作战能力和效率。根据华为流程及组织变革方向规划，华为未来的管理模式是所谓"大平台下的精兵作战"，即一线在充分授权的情况下进行高效决策。在这种分布式管理模式下，整个公司的管理架构、运作流程及IT建设都会发生改变。

组织能力越匹配流程要求，流程运作就越顺畅，组织效率就越高。要沿着企业的主业务流来构建公司的流程、组织及管理系统。针对主业务流的流程化组织建设和管理系统的持续优化，是企业的长期任务。企业需随着公司业务的变化，持续进行符合其运作规律的流程化组织建设和优化，并由IT支持这套管理体系的有效运作，最终目的是让组织更有弹性，适应业务的变化，更有活力，支撑企业的发展。

7.3.2 流程化组织运作特征和管理模式

我们之前说过，流程型组织、平台型组织、学习型组织严格来讲并不是一种组织架构里的具体形态，而是在组织治理中植入了某种理念、思维和基因，让各种组织运作更有效。比如流程化组织就是在组织治理上植入流程基因，更加突出"以客户为中心""基于流程进行管理""端到端全局最优""从管控到服务""以客户满意作为绩效和流程评价标准""围绕业务的流程团队协同工作"，实现"以客户为中心的业务集成作战"等特征。

流程化组织相比职能型组织，强调把流程作为管理对象，而不是把职能部门作为管理对象，强调把流程从职能组织的背后移到前面来，让流程面向客户更好地增值，直达客户，目的是让价值创造的业务流简洁高效。要实现基于流程管理，就要对流程活动重新梳理和重新组织，比如要将工作中的决策权下放到参与业务的业务团队中去，让与客户直接打交道的员工有充分的决策权来完成任务，这会涉及流程和组织的重构，以及权利、责任和资源的重新分配。

流程化组织并不是要取代职能型组织，两者互为补充，关键是把职能部门目标和流程目标（业务目标）统一起来。职能管理是目前组织管理的基础，是流程执行落地的基石，职能管理赋能流程团队高效执行。如图 7-1 所示。

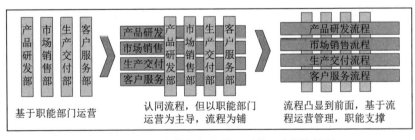

图 7-1　从基于职能部门的管理到基于流程的管理

军队中有两条管理线——军政线和军令线。其中军政线有管理权，比如各陆军、海军、空军和其他军种；军令线有作战指挥权，比如各战区具有指挥权。军队管理，强调指挥权与管理权分离。

企业中也有两条管理线——职能线和流程线。其中职能部门就类似于各军种，部门长官有管理权；流程化组织中的流程团队类似各军区，有作战指挥权。职能线管理权与流程团队的作战指挥权分离。流程化组织就是在这种指挥权与管理权形成的双向指挥系统的矩阵模式下，通过客户和业务驱动流程运营，穿透部门墙，实现高效的项目化运作。

流程团队是战区，负责打仗；部门是军区，负责练兵，职能部门为作战流程团队和项目配置合适的资源。构建职能部门养兵、流程团队用兵两大流程，明确各流程的范围、定位、职责、边界、关联协同机制，其实就是主战和主建分离，用兵和养兵分离，养兵在各职能部门、各资源中心和能力中心，用兵在各作战团队、流程团队。

流程化组织注重企业业务和管理活动的连续性，将业务决策点下放到业务流程执行的地方，以全流程的观点取代个别部门或活动的观点，打破职能部门本位，注重整体最优。团队协作模式充分发挥每个人在整个业务流程中的作用，以流程驱动工作，实现以客户为中心的业务集成作战。流程化组织的运作方式有如下特征：

- 在流程化组织中，各个角色之间是合作者关系，围绕实现业务流程的需求进行分工和协作，而不是通过行政命令来进行作业。

- 以业务流程为核心组建成不同的业务团队，直达客户，端到端完成企业整个价值增值过程，团队成员必须对团队的工作业绩负责。工作绩效由"客户"评价，而不是"领导"，更加关注客户满意度。

- 业务流程作为一个整体来直接面向客户，业务流程团队和成员有更大的自我管理权限，不再对职能部门的高层管理者负责，而是对流程负责，即对事负责而不是对人负责。

任总说："为什么我们要强调以流程型和时效型为主导的体系呢？现在流程上运作的干部，他们还习惯于事事都请示上级。这是错的，已经有规定，或者成为惯例的东西，不必请示，应快速让它通过。执行流程的人，是对事情负责，这就是对事负责制。"

通过流程化组织建设和运作，组织更加扁平化，管理层级大大缩减，减少了审核与监督，精简了人员，也减少了冲突，沟通变得水平和开放，组织变得横向化和扁平化，决策权下移和外移。

7.3.3 流程化组织建设目标

流程化组织强调基于流程进行管理，强调的是以客户为中心的经营理念和运营模式，以及以客户为中心的综合运营体系集成设计，包括文化、价值观、组织、人员、流程、IT、绩效等。流程化组织的核心要点是关注客户与价值创造，让价值创造业务流简洁高效，目的是实现商业成功。

流程化组织建设的最高境界是端到端所有业务都有流程支撑，所有流程实现IT化，所有作业、所有数据都被IT系统承载，而且从前到后都是集成、自动化和智能化的。

根据华为轮值董事长徐直军先生的理解，流程化组织建设的目标可以分解为：价值创造流程简洁高效、组织与流程匹配运作高效、管理体系集成高效、运营管理卓越、持续改进的质量文化与契约交付的项目文化已经形成。徐直军先生《谈业务、流程、IT、质量、运营的关系》在华为影响深远，笔者曾拜读多遍，深受启发，本书部分相关内容也有借鉴。

笔者根据自己多年对流程变革和组织变革的理解，进一步把流程化组织建设目标提炼为如下几个落地要点。

（1）价值创造流程简洁高效：强调打造服务战略，全局增值流程。

- 服务战略和业务的系统化流程架构：流程架构对齐业务形态，对齐战略成功要素和能力打造，承载战略及业务模式落地。

- 以客户为中心的端到端价值创造流程：价值创造流程需反映业务本质，从全局视角而不是从部门视角来进行规划和梳理，从客户需求端来到客户满意端去，确保全局增值，更好地满足和响应客户需求，赢得市场认同，并提升公司的竞争力。

（2）组织与流程匹配运作高效：要求建立流程落地保障机制。

- 集成作战的业务流程：以流程团队为单元进行协同作战，流程各角色之间不再是接力赛，而是足球赛。

- 大平台支撑精兵作战：职能平台化、平台服务化、服务标准化，更好地支撑市场一线、研发一线、交付一线的作战。

- 流程组织匹配机制：流程承载能力，组织承载流程，确保把能力落地到流程、组织和 IT 上。

（3）管理体系集成高效：需构建基于流程的管理体系。

- 管理要素集成协同高效：战略、关键成功要素、业务模式、业务能力、流程、组织、KPI、IT 和数据、质量和合规等管理要素高度集成，避免管理多张皮，减少管理孤岛。

- 端到端业务流程贯通：端到端增值的业务流程，高效贯通，高效衔接，没有堵点，没有断点。

- 统一平台 / 数据底座 /IT 应用集成：统一的数据平台和 IT 基础设施，确保各种数据和信息能够顺畅地在企业内外部流转。

（4）运营管理卓越：围绕流程持续经营。

- 责权利对等：基于流程进行责权利分配，基于业务而不是职能部门来配置资源，避免职能部门拥兵自重。

- 资源有效配置：合理配置资源，让业务主导作战，职能部门支撑作战。
- 流程管事，自我运行：流程成熟后，审批和决策的权力下放到执行团队，基于流程自我运行。

（5）持续改进的质量文化形成：形成全员改进质量文化，交付可管理、可预测、可复制，赢得客户信赖。具体内容将在"构筑持续改进质量文化"的章节展开。

- 基于流程的质量管控：将质量要求、质量标准和质量评估机制，纳入流程管理，在流程中进行质量策划和质量管控。
- 第一次就把正确的事做正确：基于成熟流程，一次把事情做对。
- 零缺陷质量意识：强调所有员工都要有"零缺陷"、追求卓越的质量意识，建立起"零缺陷"的质量文化。

（6）契约交付的项目文化形成：项目化／项目制成熟运作，项目管理文化形成，项目管理和项目交付能力成熟。具体内容将在"构建项目型企业"的章节展开。

- 项目化／项目制成熟运作：项目管理相关流程、机制、IT 平台完善。
- 项目管理文化形成：项目组合、项目群、项目有序和有效管理，支撑战略和业务目标达成。

7.4 流程化组织变革要点

所谓流程化组织，就是流程决定组织，以流程为导向，去重新思考每一个部门和组织的存在价值，以流程为导向重新搭建团队，建立委员会、跨部门团队，让职能部门变成资源部门，让一线员工能够有权力呼唤炮火。企业运营管理的重心是价值创造的业务流，而不是职能部门，职能部门存在的意义是为价值创造更有效地配置资源。

流程化组织是任总对集权性管理的深刻反思，任总讲："改革的结果就是把最高领袖杀掉。改革把所有的权力都放到流程里面去了，流程才有权力。最高领袖没有权力，最高领袖只能做规则。"他提出管理者要站在河上，"子在川上曰，逝者如斯夫"。管理者只能灌溉，不能做大坝，不能介入员工管理，要让员工以客户为中心高效地完成工作。所有的流程都要端到端，集成高效，直接穿透公司各个部门。

流程变革，文化先行。职能型组织向流程化组织的转变是组织方式的颠覆式发展，是一场典型的组织转型变革。组织文化发生根本变化是流程化组织变革的基础，也是目标。笔者之前提到"正直、积极、进取和创新的价值观导向与企业文化才能孵化出好的战略"，同样，好的文化土壤才能培育出好的流程。如果没有建立以客户为中心、打造端到端流程的意识，认知不到流程是为业务服务，而不是为了管控业务；意识不到流程是强调协作，强调端到端的集成作战，而不是段到段的界面分工，那就很难跑出好的业务实践，或者说很难设计出好的流程。即使设计出好的流程，或者引入外部好的流程实践做参考，也很难落地。

7.4.1　建立以客户为中心的全流程意识

企业的生存是靠满足客户需求，提供客户所需的产品和服务并获得合理的回报来支撑的。为客户服务是企业存在的唯一理由，以客户需求为导向，是企业践行以客户为中心经营理念的体现。

客户需求是商业变革的根源，商业的本质就是抓住不断变化的消费者和客户，所有的管理和流程变革都应以客户为中心。以客户为中心，以客户需求为决策的出发点，是企业建立市场竞争优势的关键。新需求产生新品类，新品类催生新品牌，最终构建出新市场，当下及未来，只有真正做到"以客户为中心"的企业，才能在市场竞争中脱颖而出。企业需要坚持做好用户运营，从根本上改变与消费者和客户互动的方式，寻找客户触点并与之全面建立连接，主动感知需求变化并及时响应。

什么是客户想要的和在乎的？站在客户角度，其实客户要的就是"高质量、快速响应、低成本"的服务，华为就是把满足客户需求的整个过程流程化运作。客户对企业内部运作不会感兴趣，客户感兴趣的只有最终呈现的结果是否满足他们的要求。以结果而不是过程论成败、以价值评高低，正是客户的这种天生的属性催生了以流程化组织建设为中心的企业。因为只有这种从客户需求端来，又回到客户需求端去的流程组织，才能适应客户的这种天生的属性。

客户需求是企业发展的原动力，流程要对准客户。流程梳理和优化要从客户端开启，一切为业务和前线着想，减少管控点设置，精简不必要的流程，精简不必要的人员，组织就能形成合力，提高运行效率。

建立以客户为中心的全流程意识，要求流程、组织和经营管理体系的建设要以客户为中心，对齐客户，贴近客户、匹配客户要求，关注客户体验和服务质量，能够更好地满足客户的需求，提高客户满意度，服务好面向客户的价值创造和价值传递。以客户为中心的流程意识，体现在如下方面：

● 客户满意是衡量一切工作的准绳，以客户是否满意来衡量工作成效。客户满意是企业生存的基础，一切行为价值以客户满意度为评价依据。建立以责任结果为导向的价值评价体系，以为客户提供有效服务作为价值贡献评价的标尺。

- 流程、组织及管理体系设计应对准业务和作战，服务于客户。流程和管理体系不仅是管控和约束，更重要的是为了满足业务需求和作战需要。流程和组织的设计首要原则是为作战服务，需对准业务，对准作战，对准客户服务和业务增值。

- 以客户为中心，时刻铭记企业存在的唯一理由就是为客户服务，为客户创造价值。企业存在的目的就是为客户创造价值。以客户为中心要体现在：主动、认真倾听客户的声音；识别客户的痛点和问题，准确把握客户需求；依据客户需求来开展各项工作；为客户交付符合客户和质量要求的产品或服务，以为客户创造价值为核心。

- 流程增值要对准客户，不能给客户带来价值或增值的流程和活动，就是无效的流程和活动。"以客户为中心"的理念要求企业的流程要围绕客户需求展开，并在每一个环节上强调增值效果，这样才能为客户真正带来价值。不能给客户带来增值的流程和活动就是无效流程和无效活动，无论多么辛苦，付出了多大代价。

- 以客户为中心要坚持从客户视角思考问题，解决问题。在"以客户为中心"的理念下，企业务必要求员工具备从客户角度思考问题、寻找问题答案的意识，比如：需求痛不痛，解决方案是否有价值，产品是不是客户想要的并愿意为之买单，等等。企业应该善于聆听客户的声音和真正理解客户需求，设身处地，将心比心，只有具备同理心，与客户同频，才能准确把握客户需求和痛点，及时做出相应的改善和调整。

- 以利他思维对待客户，通过成就客户，成就自我，为客户成功全力以赴。以客户为中心的企业应该具备"利他思维"，即将客户的利益放在第一位。华为内部经常说"把困难留给自己，把方便留给客户"，"为客户提供有竞争力的产品和服务，使客户保持领先地位"，就是一种以客户为中心的思维。企业需要通过不断提高交付质量、服务质量来满足客户需求，赢得客户，从而实现自身的发展和壮大。从客户角度出发寻找解决方案，并用创新的方法引领所处行业的发展，帮助客户更好地实现个人及企业的价值目标，才能真正做到"成就客户，成就自我"。

7.4.2　打造端到端业务流程

为了让流程完整地反映业务本质，就要站在全局的视角审视理解流程，让流程对准客户，从客户需求到客户满意，达到全局最优。

端到端业务流程强调在流程化组织转型变革过程中，要打破职能部门本位，站在全局视角对流程效率进行审视，按照以客户为中心的原则，构建最佳的业务流程，实现端到端优化。

传统组织结构中，各部门通常都有自己的任务和优先级，容易形成孤岛，不利于流程协同。而在流程化组织中，强调以客户为导向，从整体上看待业务流程。以全流程观点取代个别部门或活动的观点，打破职能部门本位，注重整体最优。

端到端业务流程相比段到段流程，更强调客户和价值导向，强调横向拉通和全局最优，有如下导向：

- 客户导向，而不是管控导向：强调流程要关注客户的价值诉求，关注客户体验和满意度，而不是基于职能部门专业管控要求来设计，要把客户导向落到实处，而不仅仅是喊口号。

- 价值导向，而不是任务导向：强调基于流程的价值与目的定义流程与要求，而不仅仅是关注分配的任务是否完成。
- 横向拉通，而不是分散割裂：强调从需求到满意的全流程价值链，全程贯通，而不是部门导向的流程建设，造成缺失、割裂、重复。
- 全局最优，而不是局部最优：强调以全局最优原则设计流程绩效目标，并进行子流程拆解，而不是单独设计各分段绩效目标，造成目标之间不集成、不一致。

7.4.3 从管控型向服务型组织转型

我们之前提到，流程的核心目的是为客户提供增值，不是方便内部的管控。流程是支撑业务成功的，所有的流程要围绕着组织的商业成功进行设计，建流程的目的就是为了组织能多打"粮食"，增加土地"肥力"，不是为了有效管控。

服务型组织转型要求从为客户创造价值开始，将传统的职能部门从管控转变为支持和服务平台，从以权力为中心向以客户为中心转型，从管控文化向服务文化转型，从以本位为中心的管控型组织向以客户为中心的服务型组织转型。要站在全局视角审视流程效率，打破职能部门的本位观念，注重整体最优。在流程化组织转型变革中，企业需要重视价值创造，将客户价值放在最重要的位置。

集团总部职能平台部门需要从管控型向服务、支持型组织转变，加大向一线授权，让听得见炮火的人来决策，支撑好一线业务作战。组织是为了满足前线作战需要而设置的，并不是越多越好、越大越好、越全越好。减少平台部门，减轻协调量，精简平台人员，这样效率才会提高。职能部门能否很好地支撑跨部门流程团队管理可以从如下几个方面评估：

- 职能部门主管是否关心并支持业务，比如产品规划开发、市场拓展、产品/服务交付等。
- 职能部门对代表业务的跨功能团队的支持如何？团队工作是否得到重视？
- 职能部门管理层是否与流程团队负责人一起，根据业务组合管理的优先级和资源管道为流程或项目配备人员？提供的人员是否满足流程和团队技能要求？
- 团队的工作是否有效？如职能部门代表能否有效代表他们的部门？并且他/她在所有管理体系团队中的工作均能得到本部门的支持？
- 职能部门主管是否关注人员培养、职能部门运作、职能部门策略，以及与其他部门和公司业务的衔接？

7.4.4　流程化组织的规划和落地

流程化组织有"对准战略，以客户为中心，端到端最优，服务业务，项目化运作"等特征，在管理体系、流程和组织设计时要加以考虑。

在业务架构分析中，识别出支撑价值流的关键能力后，能力需要组织来承载，岗位设置在组织中，岗位对应流程的角色，由流程角色执行流程中的活动，进行价值创造。流程确定角色，组织承载角色，流程与组织匹配才能运作高效。

主业务流是直接为客户创造和传递价值的价值流，所有组织要么必须工作在主业务流中，要么就必须工作在支撑价值流的使能流程中，否则，这样的组织就是多余的组织。各职能组织如何参与和支撑呢？项目化运作是最有效的方式，项目就是最基础的管理单元，执行价值流的是项目/项目群。因此，各职能组织都需要参与到为客户创造和传递价值的跨功能部门项目中，共同为客户创造价值。基于以上理念和要求，流程化组织需要加强如下设计：

- 基于战略梳理业务流和关键能力：从战略出发，基于战略设计所选择的业务模式，确定主业务流，识别业务流关键能力，基于关键能力差距和优先级确定变革规划。
- 组织设计和流程匹配：基于变革，进行流程设计，并基于组织设计原则进行组织设计和流程匹配。
- 价值创造的流程团队设计：围绕端到端业务涉及的流程角色，设计匹配业务开展的流程团队，通过以项目为主的流程团队执行主业务流程，端到端集成作战，从而满足客户需求并实现资源投入产出最大化。
- 职能部门使能流程团队运作：每个职能组织都要对端到端结果负责，而不是段到段，各组织之间不是接力赛，而是类似足球赛，共同参与项目。通过项目组的跨职能组织的运作，一起执行主业务流，直接面向客户，为客户创造价值，以实现业务目标。

任总要求，要明确职能组织和作战组织的职责关系，认为："能产粮食、直接做事的组织是作战组织，不能直接产粮食、发文要求别人做事的就是职能组织。谁说自己不是职能组织，那就不允许你发号施令。你不发号施令，别人也能够产粮食，你就是多余组织。若你是职能组织，不发号施令，而影响了产粮食，就是失职。"

第 8 章
构筑持续改进质量文化，打造值得信赖的成熟组织

任总说："质量是第一生产力，我们要坚持这样的路线。华为最重要的基础就是质量。华为要的是领先、是领导者。华为要瞄准高质量前进，敢于投资，要以胜利为中心，不以省钱为中心。这个时代的特征就是高质量，一定要永远围绕高质量，提升我们的能力。"

我们往往不具备第一次把事情做正确的能力，因为流程成熟度太低，所以组织的纠偏成本太高。流程解决的就是用正确的方法去做事情，第一次就将正确的事情做对。

8.1 如何理解质量及质量管理

2013 年，笔者因为要参加华为质量运营 5 级专家认证，报考了美国质量学会（ASQ）注册质量工程师（CQE）认证。美国质量学会的愿景是"使质量成为全球优先事项"，其发布的《注册质量工程师手册》是注册质量工程师认证必备教材。

《注册质量工程师手册》里有质量学会对其会员和被认证人员的道德规范准则，比如"在为公众、雇主、顾客和客户服务的过程中保

持诚实与正直""将社会公众的安全、健康与幸福作为衡量自身质量职业生涯业绩的最高准则""应用知识和技能提升人类幸福"等。其中有一条要求时刻记住："你的行为任何时候都不应该让供方、雇主（下级、同事、主管）、顾客及自己处于尴尬境地。"

这句话引起了笔者内心深处的共鸣，仿佛"众里寻他千百度，蓦然回首，那人却在，灯火阑珊处"的感觉。因为笔者从事工作以来一直在践行这句话的理念和要求，但却苦苦没能找到好的表达。在工作中笔者思考最多的一个问题就是：如果我或者我的团队这样做，会不会对我的团队，组织或者所服务的企业带来伤害或者尴尬。同时笔者常常因为能给团队、组织或者服务的企业带来能力增长、荣誉、业绩增长或项目成功、市场胜利而兴奋不已。

8.1.1 质量可以兴业兴国

质量是质量管理中最基本的概念。"质量"一词所包含的内容十分丰富，随着社会经济和科学技术的不断发展，其内涵也在不断地被充实、完善和深化。

目前关于"质量"一词的定义来自 ISO 9000：2015《质量管理体系基础和术语》，其认为质量是一组固有特性满足要求的程度。

定义中的"固有特性"是事物本来就有的，它是通过产品、过程或体系设计和开发及其之后的实现过程形成的属性。"要求"是指利益相关方提出的需要满足的需要和期望，它包括明示的（如明确规定的）、通常隐含的（如组织的惯例、一般习惯）或必须履行的（如法律法规、行业规则）。由此可见，质量的内涵是由一组固有特性组成，并且这些固有特性是以满足客户及其他相关方所要求的能力加以表征。因此我们说，质量具有经济性、普适性、时效性、相对性和满意性特征。

- 经济性：质量与成本不是对立的，质量满足要求总体成本最低。
- 普适性：质量定义和质量管理不只是适用产品，对服务质量、工作质量等均适用。
- 时效性：由于技术发展及市场竞争的原因，客户和其他相关方的需求和期望是不断发展变化的，例如，原先被客户认为质量好的产品会因为客户要求的提高而不再受到客户的欢迎。因此，应不断地完善质量的要求。
- 相对性：不同的客户和其他相关方可能对同一产品的功能提出不同的需求，也可能对同一产品的同一功能提出不同的需求。需求不同，质量要求也就不同，只有满足需求的产品才会被认为是质量好的产品。
- 满意性：质量一定要关注客户的体验和感知，而不只是关注自己的产品质量如何，目标是使客户满意。华为认为的客户满意是指充分理解客户的需求并及时有效地满足它，甚至超越客户的需求和期望。

通用电气前CEO杰克·韦尔奇认为，"质量是维护顾客忠诚的最好保证"。产品和服务的质量最终决定了顾客对每个产品品牌或企业的忠诚与认同水平，换句话说，顾客购买的是质量。客户感知的质量与产品本身的质量不是一回事，它源自顾客的主观感受，是与市场中的其他商家所提供的价格与价值的比较，是比较质量、相对质量。

日本经营之神松下幸之助说："产品的质量是与一个国家的发展、国民经济生命攸关的问题。可以说产品质量是关系到国计民生的重大问题。"

世界著名质量管理大师约瑟夫·朱兰博士曾指出："20世纪是生

产率的世纪，21世纪是质量的世纪，质量是和平占领市场最有效的武器。"

当前"高质量发展"已经成为国家战略的关键主题，成为发展中要考虑的优先事项。在国家十四五规划中，"高质量"已经成为一个关键词，比如：高质量供给、服务制造业高质量发展、高质量就业、民营企业高质量发展、超大特大城市高质量发展、高质量发展先行区、高质量教育体系、高质量就业等，质量强国战略成为中国式现代化道路的重要支撑。

质量是立业之本、强国之基。没有质量，谈何信誉；没有信誉，谈何增长；没有增长，谈何超越；没有超越，谈何领先。信誉来源于哪里？笔者认为，信誉来源于每次给客户交付的产品和服务都是及时、高质量和满足客户需求的，这需要成熟的流程和团队来保障。质量关乎企业乃至一个民族产业、一个国家的成败，企业唯有牢牢抓住质量这个生命线才能立于不败之地。

8.1.2　质量管理发展阶段和脉络

质量管理国际标准的定义是指"在质量方面指挥和控制组织的协调的活动"，简单理解就是为实现质量目标进行的管理活动，通常包括制定质量方针、质量目标及质量策划，质量控制、质量保证和质量改进。质量管理就是一种方法，它将组织中的各个要素集中起来，使它们一同发挥作用，整合组织的管理能力、技术潜力和员工的技能，从而实现企业在质量上的持续成功。

从20世纪初泰勒提出科学管理理论，质量管理已经有近百年的发展史，经历了质量检验、质量控制、质量保证、全面质量管理等阶段，涌现出休哈特（提出统计控制理论）、戴明（提出质量改进观点）、费根堡姆（提出全面质量管理）、克劳士比（提出"零缺陷"概念）等大师。随着 ISO 9000 系列质量管理标准问世、六西格玛管理问世、"大质量"概念形成，到朱兰博士将 21 世纪称作质量的世纪，质量管理逐步成为企业获得核心竞争力的管理战略。质量管理发展主要有四个阶段：

- 质量检验（QI）：认为"质量是检验出来的"。强调结果导向，通过产品大量生产、事后检验，产生大量不良品，质量失效成本高，允许浪费。
- 质量控制（QC）：认为"质量是制造出来的"。强调过程导向，将质量检验融入产品形成的过程中，有了质量统计工具及检验性预防，防止了大批量的不良品产生。
- 质量保证（QA）：认为"质量是设计出来的"。强调源头导向，管理好源头。对产品质量的控制重点体现在产品生产前的设计开发和验证等质量预防中。
- 全面质量管理（TQM）：认为"质量是管理出来的"。强调流程导向，全员参与。认为要经营质量管理文化，第一次就把事情做对（零缺陷），持续满足客户需求，持续改善。

8.1.3　质量概念的演进及质量管理新认知

随着社会生产力的发展和供需关系的改变，质量的定义也从符合性质量、适用性质量、满意性质量到卓越绩效质量，不断调整、演变和丰富，随之诞生了现代企业质量管理的新理念。

符合性质量：供不应求的时代（20 世纪 40 年代），主要以生产者的视角定义质量，质量概念以符合现行标准的程度作为衡量依据，符合标准的产品质量就合格，符合的程度反映了产品质量的水平，强调质量一致性。

适用性质量：供大于求时代（20世纪60年代开始），从使用的角度定义产品质量，开始关注客户，逐步把客户需求放在首位。适用性质量概念以适合客户使用需要的程度作为衡量的依据，即是否适合使用。

满意性质量：竞争加剧时代（20世纪80年代），质量管理进入全面质量管理阶段，将质量定义为"满足客户明确和隐含要求的能力"，体现"以顾客为关注焦点"的原则。把焦点完全聚焦在客户，以实现客户满意为目标；不只局限于产品质量，而是扩展为普适性的质量。

卓越绩效质量：经济全球化时代（21世纪以来），满足客户和其他相关方的要求，质量的衡量需要体现顾客价值，追求顾客满意和顾客忠诚，还要降低资源成本，减少差错和缺陷；既要高质量，又要高效低成本，其实质是为顾客提供卓越的、富有魅力的质量，赢得顾客的同时，还要保持企业竞争力。

如何更好地理解质量的价值，可以从如下两个角度来看。

一方面，质量意味着满足顾客需要，较高的质量使公司能够：（1）提高顾客满意度；（2）使产品畅销；（3）应对竞争要求；（4）增加市场份额；（5）提高销售收入；（6）卖出较高价格；（7）提高产量和产能等。

另一方面，质量意味着免于不良，较高的质量使公司能够：（1）降低差错率；（2）减少返工浪费；（3）减少现场失效和保修费；（4）减少顾客不满和客户投诉；（5）减少检验成本；（6）缩短新产品上市周期。

8.1.4 质量管理支撑企业经营迈向新高度

企业向客户与用户交付和提供的是产品和服务，质量管理本质上是为了建立差异化的业务优势，最终实现产品和服务的质量溢价。管理思想家汤姆·彼得说，"质量等于利润"。质量对企业经营价值的体现，大致可以分为三个层次，可以理解为三种境界。

层次一：预防重大风险。把质量与成本简单对立，质量与企业经营的纽带关系主要关注在劣质成本上。早期的发展阶段，质量管理的目的是预防重大质量风险，构建与客户的信任关系。

层次二：形成质量竞争力。通过质量赢得客户的满意和忠诚，想形成质量与企业经营的纽带关系，主要关注客户满意。如果客户感知到的质量优于竞争对手或者处于行业领先地位，企业就可以赢得市场优势。该层次的质量可以获得更高的价格和更大的市场份额。

层次三：实现质量和品牌溢价。质量是公司的战略和文化品牌，质量与企业经营形成纽带关系，是企业品牌价值或产品及服务价值的形成，以及企业长期贯彻其质量政策的结果。

企业竞争的核心是质量竞争。21世纪是质量的世纪，越来越多的企业认识到质量是企业的生命，质量是一切的基础。企业需要把质量作为战略和核心竞争力，坚持质量第一原则，从始至终为顾客提供质量满意的产品和服务，只有牢牢抓住质量这个企业的生命线，通过质量创造和传递客户价值，以此做出经营、机构重组以及资源投入等方面的决策，实现客户满意和卓越绩效的目标，支撑企业的持续成功，才能立于不败之地。

企业不仅产品质量要达到优异，达到用户的要求，还必须以优异的服务来满足用户的需求。在产品质量上，不仅功能和性能要符合标准，还要不断满足用户对功能和性能以外的新要求。不仅要满足用户物质上的要求，而且要创造具有魅力的质量，超越客户期望，使客户获得精神上的享受。

面对环境的巨变与管理上的挑战和机遇，质量管理体系转型升级是赢得客户和市场的关键，是企业迫切需要研究和解决的课题。企业一把手和管理层需引领组织向"质"的管理模式转变，建立让客户满意的经营理念和质量文化，增强质量使命感和责任心，死磕产品和服务质量，死磕客户体验。这是对企业领导人的要求，也是企业建立与其他竞争对手差异化优势的机会。要以用户体验为中心，不断提升质量竞争力，才能实现质量溢价。

任总要求："质量是第一生产力，我们要坚持这样的路线。"华为企业和产品的品牌形象、品牌声望、品牌口碑、品牌信誉就是靠产品、解决方案和服务的竞争力与过硬的交付质量、优异的客户体验打出来的，而不是靠做广告得来的。

8.2 华为如何构筑质量管理体系

8.2.1 华为质量管理体系发展阶段

华为认为，"企业存在的目的就是为客户创造价值"，"客户是公司赖以生存的基础"。"以客户为中心"是华为的核心价值观，为客户服务是华为存在的唯一理由，实现客户满意和卓越的经营绩效是质量管理的目标。

华为通过向客户提供满足其需求的产品和服务以传递客户价值，客户满意的同时华为也取得商业的成功。华为认为，质量是向客户传递的价值中最基础也是最核心的价值，质量是客户最基本的要求，是客户不会明显提出却永远不会妥协的需求，因为质量是缺省就必须具备的。

质量管理体系是企业管理体系中最重要的组成部分，它通过提供满足要求的产品、解决方案和服务，为组织实现战略和目标，达成客户满意及企业永续成功，提供了一个系统的框架和蓝图。华为的质量管理体系建设是一个持续长期投入的过程，总体上经历了四个阶段。

第一个阶段：流程管理，强调基于流程进行质量管理。IPD 和 CMM（能力成熟度模型）是全球通用的语言体系，使得客户可以理解华为的质量体系，并可以接受华为的产品与服务。华为 IPD、ISC、ITR（从问题到解决）三大流程分别建设研发、供应链、交付的质量体系架构，让质量管理活动有效地融入各主要业务流程当中，基于业务流程构建质量管理。比如：在生产过程中，由于人的不同会导致产品有很大的差异，基于流程的质量体系可以通过严格的业务流程来保证产品的一致性。

第二个阶段：标准量化，强调建立产品质量标准。华为在为不同的客户服务时，会仔细了解其标准，再将标准信息反馈到设计、开发、生产制造环节。标准量化在流程基础上，强化了产品标准对于质量的要求，通过量化指标让产品得到客户的认可。比如，华为根据欧盟相关标准梳理设计、测试和制造各环节产品标准，建立明确的质量标准。

第三个阶段：零缺陷管理，强调全员参与的质量文化。华为开拓日本、韩国等市场时，来自这些市场的客户的苛刻要求让华为对质量有了更深入的理解。在日本客户看来，无论是百分之一还是千分之一的缺陷，只要有缺陷就有改进空间。在流程和标准之外，需要一个大的质量体系，更需要一个企业质量文化的建设。2007 年，华为中高层管理者在质量高级研讨会上，以克劳士比"质量管理四项基本原则"（质量定义、质量系统、工作标准、质量衡量）为蓝本确立了华为的质量管理原则，统一了质量认识。

第四个阶段：以客户体验为导向的闭环，强调以客户为中心。日本的卡诺博士定义了三个层次的用户需求：基本型需求、期望型需求和兴奋型需求，他是第一个将满意与不满意标准引入质量管理领域的质量管理大师。这就要求在基础质量零缺陷之外，还要重视用户的体验。也正因为以客户为中心的闭环质量管理体系，华为在 2016 年 3 月获得了"中国质量奖"。

华为质量管理体系的形成过程中，借鉴了日本、德国的质量文化，建立了遵循规则流程、一次把事情做对、持续改进的质量文化。目前质量管理在华为已经上升为公司战略，是长期要抓的工作重点。

华为轮值董事长徐直军在华为内部发布 2023 年的新年致辞时强调"坚持以质取胜"，要求"制裁常态化下的华为，更要坚定华为是 ICT 行业高质量的代名词不动摇，更需要以质取胜。要进一步深化基于 ISO 9000 的全面质量管理，对准客户需求，以战略为牵引，实施全员、全过程、全价值链的质量管理，持续为客户创造价值。要把质量要求和质量管理延伸到我们这些年重构的供应链各环节，加大投入，通过共同的质量进步和质量提升来构筑面向客户的高质量"。

华为认为质量是公司的立身之本，以质取胜是华为坚定不移的核心战略选择，要求业务领导和各级管理者落实质量担责，发挥质量领导力作用；强调将质量要求，包括产品质量、服务质量、合同质量、网络安全和隐私保护、人身安全、合规要求等构筑在各业务流程中，构建起端到端的质量管理体系；强调将质量要求和质量管理延伸到供应商、分包方和合作伙伴等相关方，推动整个产业链的进步，构筑面向客户的高质量。正是这样长期持续的在质量领域的投入，成就了华为优质的产品和服务质量，助力华为赢得客户和市场的信赖。

8.2.2 华为构建大质量体系

早在 1998 年，华为就在《华为基本法》中明确了质量基本目标、质量管理和质量保障体系的相关条文。其中提到："我们的目标是以优异的产品、可靠的质量、优越的终生效能费用比和有效的服务，满足顾客日益增长的需要。质量是我们的自尊心。""优越的性能和可靠的质量是产品竞争力的关键。我们认为质量形成于产品寿命周期的全过程。因此，必须使产品寿命周期全过程中影响产品质量的各种因素，始终处于受控状态；必须实行全流程的、全员参加的全面质量管理，使公司有能力持续提供符合质量标准和顾客满意的产品。"

华为认为的质量不仅仅是产品质量，而是一个大质量体系，包括基础质量和用户体验，不仅要把产品做好，还要持续不断地提升消费者的购买体验、使用体验、售后服务体验，把产品、零售、渠道、服务等端到端每一个客户和消费者能体验和感知的要素都做好。构建华为大质量体系是任总基于质量管理体系以及质量文化的深刻理解做出的战略决策。如下是任总对大质量体系的要求，值得借鉴：

- 华为要加强质量文化的建设，在质量建设上要走向新领域的研究，建立起大质量管理体系。没有好的产品文化，就没有好的产品。大质量管理体系需要介入到华为的思想建设、哲学建设、管理理论建设等方面，形成华为的质量文化。

- 华为所有业务的本质是实现高质量，高质量的实现是需要投入高成本的，一定要明白我们要的是胜利。要实现高质量，必须有大质量体系，大质量就是全面质量管理，端到端的质量哲学系统。

- 要和世界上最好的公司合作、和世界上最优秀的人在一起。要利用世界上一切优势的资源、一切先进的工具和方法、一切优秀的人，实现高质量。

- 每个人都愿意兢兢业业地做一些小事，这就是德国、日本的质量科学，没有这种文化就不可能有德国、日本这样的精密制造。华为要借鉴日本和德国的先进文化，最终形成华为的质量文化。

- 要建立起大质量体系架构，在中国、德国、日本建立大质量体系能力中心。要从以产品、工程为中心的质量管理，扩展到涵盖公司各个方面的大质量管理体系。

2017 年，华为开始全面建设和实施大质量管理，大质量就是基于 ISO 9000 的全面质量管理，即对准客户需求，以战略为牵引，实施全员、全过程、全价值链的质量管理。华为确定了"让华为成为 ICT 行业高质量的代名词"的质量目标，提出了"质量优先，以质取胜"的公司质量方针，并制定了相关质量战略。

华为质量方针

（1）时刻铭记质量是华为生存的基石，是客户选择华为的理由。

（2）我们把客户要求与期望准确传递到华为整个价值链，共同构建质量。

（3）我们尊重规则流程，一次把事情做对；我们发挥全球员工潜能，持续改进。

（4）我们与客户一起平衡机会与风险，快速响应客户需求，实现可持续发展。

（5）华为承诺向客户提供高质量的产品、服务和解决方案，持续不断让客户体验到我们致力于为每个客户创造价值。

华为质量战略

（1）华为视质量为企业的生命。质量是我们价值主张和品牌形象的基石，也是我们建立长期及重要客户关系和客户黏性的基石。

（2）打造精品，反对低质低价。以最终用户体验为中心，从系统、产品、部件、过程四个维度，构建结果质量、过程质量和商业环境口碑质量。

（3）借鉴德国、日本质量文化，与华为实际相结合，建设尊重规则流程、一次把事情做对、持续改进的质量文化。

（4）把客户要求与期望准确传递到全球合作伙伴并有效管理，与价值链共建高质量和可持续发展。

（5）尊重专业，倡导工匠精神，打造各领域世界级专家队伍。

（6）人人追求工作质量。不制造、不流出、不接受不符合要求的工作输出；不捂盖子、不推诿、不弄虚作假、基于事实决策和解决问题。

（7）落实管理者质量第一责任，基于流程构建质量保证体系，建设能适应未来发展的大质量管理体系。

8.2.3 华为质量管理理念形成

华为对质量及质量管理的理解受克劳士比质量理念的影响比较大，包括克劳士比在《质量无泪》《质量免费》等著作里提到的一个核心、两个基本点、三个代表、四项基本原则。

20世纪70年代的美国工业界眼睁睁地看着以电视为主流的家电市场被高品质的进口日货打得阵脚大乱，当时美国国内一方面有提高品质的呼声，另一方面却又有"提高品质必将增加成本，而使得竞争力更加脆弱"的顾虑。这样的顾虑看似言之有理，但当时任ITT（一家全球化的企业集团）品质副总裁的克劳士比却力排众议，针对这项顾虑提出了"质量免费"的卓见。

1979年起，随着《质量免费》这本书的发行及畅销，美国工业界对品质的觉醒与认同加速。在《质量免费》一书中，克劳士比提出一个响亮的口号"DIRTFT"，即第一次就把事做正确（DO IT Right The

First Time）。

华为通过组织高层和中层管理团队学习和研讨克劳士比质量管理理念，统一了华为内部对质量的认识，即质量就是满足客户要求，这是华为对质量认识的重要里程碑。从某种意义上来讲，华为对质量的认识和核心理念就是一个中心、四项基本原则。

一个中心

即第一次就把正确的事情做正确。包含三个层次：（1）战略与政策（正确的事）；（2）运营与控制（正确做事）；（3）效率与能力（第一次做正确）。克劳士比认为低质量流程导致我们没有能力第一次把事情做正确，导致很多无效的输出，组织能效低，只有通过流程才能更好地保障交付可预测、可重复。

两个基本点

即有用的和可信赖的。"有用的"要求必须站在客户角度审视最终输出是否有用、是否有价值；"可信赖的"要求所有的工作和交易都一次做对，与员工、供应商和顾客的关系都是成功的。克劳士比认为："管理的产品就是可信赖的组织，管理的基本工作就是创建可信赖的和有用的组织，有用的和可信赖的组织就是竞争和利润。"他又说："组织可以通过文化变革而变成可信赖的，没有其他方式。"

三个代表

即任何组织都要满足客户的需要、员工的需要和供应商的需要。要求组织要帮助客户成功，帮助员工成功，帮助供应商成功。克劳士比认为没有客户，组织就没有存在的意义。组织存在的目的就是为客户、供应商和员工提供需要的解决方案。

四项基本原则

基本原则1：质量的定义即符合要求，而不是好。质量是客观的固有特性与主观的满足需要的统一，质量不是企业自说自话，而是要看能否满足顾客的要求。只有满足了顾客要求，顾客才会愿意买单，企业才能实现赢利。

为了对质量定义达成共识，上级在对下级布置每项任务时，必须明确要求、沟通要求，做符合要求的事。作为管理者，除明确要求外，还须配置必需的资源并帮助员工符合要求。对于企业来说，要求企业倾听客户声音和需求，确认需求，交付符合标准和要求的产品和服务。

基本原则 2：质量的核心在于预防，而不是检验。质量管理应以预防为主，将隐患消灭在萌芽状态，这样不仅能保证质量，而且能减少不必要的问题发生，降低变更次数，提高企业整体的工作质量和效率。

预防产生质量，检验不能产生质量，预防是第一位的，而不是事后检验。克劳士比说："通过预防缺陷可以使你致富。"预防问题高于解决问题。

质量的核心在于预防，强调预防系统，要做好质量的源头控制，好公司的管理都是风平浪静、波澜不惊、井然有序的，不会暴雷或出现黑天鹅。激励导向上需要"救火英雄"，更需要"扁鹊大哥"，预防往往比救火更重要，做好预防，就不需要救火，预防就是要让救火成为多余。

基本原则 3：工作标准是"零缺陷"，而不是"差不多就好"。"零缺陷"的核心是第一次就把事情做对。"零缺陷"是一种心态：不害怕错误、不接受错误、不放过错误。"零缺陷"的工作标准则意味着我们每一次和任何时候都要满足工作过程的全部要求。

基本原则 4：质量是以不符合要求的代价来衡量，而不是指数。质量缺陷所导致的返工返修及不良品报废、客户质量投诉处理等，是企业最普遍、最主要的浪费。

克劳士比把不符合要求而产生的不必要的花费称为"不符合要求的代价"，简称 PONC（Price of Non-conformance），比如：

- 决策失误（投资方向，投资节奏不对）
- 低质量方案与策划，重复沟通汇报
- 无效的营销活动，无效产品开发，低质量合同
- IT 重复建设，投资浪费，无用的功能
- 处理顾客投诉、退货；重新返工，加工、赶工
- 卖不出去的产品，多余的存货，呆滞物料
- 临时加急服务、停机时间、等待时间
- 不良缺陷，纠错费用，担保费用

四项基本原则是一个整体，即：质量就是符合要求，用不符合要求的代价来衡量，预防产生质量，必须以"零缺陷"作为工作标准去实现客户满意，这是建设企业质量文化的工作哲学。质量就是诚信，说到做到，讲究质量信誉是企业质量文化的重要部分。

克劳士比认为："改变心智是最难的管理工作，但它正是金钱和机会的隐身之处。"一个公司若想永久地免于困扰，就必须要改变公司的企业文化，从根本上消除造成产品（或服务）不符合要求的原因。

8.2.4 华为将质量构筑于流程中

华为认为，管理体系是基于流程的，离开流程谈管理、谈质量就是空谈，就是搞运动，是不可持续的，质量应该构筑于流程中。流程是质量管理的基础，也是质量管理体系的核心，缺乏质量要求的流程就不是一个完整的流程。质量管理包括质量策划、质量控制与质量改进。首先明确客户和相关方的要求，并对如何达成要求进行策划，即

质量策划；其次对交付是否达成要求进行验证和确认，即质量控制；最后，为了更有效和高效地达到要求，对流程等进行改进，即质量改进。

比如，IPD产品质量管理的首要任务是理解和确认客户与相关方的要求，建立产品和工作质量要求，总结达到这些要求的方法，然后把精力用在达到要求的过程上。产品质量管理的基准是质量要求，质量要求的落地依赖于IPD流程，借助产品质量计划，通过质量策划、质量控制、质量改进，影响和改善组织习惯，进而提升产品交付质量。

质量管理的能力要求和质量管理的水平要建立在流程和组织上，不能过于依赖英雄人物、英雄团队。流程是最佳实践的总结，其不仅是价值创造的过程，也承载了关键的质量控制活动。关键的质量保证活动，是确保客户要求能够始终得到满足，交付质量得到保证的基础。所有的管理动作和流程活动就是为了构建高质量的交付，而高质量的交付就是靠流程和组织来保障的，把不确定性变成确定性，从偶然成功到必然成功，这也是流程建设的重要价值。

质量的定义就是符合要求。为了让每个环节的交付能够满足下游的要求，就需要定义每个作业环节的输入与输出交付件及其质量要求，并基于质量管理的方法，确保每个作业环节达到质量要求。为了让每个作业环节知道其作业的质量要求，需要定义质量标准及检查表（checklist），同时需要建设并积累支撑该作业环节达成交付要求的能力、工具、方法、指导书等使能内容。

质量分过程质量和结果质量，过程质量有保证才能确保结果质量。基于过程质量的管理能带来结果质量，追求结果质量迫使我们从源头管控过程质量。管理过程质量的手段并不是靠加大过程检查、进行各种打点或者各种约束来实现的，最重要的还是靠预防，靠落实每个人的质量意识，并借助工具的力量。

华为认为，产品和服务的质量，即客户对产品和服务的最终体验，取决于形成此结果的过程中的每个环节的工作质量，涉及华为各主业务流程和支撑流程的成熟情况。沿着流程把质量搞好了，海量简单重复的事都按要求一次性做好，不良品率降低，不返工、不窝工，效率是最高的，成本是最低的。

8.2.5 华为质量文化建设

文化的变革才是管理变革的根本。大质量管理体系需要介入到公司的思想建设、哲学建设、管理理论建设等方面，才能形成企业的质量文化。华为认为，高质量企业的根本是质量文化，工具、流程、方法是"术"，文化是"道"。

华为的质量文化就是将"一次把事情做对"和"持续改进"有机结合起来，全员参与，针对非创造性业务活动在"一次把事情做对"的基础上"持续改进"。

"零缺陷"的理念和要求跟随客户导向不断完善。从流程管理到标准量化，然后是质量文化和"零缺陷"管理，再到以客户体验为导向的闭环，华为质量管理体系是跟随客户需求的发展而逐渐完善的。华为大质量观的形成过程中，特别借鉴了日本和德国的质量文化，才逐步建设起尊重流程规则、一次把事情做对、持续改进的质量文化。

德国以质量标准为基础，以信息化、自动化、智能化为手段，融入产品实现全过程，致力于建设不依赖于人的产品生产质量控制体系。德国强调质量标准，特别关注规则、流程和管理体系的建设。德国有统一、齐备的行业标准，发布的行业标准约90%被欧洲及其他国家作为范本或直接采用。德国的质量理论塑造了华为质量演进过程的前半段，是以流程、标准来严格规范的质量体系。

日本以精益生产理论为核心，致力于减少浪费和提升效率，认为质量不好是一种浪费，是高成本，强调减少浪费（包括提升质量）、提升效率、降低成本。日本高度关注"人"的因素，把员工的作用发挥到极致，强调员工自主、主动、持续改进，调动全体员工融入日常工作的"改善"，强调纪律、执行，持续不断地改善整个价值流。

要成为高质量的企业，华为认为其根本是文化建设。对标德国和日本企业的质量管理，学习质量文化的整个过程帮助华为慢慢形成"零缺陷"的质量文化及客户导向的质量闭环。

8.2.6　华为质量管理组织及持续改进的管理体系

为了让从客户需求到客户满意的理念真正落地，2010 年华为成立了 CSQC（客户满意与质量管理委员会）。公司层面，由轮值 CEO 亲自担任公司 CSQC 主任，并将下属各级管理团队定义为客户满意和持续改进的管理组织。要求各级管理团队要以客户满意和业务目标为驱动，通过不断识别业务过程中的改进机会并实施改进，以持续提升质量、效率，降低成本、风险，最终形成持续改进的文化。

华为的持续改进管理包括：自上而下的重点改进项目、自下而上的 QCC（品管圈）及改进建议的有效管理。要求各级管理团队要确保客户满意和持续改进管理的流程与机制的有效运作，制订并落实客户满意和持续改进工作规划，推动全员以客户满意和组织业务目标为牵引，不断识别业务开展中的改进机会并实施改进，以实现客户满意和卓越的绩效目标。要求各级管理团队应主动获取和管理客户期望，按承诺高质量交付产品、解决方案和服务，并确保与客户闭环。

各级管理团队例行对客户声音（包括客户期望、客户问题、抱怨和投诉等）、过程与结果度量、变革进展度量、审核评估进行评审和管理，识别改进机会，成立并管理重点改进项目，评估并固化推广改进成果。

各级管理团队质量目标的设定原则要求如下：如果质量没有做到业界最佳，就把目标设为业界最佳，尽快改进；如果质量已达到业界最佳，那每年的质量目标要以不低于 20% 的速度改进。

质量不只是质量部或者某个部门、某部分人员的事情，而是涉及企业的每个部门和员工，因此必须要开展全员质量管理，每个人都要树立一次把事情做对的质量核心理念，不把问题留给下游环节。在公司层面需要有明确的目标牵引，在管理层面要有明确的责任，在员工层面要有全体参与的意愿和能力。

8.3 打造永续成功的成熟组织

8.3.1 第一次就把正确的事做正确的质量文化建设

质量文化的核心是业务，一定要把业务做好，一切都要围绕交付高质量的产品、解决方案和服务，才能更好地成就客户价值。如果交付的产品和服务不能满足客户的要求，我们的工作就没有任何价值。现实中，我们经常做了很多无效工作，"不符合要求的代价"太大。

"做好自己的工作是对别人的爱"，同样，"做好各自的业务交付是对客户的爱"。笔者认为，为客户交付让客户满意的产品、服务和解决方案，解决客户问题，给客户带来价值，这才是质量文化的根本，也是质量管理的基础。质量的原动力来自一种愿望：一种把工作做好的意识和愿望，基于这种愿望，才能把质量的基础建立起来。

打造持续改进的零缺陷质量文化，建立第一次就把正确的事做正确的零缺陷文化，需要企业上下全员的参与。质量文化建设工作必须全员参与，才能真正有效，并且要长期坚持。通过质量文化建设和管理工作的互动，使员工更深入理解质量文化的内涵。

质量文化建设对管理层的要求

企业一把手和管理层的一言一行从始至终受到全体员工的特别关注，其对质量的认知、观点与态度很大程度上决定了员工工作质量的好坏，一把手应确保企业的质量目标与经营方向一致，全面推进质量工作的开展。华为认为业务一把手是质量的第一责任人。作为第一责任人，管理者要做好三件事：

（1）管理者要明确质量目标，满怀热情，坚定地支持质量目标的实现，这是管理者质量领导力的具体体现。

（2）要建立质量目标管理与激励机制。

（3）要建立质量问题回溯、问责与管理者质量末位机制，这是判断和评价各级一把手是否真正履行质量职责的依据和标准。

质量文化建设对员工的要求

现代企业的质量管理需要全员参与，它不仅仅是某个人、几个质量管理人员或质量管理部门一个部门的事情，而是需要各个部门的密切配合和全员的共同参与。华为认为，构筑质量需要发挥全体员工潜能，持续改进。华为质量工作对全员有如下要求：

（1）时刻铭记质量是华为生存的基石，为客户服务是华为存在的唯一理由。

（2）积极发现问题，科学地解决问题，不放过任何一个可能影响用户使用的问题。

（3）专业化交付，追求精益求精的工匠精神，一次把事情做对。

（4）人人追求工作质量。不制造、不流出、不接受不符合要求的工作输出。

（5）不捂盖子、不推诿、不弄虚作假，基于事实决策和解决问题。

8.3.2 建立"零缺陷"质量意识

日本经营之神松下幸之助有句名言："对产品质量来说，不是100分就是0分。"任何产品，哪怕只是存在一丝一毫的质量问题，都意味着失败。"零缺陷"是以抛弃"缺陷难免论"，树立无缺陷的哲学观念为指导，要求全体人员"从开始就正确地进行工作，第一次就把事情做对"。"零缺陷"意味着质量完完全全地符合要求，而不是浪费时间去算计某个瑕疵的可能危害能否容忍零缺陷，以完全消除工作缺陷为目标的质量经营活动。

"零缺陷"和"差不多就好"是两个不同的概念和工作标准。"零缺陷"是质量管理的一次革命，是一种工作态度，是一种心态，是质量工作的决心，即绝不向不符合妥协的精神。其核心要求是第一次就把事情做对，避免双重标准，克服"人无完人""金无足赤"的传统观念。

"零缺陷"与"完美"或"绝对零缺陷"不同，其区别在于是否是客户的要求。"零缺陷"重点是面对错误的态度，是个人的决心，同时也是面对错误的一种心态表现。若是不害怕错误、不接受错误、不放过错误，就可以坦然面对错误并积极找到预防的方法。"零缺陷"即一次把事情做对，体现的是管理层对待错误的一种工作态度。"一次把事情做对"是质量管理的核心理念。"零缺陷"对下面三个方面提出了实际落地的要求。

（1）管理要求：做事之前要了解客户需求、了解质量要求；同心协力达成要求；找出不符合要求之处；预防问题。

（2）零缺陷"三不"心态：不害怕错误；不接受错误；不放过错误。

（3）每个人的岗位要求：不接受上游流程的缺陷；不制造本环节流程缺陷；不流出缺陷到下游流程。

8.3.3 树立下道工序就是客户的思想

ISO对客户的定义是接收产品的组织或个人。外部客户/最终用户是处于端到端业务流程终点的最终客户。处于流程下游环节、接受上道工序产品的是内部客户。

树立下道工序即客户的思想。作为企业的员工，工作时不能只考虑自己的方便，要明确自己对上游工序的要求，充分识别下游工序的要求，及时了解工序发来的反馈信息，把下游工序当作客户，经常考虑怎样做才能使下游工序客户满意。客户对产品和服务的最终体验取决于形成此结果的过程中的每个环节的工作质量。要实现最终客户的满意，就必须把"用户第一"扩展至企业内部。

华为认为，要实现最终客户的满意，就必须树立下道工序即客户的理念，在流程每个环节都把好质量关，按照零缺陷的标准，一次把事情做对，让每个环节的交付都符合要求，做到"上游不把污水排放到下游"，才能在最终的交付环节达到客户要求，实现客户满意的目标。

要关注和服务好内部客户，是因为下游内部客户距离最终客户更近，可以更好地代表最终客户的利益。服务好内部客户的目的是为了外部客户。只有当下游代表最终客户的利益时，才把他们当内部客户。

但如果只关注内部客户而不关注外部客户，就会只关注措施和过程而忽视结果和目标。就好比只知道搬石头而不清楚建教堂，这有时甚至会让我们迷失目标与方向。因此，做任何事都必须要面向最终客户，这是我们工作的最高准则。

8.3.4　建立正确的质量观

做好质量管理是管理者的天职，建设质量管理体系并持续改进也是客户对供应商的最基本要求。这要求每个管理者都必须能够真正理解质量的核心理念，并应用到日常业务管理活动，做好质量管理，建设好质量管理体系并实施持续改进，切实履行起自己的质量管理责任。

质量的衡量依据主要有两项：一是体现客户价值，追求客户满意和客户忠诚；二是降低资源成本，减少差错和缺陷。其实质是为客户提供卓越的、富有魅力的质量，从而赢得客户，在竞争中获胜。

树立正确的质量理念，"态度决定一切，思想决定行动"。质量理念就是对质量管理的一种总的看法和态度。理念一经形成，就会影响对某种对象或事物的行为模式。

质量是由人做出来的，取决于人员的质量观念和态度，如果人员的质量观念和态度发生偏差，质量体系再完善、质量控制方法再先进也没用。

有正确的质量观念，在工作中就会把质量放在首位。树立正确的质量观念至关重要，比如华为在内部强调和导向如下质量观：

- 质量重在预防
- 质量改善无止境
- 全员质量，全员参与
- 质量出问题，90% 都是管理问题
- 我们的工作就是零缺陷
- 质量是满足要求，第一次就把正确的事做对，总成本最低

- 每个人员非常清楚地知道自己的工作要求，并且使自己所做的每一件事情都符合要求，就是在对质量做贡献
- 质量改善，人人有责
- 质量的提升不是一蹴而就，必须通过持续改进来达到
- 没有好的质量，公司明天可能就要破产，我明天可能就要失业
- 提高投资决策的质量，才是真正的降成本，真正的构筑最佳成本
- 质量管理做好了，综合成本最优
- 优秀的产品是优秀的人干出来的，烂的质量是烂的人干出来的
- 质量是价值与尊严的起点，是企业赖以生存的命脉
- 质量没有折扣，质量就是按照客户的要求不折不扣地执行

8.3.5 打造持续改进的质量理念和氛围

任总在《华为的冬天》一文中说："我们要广泛展开对危机的讨论，讨论华为有什么危机、你的部门有什么危机、你的科室有什么危机，你的流程有什么危机。还能改进吗？还能改进吗？还能提高人均效益吗？如果讨论清楚了，那我们可能就不死，就延续了我们的生命。"

质量体系打造过程中，需要大家群策群力，通过持续不断的改进，夯实质量基础。持续改进是质量管理的原则和基础，是质量管理的重要部分，质量管理者应不断主动寻求企业过程的有效性和效率的改进机会，持续改进企业的工作质量，让质量管理融入企业文化，融入员工骨髓，成为企业做事的方式和习惯。

任总讲："我们追求持续不断、孜孜不倦、一点一滴的改进，促使管理的不断改良。只有在不断改良的基础上，我们才会离发达国家著名公司的先进管理越来越近。小改进要作为企业的一项长远战略，坚持不懈；唯有如此，企业的核心竞争力才能稳健地提升。"如下持续改进的理念可以指导更好地开展持续改进的质量管理工作。

- 以客户为中心，准确把握持续改进的方向。
- 基于数据和事实决策，使用解决问题的系统方法。
- 基于流程的改进，通过关注和改进工作过程来实现好的结果。
- 重点导向，抓主要问题的主要方面。
- 根因分析，彻底查清问题的源头。
- 灵活、创新、突破常规思维。
- 预防思维。

在持续改进工作中，流程质量部门要抓好维持与改善。维持就是确保流程得到遵从和执行，改善就是持续改进，并通过流程固化夯实改进成果。如果改进后不固化到流程，且流程得不到遵从和执行，质量问题就只会在低水平重复，改进就是白忙活。

笔者在网络产品线 Marketing 部工作期间，对口流程质量体系建设，用克劳士比的质量管理理念武装管理层，并覆盖到全员。2007 年到 2010 年间，开展了大规模质量管理体系建设工作，作为 Marketing 部 QCC 大圈长，前后启动了近 50 个 QCC，通过 QCC 运作，培养了团队和员工发现问题、定位问题、分析问题、解决问题和固化问题的能力。

在此期间，笔者担任过单板有效性提升、研发版本火车节奏管理优化及营销资料满意度提升 3 个产品线级重点改进项目的辅导员。其中单板有效性提升项目获得战略与 Marketing 体系总裁奖和网络产品线总裁奖，研发版本火车节奏管理优化项目获网络产品线总裁奖，营销资料满意度提升项目获公司级质量团队奖。笔者也两次获得重点改进项目优秀辅导员和产品线管理优化奖，回望过去，真是一段值得追忆的日子。

第9章
构建项目型企业，形成契约交付文化

任总说："项目管理是华为过去、现在和将来的基本运作模式。项目是公司经营管理的基础和细胞，只有高质量的项目经营，才有整个公司高质量的运营。华为的管理进步，要立足在项目管理进步的基础上。项目管理是公司管理进步的基础细胞，要把项目管理当作华为最重要的一种管理往前推。"

实现以项目为中心才能避免大公司功能组织的毛病，才能提高竞争力。从功能部门为中心的运作转向以项目为中心的运作，是一个巨大的转变，意味着将激活千万作战团队，意味着功能部门未来就是能力中心、资源中心，而不再是权力中心。

9.1 项目管理与项目型企业

笔者 2001 年大学毕业前与 JDSU（捷迪讯通信技术有限公司）深圳分公司签订了工作协议合同，毕业后来到深圳进入 JDSU 做产品工程师，负责全球重点客户需求分析与澄清，并设计满足客户要求的光模块，完成试制，并确保批量化生产。JDSU 是当时全球最大的光通信器件供应商，总部在美国和加拿大，客户主要是思科、阿尔卡特、北电、朗讯、华为等通信设备商。

当时 JDSU 将位于美国和加拿大的业务和相应的生产线转移到中国深圳。业务的转移周期大概需要 2~3 个季度，业务和产线转移的工作按项目进行管理，笔者作为深圳业务代表，前往加拿大渥太华负责对口业务和生产线的转移。整个产线转移项目分解成项目启动、计划制订、知识转移、设备转移、产线搭建、订单转移等阶段，每个阶段都有详细工作任务支撑，并设置关键里程碑点、交付件，并明确责任人和交付时间节点。那是笔者第一次系统性地接触到项目管理，不禁对项目管理的理念、流程、方法和工具惊叹不已。

尽管当时在国内很多企业项目管理的概念和方法还没普及，但笔者坚定地认为项目管理能力是企业必不可少的能力。时隔 20 多年后，项目管理及项目化运作在企业中已经成为非常普遍的运作模式，项目管理的能力也越来越受到企业的重视，项目型企业也成为一种企业业务运作的模式。

9.1.1 运营和项目是企业创造价值的两类活动

企业通过两类活动创造价值：运营和项目。它们共同支撑战略及业务目标落地。

流程是企业日常业务运营管理的基础，大多数的业务都需要流程来驱动，通过流程运营来创造价值，日常运营就是基于流程进行运营。流程如能客观反映业务本质，就可以高效运作，周而复始地创造价值。要使管理有序，就必须有一套清晰的业务运作标准和流程，严格地按流程规范化运作。如基于产品研发、生产供应、市场营销等流程的运营管理、销售管理、项目管理、质量管理、客户满意管理等管理活动，本身就是运营管理的组成部分，需要基于流程运营。

项目组合或项目群下具体的项目其实是作战单元。项目组合是企业战略与具体项目相连接的桥梁，本质是战略落地到项目组合，再落地到具体项目，最终将企业确定好的战略目标与具体的项目结合起来。

项目是指为创造独特的产品、服务或成果而进行的临时性工作。项目往往具备目标性、独特性、创新性、变革性等特征，通过项目让组织能力、管理水平和运作效率上一个台阶，增强企业创造价值的能力。当用"日常运营"的常规方式难以高效能地解决，必须在规定的时间内协调关系、组建团队、集中资源，用所谓"非常规"的创新方法加以解决时，就是项目方式。

项目化运作是以项目的形式组织工作和业务活动，通过项目创造价值达成自身战略目标的组织形式，是实现企业战略目标和商业目标的重要手段。建立战略导向下的项目组合管理及流程框架，可使得公司业务项目化、战略目标具体化，为企业战略落地提供可执行的路径。

9.1.2 如何理解项目化运作

如何理解项目型组织？美国项目管理协会发布的第 5 版《项目管理知识体系指南》中指出：项目型组织是组织结构的一种，项目经理可以全权安排优先级、使用资源和指挥项目人员，把项目凌驾于职能工作之上。

IBM 对项目型组织的定义是：以组织的项目、产品分类、地域划分等为依据，把组织的人员按项目划分到各个项目组，由各个项目的项目经理全面领导和管理项目组。

华为对项目型组织的定义，是指为顺利完成项目或项目群目标而建立的工作团队。项目型组织通常独立于功能型组织，成员来自一个或者多个功能型组织。

项目型组织结合项目管理的手段，应用项目组合管理挑选和授权正确的项目，通过投资组合排序正确地分配和部署资源，通过正确实施项目集/重点项目管理，可实现战略解码到项目的最优交付。

项目型组织的目的就是激发组织活力，改善运作效率，增加项目盈利，提升客户满意度。项目型运作的本质是把企业中的一次性任务按项目进行管理，是对企业中所有一次性任务和复杂性工作的统筹和全面规划。

项目化运作把企业中临时性的，具有明确目标、预算和进度要求的复杂任务从原有的职能组织的工作中分离出来，组织跨部门的团队，按照项目的技术和方法进行管理，从而能够比传统的管理方式更好、更快地实现目标。

9.2 华为如何打造项目型企业

华为多年来不断完善项目型组织，主要分为交付项目、销售项目、营销项目、基建项目、变革项目和研发项目六大类。围绕着这六大类不同的项目形态，从组织的定义、授权管理、资源的调度与使用、评价与激励、IT 支撑这五个方面打造项目型组织。

华为认为，企业的主业务流程是直接为客户创造价值的流程。所有组织必须工作在主业务流程中，或者支撑好主业务流，为客户创造价值。各职能组织如何参与和支撑呢？华为的实践是项目化运作，这是最有效的方式。

事实上，业务组织都是通过一个个项目或项目群来实现其经营目标的。项目就是最基础的管理单元，执行主业务流程的是项目或项目群，而各种项目组合管理的目的包括组合设计、取舍及优先级排序，是为了实现资源投入产出最大化。因此，各职能组织都需要参与到执行主业务流的跨功能部门项目中，为客户创造价值，比如研发项目、销售项目和交付项目等。

公司实现以项目为中心的转变，才能避免大公司的功能组织的毛病，去掉冗余，从而提高竞争力，使干部快速成长。

9.2.1　华为为什么重视项目管理组织打造

《华为基本法》中提到项目管理的必然性时认为："公司的高速增长目标和高技术企业性质，决定了必须在新技术、新产品、新市场和新领域等方面不断提出新的项目。而这些关系公司生存与发展的、具有一次性跨部门特征的项目，靠已有的职能管理系统按例行的方式管理是难以完成的，必须实行跨部门的团队运作和项目管理。因此，项目管理应与职能管理共同构成公司的基本管理方式。"

《华为基本法》中还提到："项目管理是对项目生命周期全过程的管理，是一项系统工程。项目管理应当参照国际先进的管理模式，建立一整套规范的项目管理制度。项目管理进一步改进的重点是，完善项目的立项审批和项目变更审批、预算控制、进度控制和文档建设。对项目管理，实行日落法控制。控制项目数量以实现资源有效利用和提高组织整体运作系统。项目完成验收后，按既定程序转入例行组织管理系统。"

任总在2005年11月进一步提出，"项目管理是华为过去、现在和将来的基本运作模式"。他说："未来5~10年，我们将从中央集权式的管理，逐步迈向让听得见炮声的人来呼唤炮火。当前正在进行的管理从以功能部门为中心，转向以项目为中心的过渡试验，就是对这种模式的探索。若5~10年后，我们能实现管理权力下沉，后方支持的优质服务质量上升，那么我们及时满足客户需求的能力及速度就会增强，我们就能在大流量汹涌澎湃中存活下来。"任总认为提高项目经营方式和项目管理水平，是华为未来几年提高效率和效益的主要手段。具体有如下要求供参考：

- 各级干部要有成功的项目实践经验，要能从优秀的项目经理中产生干部，将军是打出来的。
- 实现以项目为中心才能避免大公司功能组织的毛病，才能提高竞争力，加快从以功能部门为中心向以项目为中心的运作机制的转变。
- 我们的管理运作要从"以功能为中心"向"以项目为中心"转变。客户项目和产品项目是公司未来业务运作的主要形态。
- 向以项目为中心转变是一个渐进的过程，我们要用3~5年的时间，将公司转变为项目为主、功能为辅的强矩阵结构。
- 一线的作战，要从客户经理的单兵作战转变为小团队作战，形成面向客户的铁三角作战单元，铁三角的精髓是为了目标而打破功能壁垒，形成以项目为中心的团队运作模式。

9.2.2　华为项目管理能力建设和项目型企业打造历程

华为的项目管理随着公司业务的迅速发展而发展。华为首先在销售服务和研发等体系引入项目管理，并经过多年实践推广至变革、基建等领域。华为以项目为中心的建设历程大概经历了四个阶段。

各领域自由发展阶段：2001年以前，华为明确项目管理是公司基本管理形式之一，倡导各领域分别建立项目管理规则和机制。其中研发随着 IPD 流程的推广应用，项目管理的理念、方法和管理要点得到极大的增强。

公司级体系设计阶段：2005—2011 年，销售与服务体系组织开发《华为高级项目管理研讨》和《交付项目管理高级研讨》核心课程；IFS 变革深入开展，项目"四算"开始在服务交付项目推广实行，华为的项目管理进入项目 CEO 的经营时代；ISD（集成服务交付）变革，从流程架构上确立项目管理作为一项核心能力；华为大学和业务部门一起开展项目管理资源池、后备干部项目管理与经营短训项目、项目经理发展项目（PMDP）等战训结合项目，从实战出发培养一线基层项目管理和后备干部；发布项目管理流程、项目经理（PM）任职标准，开发组织级项目管理成熟度评估模型等。

全面构筑和系统化阶段：2013 年成立公司 PMCoE（项目管理能力中心）部门，引进业界职业经理人；贯彻项目经理任职认证体系；系统开展"以项目为中心"运作的变革，体系化地构建项目管理能力。

全面推行以项目为中心运作模式：2016 年后，各领域全面推广以项目为中心转型。

任总在华为大学教育学院工作汇报会上讲："项目管理是公司管理进步的基础细胞，要把项目管理作为华为最重要的一种管理往前推，项目管理培训应该是系统工程。项目管理是个细胞，懂了项目管理，你其实当'军长'都够用的。项目管理做不好的干部，去管理代表处和地区部就是昏君。"

华为从 2007 年开始探索大平台下的精兵作战，其实就是在推进项目型组织的建设。通过构建授权体系和资源管理，解决"各级功能人员资源板结、权责利不对等、授权不充分、决策层级多、运作效率低、一线呼唤炮火困难、资源到位不及时、能力不足"等痛点，实现"打好仗、选好人、分好钱"的目的。

任总 2013 年在重装旅集训营座谈会上讲："公司正在准备改革，要将思想变成行动，需要大家一起来推动。我们未来的战争是班长的战争，就是信息化作战，作战单元在前端，保证灵活机动的战略战术。将来我们要把指挥炮火的权力下放到最基层，作战单元是项目。"

任总在 2014 年《"班长的战争"对华为的启示和挑战》汇报会上的讲话中，就明确提出了，"班长的战争"不是班长一个人的战争，其核心是在组织和系统的支持下实现任务式指挥，是一种组织的整体性的改变，需要在责任、权力、组织、资源、能力、流程和信息系统等多个组织管理要素上的支撑。华为 2015 年明确"从以功能型组织为中心，向以项目型组织为中心转变"。

2016 年，华为开始实施大平台支持精兵作战的战略。2016 年华为轮值 CEO 郭平的新年致辞的主题就是"把握方向，实现大平台支撑精兵作战的变革"，要求开始 5~10 年的"让听得到炮声的人能呼唤到炮火"的改革，实现大平台支持精兵作战的战略，并逐步开始管理权和指挥权的分离。将过去的中央集权制改为对一线授权，部分作战决策权下放到一线，"让听得见炮声的人来决策"。

华为强调的大平台下的精兵作战，就是通过授权使指挥权向前移，减少决策的层级，实现一线"战区主战"的自主作战，同时通过提供平台化的支撑，构建平台化的管理体系。一线的精兵团队，其实就是项目型组织，核心就是推进项目型组织的建设，同时大平台要能广泛地适应各类项目作战的需求。

9.2.3 华为项目管理体系建设实践

华为的项目管理体系有效地支撑了公司战略落地和商业价值实现。华为的项目管理是一种业务运作模式。

华为"以项目为中心"的运作不仅仅是一组实践或工具，更是一套相对完整的管理体系，包括政策、规则、流程、方法和IT工具平台、组织运作和评价等要素。这些要素在项目管理实践中得以集成应用，并通过项目、项目集、项目组合管理三层管控机制，有效开展项目、项目集和项目组合管理，实现商业价值。

该体系不仅包括项目本身的业务运作环节，同时也包括支撑项目的管理系统，涉及授权、考核、评价与激励等多方面，也就是业界所称的组织级项目管理体系。

成立能力中心组织开展变革

华为建立PMSC（项目管理能力建设与运营指导委员会）、公司PMCoE、各领域PMO（项目管理办公室），如服务交付领域、产品与解决方案领域、变革管理领域PMO等组织。PMSC和公司PMCoE统筹管理公司的项目管理政策、规则、流程、工具等，并在公司内部进行项目管理文化建设和项目管理能力提升。各领域PMCoE或领域PMO，承接公司层面的政策和要求，依据领域的业务和项目管理特色进行适配、解释，并监督执行。明确的、层次分明的项目管理组织架构，为项目管理工作推进落实和持续改进奠定了基础。

为发挥项目管理在企业管理中的作用，真正实现以项目为中心的运作，华为围绕项目的权力再分配，通过"项目型组织变革项目""通用项目管理服务平台建设项目""项目管理流程建设项目"等系列的变革，打破传统的功能型组织结构，确保了华为从弱矩阵一步步走向强矩阵。

制定项目管理规则体系

规则主要用来统一语言、规范运作。华为主要从项目管理通用原则、项目经营、项目资源、项目预算、项目型组织这 5 个方面加强"以项目为中心"的运作，颁布了一系列的公司政策、公司标准和业务规定。在不否认各领域业务差异性的同时，在项目管理的认知和语言上进行了大范围的统一，为跨领域的项目管理沟通、协作、互助提供了土壤。

建设项目管理流程和机制

建立无生命的管理体系，流程是最重要的载体。用公司级的指导流程来规范项目管理，其中项目管理流程包含管理项目 / 项目群流程、管理项目组合流程。各领域根据不同的业务场景，对流程进行适配、裁剪、定制，并刷新。

以项目运作为中心，明确项目管理过程中与其他业务（如财经、供应、人力资源等）流程和模块的集成调用关系。华为项目管理流程体系将公司战略到项目组合管理再到项目执行落地，以及周边的数据和系统支撑结合起来，实现了战略到执行的全业务价值流贯通。

打造项目管理工具平台

华为 PMCoE 牵头成立变革项目组，打造华为简单、高效、支撑"以项目为中心"运作的项目管理通用作战平台，将项目管理与业务适度解耦、重构。完成目标管理、任务管理、计划管理、项目分析等通用化、标准化、云化的项目管理通用服务模块，供各领域项目管理系统调用和集成。

提升项目管理成熟度

从组织、CoE（能力中心）、项目三个维度分层分级地度量和把握各个维度的项目管理水平。

组织级:"从以功能为中心向以项目为中心转变"变革进展度量（TPM），把项目管理成熟度分为初级、推行级、运行级、集成级、领先级共 5 个等级。

CoE 级:用 CoE 能力建设标准衡量 CoE 队伍的成熟度,牵引建立一支专业、承重、追求卓越的专家队伍。度量能力包括战略理解力、业务理解力、趋势理解力,以及场景能力、管理体系能力和技术能力等。

项目级:项目级度量使用衡量项目成功的七大关键要素度量项目的健康程度。七大关键要素包括工作和进度可预测、范围可实现可管理、业务收益实现、项目相关方做出承诺、团队高绩效、风险可规避、项目财经管理良好 7 个要素。

9.2.4　华为项目管理文化

资源是会枯竭的,唯有文化才会生生不息。项目管理文化是企业文化的重要组成部分。华为把多年积淀的文化、价值观和信念导向提炼并贯穿在项目管理的全过程中,通过制定和贯彻具体的流程、方法、规定,将项目管理制度转化为员工的自觉行为,引导员工时刻与公司的价值观相一致,培育项目管理文化。

华为项目文化与华为企业文化一脉相承,是华为核心价值观的内涵在项目管理活动中的延伸和丰富。华为项目管理文化的精髓包括如下几方面:

（1）以客户为中心:客户需求是华为发展的原动力,为客户服务是华为存在的唯一理由。为此,华为实行以客户为中心的作战方式,让听得见炮声的人来呼唤炮火。同时,华为通过建设业务、流程、组织保障与信息化系统,建设以客户为中心的科学的管理体系及平台,支撑精兵作战，保障客户价值的成功实现。

（2）结果导向：任总说，"华为没有任何稀缺的资源可以依赖，唯有艰苦奋斗才能赢得客户的尊重和信赖"。华为建立以贡献和结果为导向的绩效评价体系和任职资格制度，将项目 KPI 纳入个人绩效承诺书，传递市场压力，并使奋斗者获得合理的回报。

（3）契约精神：华为坚持以诚信赢得客户，认为诚信是最重要的无形资产。项目管理中的契约精神，就是按项目合约、项目合同要求交付。比如项目按时保质保量交付，项目承诺一言九鼎、一诺千金。

（4）团队作战：胜则举杯相庆，败则拼死相救。团队合作方面，华为倡导狼性文化，即进攻精神、目标一致、动作协同、同进同退、充分沟通、绝对服从、群体奋斗、超强耐力、永不放弃。狼性文化的本质是全面贯彻拼搏和团队意识，打破流程中的部门墙。

华为运用制度牵引员工的行为，最终形成公司层面浓厚的项目管理文化氛围，促进公司项目管理的成功，从而保证公司的商业成功。

9.3 打造项目型企业竞争力

9.3.1 推行项目化管理提升组织响应能力

笔者一直认为项目管理能力是一个企业必备的根本能力。根据《项目管理知识体系指南》第 6 版，项目管理涉及项目整合管理、范围管理、进度管埋、成本管理、质量管理、资源管理、沟通管理、风险管理、采购管理、干系人管理十大知识领域，并涉及项目启动、规划、执行、监控、收尾五大过程组，49 个子过程组。可以说，项目管理是科学管理方法论的集大成者，很多企业都把项目经理当成培养复合型人才的首选职业。

笔者在华为工作的 16 年里，有 10 年以上是在各种项目团队里，可以说华为的项目管理和项目化运作方式已经非常成熟。笔者在 2008 年有幸加入华为研发项目管理方法开发项目组，参与"RDPM（研发项目管理）方法"开发。RDPM 包括商业目标、项目生命周期模型、项目组织模型、知识域、工具、模板、术语、项目文化八大模块。笔者主导的就是商业目标模块。商业目标就是要论证项目的商业价值，做好价值管理。那时候美国的《项目管理知识体系指南》还没把项目价值管理作为重点，华为已经意识到商业目标管理对项目管理的重要性，并把商业目标纳入研发项目管理体系指南中，可以看出华为对项目管理理论的研究和应用是比较超前的。

2010 年"RDPM 方法"开发完成，华为启动研发体系 RDPM 项目管理专业认证，随即启动青年管理干部特训班（简称青训班）培训，覆盖人群就是将来要成为一线干部的后备人才，青训班不限于课程讲授，是一个包括自学、课堂、实战等环节的系统赋能项目。笔者作为青训班教师，仅两年就提供了近 150 个小时的培训赋能。可以说华为对项目管理人才的培养投入巨大，这些人才和方法成了华为的竞争力。

笔者相信项目管理能力也必将成为项目经理、项目团队、项目组织的核心竞争力。推行项目化管理，打造项目型企业，往往可以给企业带来如下改善：

- 新的组织方式，充分授权项目团队，保持组织的灵活性和敏捷性，牵引所在的组织相互协同、资源整合和利益协调。
- 更好地应对变化挑战与动态调整，及时处理突发事件，提升响应速度。
- 激发组织活力，改善运作效率，增加项目盈利，提升客户满意度。

- 打破组织界限，牵引资源部门主动挤水分，提升能力，避免大锅饭弊病，降低组织内耗，提升管理有效性。
- 通过对项目型组织运作，提升项目经营能力，使资源更好地配置到价值项目上，形成良性的资源配置循环。
- 围绕项目目标发力，激励员工多参加项目，多打粮食，也就多拿奖金。
- 培养更多项目经理，围绕不确定性，开展创新性、变革性作战，快速培养复合型管理者，快速提升管理者的领导能力，以适应未来组织的不断发展。
- 全面规划企业级跨部门工作，统筹资源，全面管理创新过程，解决复杂问题。

项目化管理是企业重要的运作模式，可帮助企业应对复杂多变的市场环境和客户需求，是实现高效决策、迭代进化及速度制胜、柔性化组织的关键管理机制。

9.3.2 从以职能为中心向以项目为中心转型

项目化运作，或者说打造项目型组织，其实是组织运作从功能为主、项目为辅的弱矩阵向项目为主、功能为辅的强矩阵转变的过程。最大的转变是各职能组织都需要参与到为客户创造和传递价值的跨功能部门的项目中，为客户创造价值。通过项目组的跨职能组织运作，一起执行主业务流，以实现业务目标。

项目化运作关键要点有：（1）将原来职能性的工作转化为项目，职能部门转化成资源中心和能力中心；（2）职能工作项目化，项目工作职能化，目标明确、策略灵活、结果可衡量；（3）按项目管理专业能力、标准和方法进行管理；（4）提升组织灵活性，适应不确定性。

为打造项目型组织，需要项目管理的流程、机制、制度、项目管理能力、IT 平台、方法工具等支撑。比较关键的有授权管理、资源调度与使用、绩效评价与激励。

授权管理：（1）基于人、财、事对项目经理授权，也就是权力进项目，包括项目经理的选拔、考核、发展与要求，以及对项目组成员的管理机制等；（2）通过建立资源买卖机制，资源买卖通过资源部门养兵，项目经理用兵，依靠市场机制实现调兵，从而打破人员在功能部门的板结。

资源调度与使用：（1）人力成本、预算分配等纳入项目预核算中，即"职能部门军种资源池化、资源市场化"；（2）资源的定价、上架及使用，包括项目经理如何调动资源、对资源部门的员工复用率等这些考核 KPI 的设置；（3）借助类似工时系统、运营系统，实现项目型组织与平台资源间的分摊与结算。

绩效评价与激励：（1）评价与激励包括项目奖的来源、分配和发放、评价与激励，导向是加大项目人员与平台人员的奖金差距，营造人人都想进项目的氛围；（2）项目型组织与功能型组织之间相互配合协同，基于客户与市场导向、基于项目型组织的考核激励体系来进行人员的评价与激励。

第四篇

持续变革篇

大变局时代，唯一不变的是"以客户为中心"的经营理念。客户会选择流程更优秀的企业，因为他们可以享受到快速、正确、便宜、方便和体验更好的服务。在利润率普遍下降的时代，率先走出管理变革第一步的企业，会获得更多的生存和发展机会。

　　危机并不遥远，死亡是永恒存在的。如果不能居安思危，就必死无疑。持续变革就是对抗衰败和死亡的有效方法，尽可能让企业活下去、活得久、活得好。

第 10 章
唯有变革创新才能存活

任总讲:"过去 100 年来,世界上许多成功的公司都因不能适应变化而倒下。要适应外部变化,唯有自我进化,我们必须保持开放和持续变革,通过变革形成一套适应变化的流程、组织与考核机制。生生不息的企业自身革命,必将推动华为大规模向前发展,它将使华为走上健康成长、良性循环的道路。"

应对大变局时代挑战,唯有主动拥抱变化、变革创新才是解决之道,创新求变应该是企业家最核心的精神。

10.1 变革创新是当今世界的主题

党的二十大报告指出:"当前,世界百年未有之大变局加速演进,新一轮科技革命和产业变革深入发展,国际力量对比深刻调整,我国发展面临新的战略机遇。我国发展进入战略机遇和风险挑战并存、不确定难预料因素增多的时期,各种'黑天鹅''灰犀牛'事件随时可能发生。我们必须增强忧患意识,坚持底线思维,做到居安思危、未雨绸缪,准备经受风高浪急甚至惊涛骇浪的重大考验。"

古语有言："变则通，不变则壅；变则兴，不变则衰；变则生，不变则亡。"对于企业而言，随着全球化和数字化的加速发展、技术进步、客户偏好转移、消费方式改变等，新概念、新模式、新物种快速涌现和迭代，企业所面临的外部因素也在不断变化，推动着企业和商家转型。

以笔者个人经历为例，在笔者 2005 年加入华为，系统性学习战略和营销管理相关知识的时候，接触的概念主要有市场洞察、营销策略、整合营销、4P 营销、4C 营销、消费偏好、定位、定价、价值主张、品牌宣传、渠道建设、社交媒体、消费者口碑等。当笔者用这些理念、概念、方法和工具去赋能业务团队，让业务团队具备战略思维和营销能力时，大家对这些理念和方法还是感到非常新奇和兴奋的。

至今不到 20 年，世界已经涌现出难以计数的新名词、新玩法、新模式，如云店、兴趣电商、社交电商、全渠道营销、数字化营销、体验式消费、消费者共创、私域流量、社群营销，直播带货、明星带货、虚拟网红、线上线下、全域运营、KOL（关键意见领袖）/KOC（关键意见消费者）、会员运营、无接触交付等所谓新零售、新电商、新营销概念。要做的事可能还是那些，但营销的平台、媒介、渠道、工具已经改变，品牌宣传、用户互动、营销运营的玩法已经很不一样，营销阵地和营销重点已发生了根本性变化。这种新玩法、新模式往往更能有效触达消费者，更懂消费者，也更有竞争力，如果企业不学习、不了解、不改变、不创新、不具备这样的能力，很快就会丧失整体的竞争力，丧失市场和客户。

达尔文说，能生存下来的，并不是最强壮的，也不是最聪明的，而是那些对变化适应能力最强的物种。可以说，企业的成功与否，就取决于其能否适应市场、客户和业务变化，面对这些变化，企业唯有进行变革创新，才能保持竞争力。

诺基亚前 CEO 约玛·奥利拉在同意微软收购诺基亚时说："我们并没有做错什么，但不知为什么，我们输了。"竞争如此残酷，但往往打败企业的，不是企业的竞争对手，而是新的物种，这就是"赢得了竞争，但输给了这个时代"。所以杰克·韦尔奇说："在当今时代里，我们每一天每一分钟都必须讨论变革。"

特别是进入新世纪以来，用户的需求特征发生了前所未有的变化，市场竞争更加激烈；客户偏好发生变化，要求越来越高；消费方式和行为发生转变；生产过剩，市场需求饱和；跨界竞争更加激烈；新商业模式不断涌现；产品价格下降，压力成本上升；新技术创新加快；产品生命周期缩短。可以说我们正在走进一个竞争加剧和用户与消费者掌权的时代，在此背景下，个性化、多元化、品牌化、高端化、体验式消费快速发展。用户对消费过程中的消费感知、消费体验和消费互动有了更高的要求。产品力的体现将更多地集中于极致的用户体验、品牌独特性，甚至是给用户带来的荣誉感。这些变化对企业参与竞争的能力提出了更高的要求，原有的管理思想和运作模式已不能完全满足高质量、低成本、快速响应用户需求的要求，其结果就是"钱越来越难赚了"。

寒冬往往孕育着勃勃生机。企业面临多重冲击，是挑战也是机遇。随着移动互联网技术的广泛应用，能够掌握用户数据并及时调整生产和经营方式的企业迅速崛起，以用户为中心正成为企业获得竞争优势的核心。对身处其中的企业而言，在产品设计、生产上如何更好地支撑个性化、多元化的客户需求；在产品营销上如何更懂客户需求，更好地触达客户，实现精准营销；在履约交付中如何平衡成本、效率，如何提升全流程客户体验，都将成为企业必须直面的重要问题与重大挑战，当然这也是企业的机会所在。时过境迁，企业当与时俱进。

10.2 唯有拥抱变化才能在大变局时代存活

大变局时代适者生存，企业需适应时代变化要求。社会进入VUCA[①]时代，企业面对的不再是单一稳定的商业环境和市场竞争环境，而是一个充满变数的复杂世界。变化是一般企业不能承受的痛，但唯有拥抱变化，跳出舒适区，才能自救。企业需要不断创新和变革，才能在这个日新月异的残酷竞争环境中生存下去。

熵原本是热力学第二定律的概念，是指无序的混乱程度。熵增就是指世界上一切事物发展的自然倾向都是从井然有序走向混乱无序，最终灭亡。任总是最早把熵的概念引入企业管理并系统阐述的企业家。对于企业而言，企业发展的自然规律也是熵由低到高，逐步走向混乱，从而变得机构臃肿，官僚主义盛行，反应迟钝，缺乏活力，并失去发展动力。如果不做功，不激活，企业就会走向灭亡。

衰败和死亡是企业的必然宿命，任总说："死亡是会到来的，这是历史规律，我们的责任是不断延长我们的生命。"随着市场环境和竞争态势的不断变化，企业管理体系变革成了面对VUCA时代挑战、提高竞争力的重要手段之一。在这个充满不确定性与变数的时代，难以预测的"黑天鹅事件"时有发生，只有适应变化、主动创新、积极变革，才能使企业立于不败之地，实现跨越式发展。

企业从初创期、成长期、成熟期到衰退期的整个生命周期，往往也会遇到各种各样的问题。如果不具备主动求变的能力和意识，就会导致企业错失发展机会或者直接面临倒闭的风险。企业要具备打破常

---

① VUCA：英语单词 volatility（易变性）、uncertainty（不确定性）、complexity（复杂性）、ambiguity（模糊性）的首字母缩写。

规、勇于尝试新事物的意愿和能力。在现实中，企业往往因为"看不见、看不起、看不懂、追不上"市场需求和商业模式的变化、技术变革带来的影响、竞争对手的快速崛起等原因，而错过许多机会，面临在市场竞争中处于劣势的风险。

任总经常说："过去的成功不是未来前进的可靠向导。成功也许会成为负资产，无数实践证明，在高技术产业，成功是失败之母。"成功有可能导致经验主义，导致我们掉入陷阱，所以不能陶醉于过去的成功，迷信过去成功的经验，要敢于不断地批判自己。美国前国防部长、科恩集团创始人威廉·科恩说："企业如果固守过去曾行之有效的战略，那么，它必将败于竞争对手。"这两种说法，以及我们之前提到过 IBM 研发 BLM 模型的初心，都阐述了一个道理，世界在变化，形势在变化，固守过去，用过去的成功经验，不一定能指导未来的战争。

任总在《华为的冬天》一文中写道："危机并不遥远，死亡是永恒的，这一天一定会到来，不能抗拒。如果我们能够清醒地认识到存在的问题，我们就能延缓这个时刻的到来。如果没有宽广的胸怀，就不可能正确对待变革。如果不能正确对待变革，抵制变革，公司就会死亡。"

鸡蛋从外面打破会成为别人的食物，但从里面突破，就成了新生命。变革就是自我完善、自我突破。企业需要实时对自身现状进行审视，洞察危机，对未来商业环境和市场竞争环境进行预判，并根据这些预判做出相应的改变，适时发起变革，保持竞争力，获得新的成长路径。如果企业不能及时做出调整，就很容易被有远见卓识的竞争对手超越和击败。企业要实现跨越式增长，或者进入新的增长曲线，更需要进行转型升级。

任总说："华为到底能活多久？如果从华为的现实来看，是一天不改进就会死亡，多改进一天，生命就多延长一天。只有我们不断去改进，生命才会不断延长。如果我们不故步自封，不自以为是，我们在新事物面前，就是敢于拥抱新事物的。当出现一个新事物的时候，华为可以千军万马压上去。"

华为就是一家非常擅长"在阳光灿烂的日子修屋顶"的企业。就在美国将华为列入实体清单、向华为发起第一轮制裁的第二天凌晨，华为海思半导体总裁何庭波发了致员工的一封信，称："多年前，还是云淡风轻的季节，华为做出了极限生存的假设，预计有一天，所有美国的先进芯片和技术将不可获得，而华为仍将持续为客户服务。为了这个以为永远不会发生的假设，数千海思儿女，走上了科技史上最为悲壮的长征，为公司的生存打造'备胎'。"

关于备胎计划的出台，任总在"5·16事件"后接受记者专访时讲道："我们曾经准备用100亿美元把华为卖给一个美国公司。因为我们知道，我们再发展下去就会和美国发生碰撞。当时合同也签订了，所有手续也办完了，但美国公司的董事会发生了变化，新董事长否决了这项收购。于是我们回来讨论还卖不卖。少壮派是激进派，坚决不再卖了。我们就说10年以后，我们和美国会在山头上遭遇，遭遇的时候我们肯定是输家，我们拼不过他们的刺刀，他们爬南坡的时候是带着牛肉、罐头、咖啡在爬坡，我们背着干粮爬坡，可能爬到山上我们还不如人家，我们就要有思想准备，备胎计划就出来了。"

2012年7月，任正非与华为2012实验室①员工座谈时，有员工问

---

① 华为的"2012实验室"名字来自任总观看《2012》电影后的畅想，他认为未来信息爆炸会像数字洪水一样，华为要想在未来生存发展就得构造自己的"诺亚方舟"。该实验室主要面向的是未来5~10年的发展方向。2012实验室拥有2万多名员工，被媒体调侃为"中国黑科技最多的地方"，下设中央硬件工程学院、研发能力中心、中央软件院二级部门，被业界熟知的海思半导体也是该实验室下属二级部门。

任总："当前在终端 OS（操作系统）领域，Android（安卓）、iOS（苹果操作系统）、Windows Phone 8（微软手机操作系统）三足鼎立，形成了各自的生态圈，留给其他终端 OS 的机会窗已经很小，请问公司对终端操作系统有何期望和要求？"任总回答："我们现在做终端操作系统是出于战略考虑，如果他们（美国）突然断了我们的粮食，Android 系统不给我们用了，Windows Phone 8 系统也不给我用了，我们是不是就傻了？我们做操作系统，和做高端芯片是一样的道理。主要是让别人允许我们用，而不是断了我们的粮食。断了我们粮食的时候，备份系统要能用得上。"

2018 年 6 月，任总在华为内部 IRB（投资评审委员会）战略务虚研讨会上说："我们现在面临的现实，和美国的关系可能会出现比较紧张的一个阶段，要做好充分的准备。投降没有出路，从来亡国奴就是任人踩躏，我们不会愿意甘做亡国奴。因此，每条战线要收缩一些边缘性投资，同时在关键领域加大投资，避免生命线被卡住。现在我们和美国赛跑，到了提枪跨马上战场的时候。我们公司整体情况是好的，整个公司嗷嗷叫，不怕谁。我们有能力自己站起来，不做亡国奴。"就在一年后的 2019 年 5 月 16 日，美国将华为列入实体清单，向华为发起制裁，果真断了华为的手机操作系统和高端芯片。

此类未雨绸缪、提前准备、有备无患的案例在华为不胜枚举，正是这种忧患意识和变革意识，帮助华为躲过了一次次危机。

快速响应市场变化是企业生存和发展的关键。企业需要保持追求卓越和不断创新的精神，不断探索并应对新的变化和挑战。企业在运行过程中要时刻关注市场需求、客户反馈和竞争动态，及时调整经营策略，引入新技术，拓展新的业务领域，进行产品创新，开发新产品或服务，不断发掘潜在的增长空间，通过创新和变革，增强自身的核心竞争力与适应能力，才能够在激烈的市场竞争中占据主导和领先地位，取得长远发展。

企业要实现跨越式增长，对企业的管理能力就提出了更高要求，只有通过一系列的管理变革，升级完善流程及管理体系，打造面向未来成长的能力，才能支撑战略转型需求，助力业务跨越增长。企业必须把变革创新作为一项重要任务来推行，通过技术改进、流程改善、服务优化等多种方式，不断提升竞争力和品牌形象、拓展市场份额，并保持业务增长的稳定性。

任总在 2009 年 5 月 EMT 办公例会上的讲话中提道："我认为我们公司，未来 3~5 年，只有两条路，没有其他路可走：要么就是给历史淘汰了，要么就是在历史中成为佼佼者。我们成为佼佼者的可能性是存在的。但是我们过去最主要的问题是什么呢？我们重视了业务建设，不够重视组织建设和干部建设。在组织建设上、流程建设上、干部建设上，我们做得不够，所以我们三五年要适当改变一下。改革成功之后效率能提高 30%，那我们也能成龙上天了。"

如果企业成长过程比较顺利，没有经历过太多危机，没有经历过严酷的市场历练，就不具备抗风险和逆周期生存能力，一旦环境发生变化，舒适区不在，企业可能都熬不过去、活不下去。所以华为讲"不要浪费一场危机的机会"，应当主动求变，持续变革创新，才能持续保有竞争力和应对环境变化的能力，从而打造逆周期增长的能力，实现逆势成长。

10.3 华为通过持续变革构筑长期竞争力

10.3.1 持续管理变革是华为的长期战略

华为的成功离不开向世界级优秀的公司和最佳实践学习，正是不断地对标标杆，向标杆学习，通过变革进行自我改进和完善，华为才能持续保持竞争优势。华为是一家把变革常态化的公司，华为的成长史就是一部管理体系不断创新的变革史。

1995年12月底，也就是华为成立的第8年，任总在《目前形势与我们的任务》一文中回顾华为成长历史，分析了当时形势，并对后续工作任务进行了部署。笔者认为此文吹响了华为开展系统性变革的号角，即便放到今天来看，也是一篇高水准的企业工作规划报告。关于管理变革，任总提到几点要求：

- 华为作为民营高科技企业，能够在行业政策并不完全有利于我们的情况下，以势不可当的发展速度走到今天，真正起作用的还是我们的内部机制。而我们自身的改革，正是对这种内部发展机制的一种提升。改革的成功，将使华为在新的水平上进入一个发展的新阶段。

- 经历了两年的公司组织改革、体制改革，是公司发展的一次基础平台革命，它使具有高度责任心和强烈敬业精神，大公无私、廉洁奉公，努力学习、有较高技能，善于协作、勇于合作、能团结群众，踏踏实实、一步一个脚印的骨干员工，团结成企业的核心。

- 多年的发展已使我们初步建立了较为合理的、以矩阵管理为基础、灵活有效的管理体系。我们建立了分层分级的顺向管理体系，严格有序民主的决策体系，合理有效的有限授权体系。

- 我们即将开始的公司基本法的起草、业务流程重整、管理信息系统的引进、ISO 9000的贯彻，这是促使管理体系更为科学合理的手段和措施，也是今明两年公司的战略重点。通过这些管理手段的实施，将充分保证公司的管理体系向标准化、科学化、国际化靠拢。

1997年，任总在《胜则举杯相庆，败则拼死相救》一文中进一步提到："华为发展到目前的规模，面临的挑战只会更大。要么停滞不前，逐渐消沉，要么励精图治，更上一层楼，在世界一流企业之林占一席之地。正所谓不进则退，成功不是走向未来的可靠向导，我们需要将危机意识更广、更深地传播到每一个华为人身上。谁能把我们打败？不是别人，正是我们自己。如果我们不能适时地调整自己，不去努力提高管理素质、强化管理能力，不将艰苦奋斗的传统保持下去，我们就会把自己打败。古往今来，一时成功者众多，持久的赢家很少。失败的基因往往在成功时滋生，我们只有时刻保持危机感，在内部形成主动革新、适应未来的动力，才可能永立潮头。"

2003年，任总在《在理性与平实中存活》一文中明确了华为的宏观商业模式是：产品发展的路标是客户需求导向，企业管理的目标是流程化组织建设。并进一步指出，"我们处在一个变革时期，在信息产业逐步走向传统产业的过程中，我们要不断地寻找新的奶酪。任何变革都会触及每一个人，各级干部都要理解支持公司的变革，'牢骚太盛防肠断，风物长宜放眼量'。我们的中高层干部要经受得住磨难与委屈。在世界大潮中，我们只要把危机与压力传递到每一个人、每一道流程、每一个角落，使得效率不断提升，成本不断下降，我们就有希望存活下来"。

任总把管理体系变革当成公司战略重点，持续管理变革是华为的常态，基本上是华为每年的工作重点。就在2023年新年致辞中，华为轮值董事长徐直军强调了"继续保持强研发投资""坚持以质取胜""积极进取，抓住机会，多产粮食"和"继续推进变革，激发组织活力，导向冲锋"四个重点工作方向，持续推进变革。

华为高度重视变革，是少有的把"持续管理变革"写入公司战略的公司。华为早期确立了"丰富人们的沟通和生活"的企业愿景和"聚焦客户关注的挑战和压力，提供有竞争力的通信解决方案和服务，持续为客户创造最大价值"的使命。为承接愿景和使命落地，华为明确了四大战略：

（1）为客户服务是华为存在的唯一理由；客户需求是华为发展的原动力。

（2）质量好、服务好、运作成本低，优先满足客户需求，提升客户竞争力和赢利能力。

（3）持续管理变革，实现高效的流程化运作，确保端到端的优质交付。

（4）与友商共同发展，既是竞争对手，也是合作伙伴，共同创造良好的生存空间，共享价值链的利益。

其中第三条战略就是持续管理变革，如何理解持续管理变革的战略。华为进一步做了如下诠释，其中的理念值得学习。

- 要达到质量好、服务好、运作成本低，优先满足客户需求（华为认为这是改变竞争格局的四大法宝）的目标，就必须进行持续的管理变革；持续管理变革的目标就是实现高效的流程化运作，确保端到端的优质交付。
- 只有持续管理变革，才能真正构筑端到端的流程，才能真正职业化、国际化，才能达到业界运作水平最佳，才能实现运作成本低。
- 华为是一个包括核心制造在内的高技术企业，最主要的包括研发、销售和核心制造。这些领域的组织结构，只能依靠客户需求的拉动，实行全流程贯通，提供端到端的服务。端到端流程是指从客户需求端出发，到满足客户需求端去，提供端到端服务。

- 高效的流程必须有组织支撑，必须建立流程化的组织。建立流程化的组织，企业就可以提高单位生产效率，减掉多余的组织，减少中间层。

- 我们持续进行管理变革，就是要建立一系列以客户为中心、以生存为底线的管理体系，就是在摆脱企业对个人的依赖，使要做的事，从输入到输出，直接地端到端，简洁并控制有效地连通，尽可能地减少层级，使成本最低、效率最高。要把可以规范化的管理都变成扳道岔，使岗位操作标准化、制度化。

- 按流程来确定责任、权利及角色设计，逐步淡化功能组织的权威，组织的运作更多的不是依赖于企业家个人的决策。

- 管理的方法论是看似无生命实则有生命的东西。它的无生命体现在管理者会离开，会死亡，而管理体系会代代相传；它的有生命则在于随着我们一代一代奋斗者生命的终结，管理体系会一代一代越来越成熟，因为每一代管理者都在给我们的体系添砖加瓦。

- 变革的目的要始终围绕为客户创造价值，不能为客户直接和间接创造价值的部门为多余部门，流程为多余的流程，人为多余的人。我们要紧紧围绕价值创造，来简化我们的组织与流程。

事实上，伟大企业的领袖基本上都是变革转型的大师，也是变革的直接推动者。华为绝大多数的变革都是任总亲自推动的，任总还亲自领导了早期的 IPD 和 ISC 变革，可以说，没有任总的亲自推动和领导，就没有华为变革的成功，华为也不会有今天的成就。

10.3.2　通过持续变革构建管理体系

2004 年 4 月 28 日，任总在广东省委中心组"广东学习论坛"报告会上做专题报告，总结了华为一系列的变革历程和变革价值。任总说："从 1998 年起，华为系统地引入世界级管理咨询公司的管理经验，在 IPD、ISC、人力资源管理、财务管理、质量控制等诸多方面，华为与 IBM、合益咨询、美世、普华永道、FhG（德国国家应用研究院）等公司展开了深入合作，全面构筑客户需求驱动的组织流程和管理体系。""引入先进的管理理念和方法论，从业务流程、组织、品质控制、人力资源、财务、客户满意度等 6 个方面进行了系统变革，把公司业务管理体系聚焦到创造客户价值这个核心上，经过不断改进，华为的管理已与国际接轨，不仅承受了公司业务持续高速增长的考验，而且赢得了海内外客户及全球合作伙伴普遍认可，有效支撑了公司全球化战略。"

"管理与国际接轨""承受业务持续高速增长考验""赢得海外客户及全球合作伙伴认可""支撑了公司全球化战略"，这些是对变革价值很高的评价。罗马不是一天建成的，管理体系的建设也不是一蹴而就的，是随着战略和业务发展的要求，通过一个个重点改进项目和变革项目构建的。不是开一两次会、老板讲两三次话、签发几份文件、发布几个流程制度就建立起来的，这是一个组织的核心能力构建过程，是一个涉及业务、流程、组织、IT、数据的系统工程，是组织从一种状态跃迁到更高状态的过程。就像毛毛虫蜕变成蝴蝶，这是一个令人震撼的过程，这种脱胎换骨的蜕变过程往往很艰难，过程是漫长的，是痛苦的，是反人性的，需要时间积累，但往往越艰难，成就也越大。

日拱一卒，功不唐捐。华为的管理体系就是通过持续变革构建的，通过从战略管理、业务流程、组织与文化、IT 等方面进行的调整，来改善业务经营能力，使自身更好地适应生存环境。到 2014 年，华为已经投入了数十亿美元、组织了几千人做管理变革，通过持续变革，建立起了一个接近西方公司的管理模型和基于流程的管理体系，支撑华为进入了 ICT 领域的领先行列。

2014 年 6 月 16 日，任总在"蓝血十杰"表彰会上讲："未来华为的产品要占领世界大数据流量的制高点，除了靠创新外，还要靠严格、有效、简单的现代管理体系。只有在此基础上，才能实现大视野、大战略。华为之所以能够在全球市场取得今天的成绩，就是因为华为十几年来真正认认真真、恭恭敬敬地向西方公司学习管理，真正走上了西方公司走过的路。这是一条成功之路，是一条必由之路。我们今天为什么还要向蓝血十杰学习，就是因为我们还要沿着这条路走下去。"

在多年变革实践过程中，华为建立起管理变革的流程、组织和管理系统，也形成丰富的变革经验，下面做一些展开。

10.3.3 管理变革的流程

华为认为，业务变革包括三个主要方面的内容：流程、组织和IT。业务变革本质就是流程体系变革，因为业务变革的内核是改变业务模式并总结成最佳路径，再转化成员工可执行的流程方法，甚至需要改变组织模式以更好匹配流程，让流程运作更顺畅，最终通过 IT固化产生可预期结果。

变革需以项目管理运作流程（PMOP）的方式推进，变革项目在通用项目管理基础上，有其特别的变革项目管理框架，就是华为通常说的"七横八纵"。其中，变革项目管理中的"七横"是管理要素，体现了变革项目管理包含七个方面的内容，包括：

- 业务价值：变革解决方案和项目交付始终围绕业务价值开展。
- 业务流程、数据、IT、架构：共同构成变革解决方案。
- 项目管理：实现项目工程化统筹管理。
- 变革管理：变革中最大的挑战是改变人，需要解决变革中人的问题。

变革项目管理中的"八纵"是流程阶段，涵盖了完整的变革生命周期过程，使得变革可以按照结构化的方式开展，分为项目立项、概念阶段、计划阶段、开发阶段、验证阶段、试点阶段、部署阶段和持续运营阶段，如图10-1所示。各阶段主要活动如下。

图 10-1　华为变革项目管理框架图

项目立项阶段关键活动：在业务规划中同步完成管理变革规划，确保变革项目始终对准业务战略和业务价值达成。每个变革项目通过 CDP（Charter Develop Process，项目任务书开发流程）完成立项。包括：（1）依据关键业务痛点，对比最佳实践与现状，明确改进机会点；（2）明确项目的整体范围、愿景、路标、实施方法等；（3）回答"改变什么""为什么要改变""改变的价值"等问题，为投资决策提供准确的信息；（4）完成变革项目立项书开发。

概念阶段关键活动：（1）变革团队组建及变革松土；（2）理解业务需求，确定变革需求；（3）输出高价变革方案，即初始解决方案；（4）评估初始解决方案的可行性；（5）给出相关建议，为相应的变革管理团队决策提供依据。

计划阶段关键活动：（1）基线化项目目标范围；（2）制订完整的集成项目计划；（3）确定最终的集成项目计划，以便相应的变革管理团队进行评估和做出承诺；（4）方案确定并完成概要设计。

开发阶段关键活动：（1）完成变革方案详细设计；（2）以迭代的方式推进开发工作的开展；（3）开发和测试；（4）做好试点准备，并进行试点准备度评审。

验证阶段关键活动：（1）充分验证变革方案覆盖各类场景情况；（2）实施端到端的用户验收测试；（3）完成项目所有交付件；（4）做好推行准备，并进行推行准备度评审。

试点阶段关键活动：（1）用户及金种子赋能培训；（2）不断完善变革方案，提升 IT 系统的成熟度；（3）完成变革项目成果的推行。

部署阶段关键活动：（1）规模化落地和部署；（2）上线后的支持；（3）变革方案、能力向业务部门移交；（4）推行效果评估，新方案使用情况评估；（5）衡量变革举措的绩效。

持续运营阶段：（1）监控使用情况、性能和效果及投资收益；（2）关注变革方案上线后的生命周期管理，包括需求管理、问题管理、退出管理、变更管理和绩效管理；（3）启动改进型项目。

变革项目管理也是一种投资管理，要审视变革项目的价值、关键资源投入，预算投入等，在流程中设置决策评审点（DCP）和技术评审点（TR）两类评审点。决策评审点，为在立项、概念、计划、试点阶段结束时的决策提供明确、一致和有效的决策评审流程支持。技术评审点，通过对变革项目方案、架构进行成熟度评估，在概念、计划、试点阶段提供明确、一致和有效的技术评审流程支持。

当然项目管理运作流程，除了阶段、决策评审点、技术评审点外，与 IPD 流程类似，还包括各阶段详细的活动任务、相应的输入输出要求、可参考的最佳实践，以及各评审节点的详细评审要素、检查要素清单，这里就不展开了。

10.3.4　管理变革的组织

任何变革都是企业的一把手工程，企业一把手要对整个变革做出承诺，华为大多数变革项目都是领域一把手亲自负责的。除了一把手外，企业需要组建变革管理的组织，成立相关变革团队，支撑变革项目落地。

任总在《华为的冬天》一文里提到："什么是变革？就是利益的重新分配。利益重新分配是大事，不是小事。这时候必须有一个强有力的管理机构，才能进行利益的重新分配，改革才能运行。"

华为为执行和管理变革，采取项目管理的方式对所有的变革项目进行管理，并为此专门成立了临时性的项目团队。在公司层面成立变革指导委员会，由华为不同部门的负责人直接参与和协调并承担变革的责任。在变革指导委员会管理下，每个变革项目团队组织诸如 IPD、ISC、IFS 等变革项目团队，组织变革项目实施。变革指导委员会直接受 EMT 领导，向经营管理团队汇报。

变革指导委员会（ESC）

组织变革往往涉及企业多个部门，而且涉及的面广，影响程度深，若有变革指导委员会或者变革指导小组，对领导整个变革非常重要。

变革指导委员会是华为管理变革、流程、IT 系统与数据的最高决策组织。变革指导委员会对变革的成功负责，批准变革规划，决策问题与风险，组织变革专题研讨，等等。变革指导委员会由公司轮值董事长主持，成员以各业务部门总裁为主。

变革项目管理办公室

变革项目管理办公室是变革指导委员会的办事机构，负责从项目管理和变革管理的专业性方面支撑变革指导委员会对下的管理和决策，总体协调变革工作。

针对项目组合或者项目群，包括若干的相关项目、若干子项目，就需要成立变革项目管理办公室或者类似机构，以便从更高层面协调项目与项目之间的关系。

变革项目管理办公室成员由具有变革经验的人构成，负责确定变革方法，制订并监控变革流程的执行，辅导项目组。变革项目管理办公室主任由公司高管担任，办公室成员均为各个领域的变革实际操盘手和流程 IT 部门的各负责人，具体包括关键领域代表、流程 IT 代表、变革专家。

变革项目管理办公室职责有：项目或多项目的管理，项目预算，项目资源保证，项目间沟通，项目过程监控，项目验收，专家及顾问管理等。

变革项目小组

变革项目小组专门负责变革项目具体管理和实施，对变革项目目标达成承担责任。变革项目小组还要确保解决在项目进展的过程中产生的风险和变化所带来的问题，尽量减少变革对当前公司业务发展所带来的影响。

项目小组执行变革项目，进行变革管理，由具有业务经验和变革经验的业务专家组成，团队成员均来自跨部门，变革项目小组是真正的解决企业变革"最后一公里"的机构，负有安排评判、总结经验、学习、培训、指导的职能。

10.3.5　业务变革管理体系（BTMS）

业务变革是将企业中的人员、流程、技术与企业的业务愿景、战略紧密匹配，使得企业在成本、质量、客户满意度和效率等方面得到明显的改善，从而支撑和帮助企业达成长期战略目标。正如产品开发一样，一个长期进行变革项目管理的组织，需要一整套面向业务变革的管理体系。

变革管理体系负责管理和支撑公司变革及相关 IT 工作的规划、预算与日常管理。除了上面介绍的管理变革流程及管理变革组织外，还有业务变革规划、变革举措管理、变革方案开发管理、变革需求管理、运营管理、变革使能等内容一起支撑变革项目的开展，构成整个业务变革管理体系（BTMS）。

业务变革管理体系是一套能够支撑公司业务战略、保障变革从规划到执行落地并不断优化的管理体系，是一套能够直接支撑公司业务战略，推动内部变革实施，涵盖规划、项目执行、实施和生命周期管理的集成管理系统框架。

业务变革管理体系实现了变革规划、变革实施、变革推行、变革治理等各项变革工作的科学管理，这也是华为变革能持续取得比较好的效果的重要原因。业务变革管理体系管理的主要内容如下，其中管理变革流程和管理变革的组织不再赘述。

业务变革规划

● 变革战略规划和年度规划；

- 战略规划确定变革愿景、策略、政策和变革路标；
- 年度规划确定变革举措和变革项目清单、预算和优先级。

变革举措管理

- 举措管理是多项目集成管理；
- 举措是基于业务目标综合的变革构想，一个举措可能包含多个项目。

变革方案开发管理

- 解决方案开发是进行方案设计与实施的端到端流程；
- 项目管理运作流程中的决策评审点，保证项目各阶段关键要素被执行。

变革需求管理

- 变革需求可以通过多种途径收集，提交到变革需求管理组织，进行规范性管理；
- 变革类需求，如属于中长期需求作为变革规划的输入；如属于现有变革项目范围的需求，则提交相应变革项目组融入现有变革项目；如需要成立新变革项目的需求，则由实施责任人负责进行项目任务书开发。

运营管理

- 关注解决方案上线后的生命周期管理，包括需求管理、问题管理、退出管理、变更管理和方案绩效管理；
- 衡量变革举措的绩效。

变革使能

- 变革使能包括变革管理的组织及相关角色、职责，规则管理和业务绩效管理，保证变革与公司的业务及技术战略相一致；
- 规则管理，包括架构、变革相关的公司政策指引、标准等；

- 业务绩效管理，管理业务绩效、跟踪变革过程，评估管理体系的效率。

10.3.6 华为管理变革的指导理念和经验

2004 年 1 月，任总在干部工作会议上发表讲话说："我们处在一个变革时期，从过去的高速增长、强调规模，转向以强调效益的管理变革，以满足客户需求为目标，从而获得持续生存的能力，在这个变革时期，我们都要有心理承受能力，必须接受变革的事实，学会变革的方法。"

变革要始终围绕为客户创造价值，华为变革的目的就是要多产粮食（销售收入、利润、优质交付、提升效率等）和增加土地肥力（战略贡献、客户满意、有效管理风险）。这样才可能在以客户为中心的奋斗目标下，持续保持竞争的优势。下列华为变革原则、变革步骤、灰度理念及"七反对"原则值得学习。

变革基本原则

因地制宜，实事求是，实用为目的。

变革步骤

先僵化，后优化，再固化。

- 僵化：确保先"站在巨人肩膀上"，主张认真学习、深刻理解，避免半桶水自以为是，强调在学习初期阶段要"削足适履"，让流程先跑起来。

- 优化：在理解和使用的基础上改进，目的是使管理变得更有效和更实用。

- 固化：对使用效果好的流程及管理体系的规范化、流程化和IT化。

变革需要灰度

过多强调矛盾对立而忽略矛盾统一，是不利于企业发展的，"灰度管理"是一种高境界的管理智慧。开放、妥协、灰度是华为文化的精髓，也是一个领导者的风范。没有宽容就没有妥协；没有妥协，就没有灰度；不能依据不同的时间、空间，掌握一定的灰度，就难有合理审时度势的正确决策。开放、妥协的关键是如何掌握好灰度。同时，我们要有灰度的观念，在变革中不要走极端，有些事情是需要变革，但是任何极端的变革，都会对原有的积累产生破坏，适得其反。因此，在推行变革的过程中，切忌简单、粗暴、激进。

任总说："我们总是在稳定与不稳定、在平衡与不平衡的时候，交替进行这种变革，从而使公司保持活力。除了方向和原则不可妥协之外，实现目标的过程、手段和方法都是可以商量和妥协的。"在变革中，非黑即白的观点很容易鼓动人心，我们不需要非黑即白，需要的是灰度，任何强者都是在均衡中产生的。要坚持：战略与现实的平衡；扩张与控制的平衡；技术领先与客户需求优先的平衡；质量与成本的平衡；干部责任结果导向与关键行为过程考核的平衡；宽松的工作环境与严格的监控管理的平衡。

要坚持"七反对"原则

任总多次在多种场合提到，在管理变革中，要坚持"七反对"原则：坚决反对完美主义；坚决反对烦琐哲学；坚决反对盲目创新；坚决反对没有全局效益提升的局部优化；坚决反对没有全局观的干部主导变革；坚决反对没有业务实践经验的人参加变革；坚决反对没有充分论证的流程进入实用。

第 11 章
华为业务流程变革

任总说:"变革的目的就是要多产'粮食',以及增加土地'肥力',不能对这两个目的直接和间接做出贡献的流程制度都要逐步简化。在管理体系上,要持续变革,扎扎实实、一点点地搞管理变革,构建公司美好的未来。通过 20 多年的持续管理变革,我们已经建立了一个基于流程的管理体系。我们已经有一个接近西方公司的管理模型,支撑了公司进入 ICT 领域的领先行列。"

企业变革的本质是再造企业管理体系的过程,促进组织状态和能力的蜕变跃迁。管理体系变革需要深入挖掘企业管理问题的本质,找到根源,并以流程、组织、人员、技术、IT 等方面为着眼点,对企业进行全面的业务变革转型升级。

11.1 华为流程变革历程

我们说流程是最佳业务实践的总结,那么流程变革就是挖掘业务高效运作路径的过程。这个过程不是简单照搬标杆企业的流程,而是基于标杆企业的流程方法,结合自身业务现状,找到一条最优路径,形成企业自身流程，解决自身业务问题，提升业务效率，降低业务运作成本，提高业务敏捷度，让企业高效运行。流程变革更是一个基于流程生长和构建组织业务能力的过程，需要时机和时间周期，非一日之功。

华为成长史，就是一部管理体系不断创新的变革史，其中业务流程变革是"重头戏"。华为流程管理和流程变革的发展大致经历了如下几个阶段：

零散阶段（1998年前）：分散的功能型组织，零散的流程和制度要求。

主业务流集中化（1998—2005年）：IPD与ISC变革，逐步建设IPD与ISC流程。

面向国际化（2005—2007年）：成立公司流程管理部，下属IPD、ISC、CRM三个流程部门，初步建设公司流程架构。

面向全球化（2007—2016年）：IFS变革；CRM/LTC变革；MTL（市场到线索）变革；ISD变革；ITR变革；PRM（合作伙伴关系管理）流程建设；面向一线集成，账实相符，向由一线指挥战争转变，从以功能为中心向以项目为中心转型；公司业务流程架构BPA3.0发布，支撑运营商、企业、消费者业务三个BG运作；全球流程责任人（GPO）识别任命，流程架构及GPMS（全球流程管理体系）完成。

面向数字化（2016—至今）：CRM+、IPD+、ISC+数字化转型变革；面向对象集成；支撑数字化转型。

从1998年起，华为邀请IBM等多家世界著名顾问公司，系统性规模启动流程变革，先后开展了IT S&P、IPD、ISC、IFS和CRM等管理变革项目，先僵化，后优化，再固化。经过20多年的持续努力，把东方智慧与西方职业化管理有机结合，取得了显著的成效，基本上建立起一个集中统一的管理平台和较完整的流程体系，实现了卓越运营。

2014 年，华为对 1998 年以来的管理变革做了回顾，对包括 IPD、ISC、IFC 等变革项目都做了项目复盘和总结，对华为变革的价值给予了积极的评价，其中有一句是："1998 年，很多关于业务变革、业务流程架构、业务流程端到端集成、企业架构等的概念对于华为来说都是全新的。但现在，变革及流程语言已经是华为基因的一部分。华为的变革历程让华为成为今天的华为，成为 400 亿美元的全球化企业。"

2014 年 6 月，任总在德国 LTC 教导队训战班座谈会上的讲话评价："通过 20 多年的持续管理变革，我们已经建立了一个基于流程的管理体系。我们已经有一个接近西方公司的管理模型，支撑了公司进入 ICT 领域的领先行列。"管理体系和管理模型支撑华为进入领先行列，这是对华为多年来持续管理变革所取得成果的高度认可和评价。

同时，任总也指出："端到端的主干流程集成与贯通仍然是最大的短板。25 年以来，在管理变革上我们花了几十亿美元让西方公司提供顾问服务，能走到今天真是不容易。在别人看来，华为的管理已经够好的了。但在我看来，华为的管理还没有落地，就是还没有端到端地流程贯穿。"

任总说："云是管理哲学，雨是经营活动，雨流到地上，一定要到沟里面去，否则它就不能发电。华为可能有一些小溪流，已经形成了管理，但不是端到端的，有些是段到段的。这一段好像很优秀，但要翻一个大墙才流到下一段去，所付出的代价其实和这个沟没有挖是差不多的。我们现在最重要的就是要挖这条沟，要让这些段到段的流程，能够端到端地贯通。"

下面我们对华为的 IPD、LTC、MTL、ISC 等关键业务流程变革的情况进行介绍，数字化转型变革相关内容在下一章展开。

11.2 IPD 流程变革

11.2.1 华为为什么要开展 IPD 流程变革

IPD，英文为 Integrated Product Development，中文名为集成产品开发。IPD 的思想来源于美国研发管理咨询公司 PRTM 公司出版的《产品生命周期优化法》。产品周期优化，英文为 Product And Cycletime Excellence，简称 PACE，IPD 就是由 PACE 体系进一步改革而来的。最先将 IPD 付诸实践的是 IBM，效果明显。

1997 年，华为面临市场环境复杂化和对客户需求响应不足的双重压力，对未来的发展方向感到迷茫，这成为华为必须进行流程变革的原动力。1997 年岁末，任总与华为核心高管共赴美国访问了休斯公司、IBM、贝尔实验室与惠普公司，写下《我们向美国人民学习什么》一文。在文中，任总提到："我们在 IBM 整整听了一天管理介绍，对他们的管理模型十分欣赏，包括项目从预研到寿命终结的投资评审、综合管理、结构性项目开发、决策模型、筛选管道、异步开发、部门交叉职能分组、经理角色、资源流程管理、评分模型等，从早上一直听到傍晚。IBM 是付出数十亿美元的直接代价总结出来的，他们经历的痛苦是人类的宝贵财富。我们只有认真向这些大公司学习，才能让自己少走弯路，少交学费。这次访美我们重在学习管理。学习一个小公司向规模化转变，是怎么走出混沌的。回公司又在高层进行了 2 天的传达与研讨，这 100 多页（学习）简报激起新的改革火花。"笔者认为《我们向美国人民学习什么》一文吹响了华为向美国学习管理的号角。华为于 1998 年 7 月与 IBM 合作，开展了 IT S&P 咨询项目的工作。通过初步诊断分析，华为发现企业管理存在以下严重问题：

- 缺乏准确、前瞻的客户需求关注，反复做无用功，浪费资源，造成高成本。
- 没有跨部门的结构化流程，各部门都有自己的流程，但部门流程之间靠人工衔接，运作过程割裂。
- 组织上存在本位主义、部门墙，各自为政，造成内耗。
- 流程作业不规范，依赖英雄，这些英雄的成功难以复制。
- 项目计划无效，项目实施混乱，无变更控制，版本泛滥。

其中有这么一句话，让人印象深刻："华为有时间一遍遍地进行低水平重复，却没时间坐下来讨论如何把事情一次做好。"

可以说，那个时代华为产品的成功具有一定的偶然性，研发依靠的是"个人英雄"。这样的处境逼迫华为必须进行转变。另外，华为每年将销售额的 10% 投入产品开发，但是研发费用浪费比例和产品开发周期仍然是业界最佳水平的两倍以上。产品开发流程处于企业价值链上游，开发流程出现的问题会在生产制造、销售、交付、售后服务等下游环节被十倍百倍放大。因此，从产品开发源头入手，是提高产品投资收益、解决公司系统性问题的根治之举。

前文提到，IBM 顾问团队 IT S&P 项目第三阶段交付为华为规划了未来 3~5 年需要实施的 8 个业务变革项目，其中 IPD 项目是 8 个业务流程变革项目之一。

针对产品开发周期长、研发费用浪费严重等问题，华为 1998 年花巨资引进 IPD，就是希望通过变革产品开发模式，提升对客户需求的理解，缩短产品上市时间，降低费用，提升产品质量和交付能力，最终能够提高产品赢利能力。

通过 IPD 流程变革，华为重组了产品开发流程，在流程、组织和 IT 方面开展了一系列重要的管理变革。华为建立起以市场导向的研发能力，构建起高质量的产品管理体系和能力，使公司在产品开发周期、产品质量、成本、响应客户需求、产品综合竞争力上都取得了根本性改善。

华为将 IPD 流程变革视为拥有极高优先级的 CEO 项目，任总要求任何长期无法适应 IPD 规则的员工都要淘汰。IPD 流程变革项目的成功对于华为来说意义尤为重大。IPD 流程变革帮助华为重构了产品开发体系，建立起成熟的流程和管理体系，驱动华为成为一个规范、成熟的企业，有力地支撑了华为的快速发展和国际化扩张。

IPD 流程变革被视为华为向世界级公司转变的开端，变革过程中形成的变革实践和方法，为后续变革提供了参考样板，这些都是华为能够发展壮大成长为世界级领先企业的重要基础之一。

11.2.2　IPD 的本质是从机会到商业变现

IPD 是从产品概念产生到产品发布、产品退市全过程管理的一种理念和方法。IPD 从流程和产品两个方面对产品开发流程进行重整，强调以市场需求作为产品开发的驱动力，将产品开发作为一项投资来管理。在产品开发的每一个重要阶段，都从商业的角度而不只是从技术的角度进行评估，以确保产品投资回报的实现或尽可能减少投资失败所造成的损失。在任总看来，IPD 并不只是关于开发的流程，而是"商业从机会到变现的方法论"。

大部分企业听到 IPD，都认为 IPD 是一个指导产品开发的流程，其实对 IPD 准确的理解是一个商业流程和一套管理体系，通过对市场导向的创新，实现商业成功。

IPD 变革的核心是流程重整和产品重整两个方面。流程重整关注重整产品开发流程，如跨部门的团队、结构化的流程、项目和管道管理。产品重整关注异步开发和 CBB 的重用。

IPD 通过分析客户需求，优化投资组合，保证产品投资的有效性；通过应用结构化流程，采用规范化的项目管理与管道管理方法，保证产品开发过程的顺利进行；通过建设并使用 CBB，采用异步开发模式缩短开发的时间，降低综合成本；通过建立跨部门的产品管理与开发团队，并辅以有效的考评体系来保证整个产品开发有效地进行。IPD 强调在产品设计中就构建产品质量、成本、可制造性和可服务性等方面的优势。作为先进的产品投资开发理念，其核心理念和思想概括如下。

以市场需求作为产品开发的驱动力

IPD 强调产品创新一定是基于市场需求。在产品开发过程中，需要正确定义市场需求和产品的概念，贯彻以客户为中心的开发设计理念，给客户提供技术领先、满足或超越客户期望的产品。为此，IPD 把正确定义产品概念、市场需求作为流程的第一步，开始就把事情做正确。

把产品开发当作投资管理

新产品开发不仅是技术活动，更是企业最重要的投资行为，投资的目的是收益最大化。IPD 强调要对产品开发进行有效的投资组合分析，并在开发过程设置投资决策评审点，通过阶段性评审来决定项目是继续、暂停、终止还是改变方向。

跨部门团队

IPD 采用跨部门团队使产品投资决策、产品开发、技术开发、生命周期管理都能够在统一协调规划下落实。在 IPD 中，跨部门团队有 IPMT 和 PDT 两种类型，其中产品开发团队是由市场、开发、制造、采购、财务、客户服务、质量等来自不同功能部门人员组成的重量级跨部门团队，通过团队的高效沟通、协调及决策的无缝衔接，确保项目的成功及客户需求的满足，达到尽快将产品推向市场的目的。华为 IPD 流程通过跨部门团队运作，确保服务、制造、财务、采购等流程后端部门的提前加入，在产品设计阶段，就充分考虑和体现可安装、可维护、可制造等需求，以及成本和投资回报，做到产品一旦推出市场，全流程各环节都能做好准备，避免开发部门开发产品、销售部门销售产品、制造部门生产产品、服务部门安装和维护产品的割裂状态。

结构化开发流程

结构化流程是指产品开发流程被明确地划分为概念、计划、开发、验证、发布、生命周期六个阶段，并且在流程中有定义清晰的决策评审点。产品开发项目具有不确定性，IPD 将投资和开发工作分解为若干阶段，并设置相应的评审点，以控制研发投资风险、减少研发投资浪费。

业务分层管理

业务分层将复杂的业务从业务角度拆分为多个层级，如：部件层、子系统层、技术平台层、产品方案等。每个层级都从投资的角度来看待，直接面向市场。业务分层的主要目的是尽可能寻求各个层级的市场机会，充分发挥智力资产的获利能力，谋求公司利润最大化。另外，对于功能复杂且集中的大型系统及其管理组织来说，业务分层可以降低系统和组织的复杂度，使得各个要素分散化、专门化，并且有清晰的管理界限。

异步开发

也称并行工程，其基本思想是将产品开发在纵向分为不同的层次，如技术层、子系统层、平台层等。不同层次开发工作由不同的团队并行开发完成，从而减少下层对上层工作的制约，把原来的许多后续活动提前进行，从而减少产品开发对技术开发的依赖，有利于关键技术的突破和进步，同时缩短产品开发周期和产品上市时间。

CBB 重用

CBB 指那些可以在不同产品、系统之间共用的零部件、模块、技术及其他相关的设计成果。IPD 鼓励 CBB 重用，提高产品开发的效率，在质量提升、降低成本、缩短研发周期方面都大有益处。

项目和管道管理

项目管理指在产品概念产生到产品投放市场的过程中建立规范的项目管理方式。项目是使跨部门团队集合起来更好行动的关键。管道管理指根据公司的业务策略对开发项目及其所需资源进行优先级排序及动态平衡的过程。

衡量指标

衡量指标指从商业角度对产品开发过程、不同层次人员或组织的工作绩效进行衡量的一系列指标。如产品开发过程的衡量标准有财务指标、CBB 重用情况、产品开发周期等；对 IPMT 的衡量标准有投资效率、新产品收入比率、废弃项目数等；PDT 的衡量标准有产品上市时间、产品赢利时间等。

11.2.3　IPD 流程整体框架

IPD 流程体系中最重要的三大流程是市场管理流程（MM）、需求管理流程（RM）和狭义的产品开发流程（本书中如无特殊说明，"IPD"都指 IPD 体系），如图 11-1 所示。IPD 强调市场和客户需求驱动产品规划和开发，是一个公司面向商业成功，实现价值创造的产品研发投资管理体系。

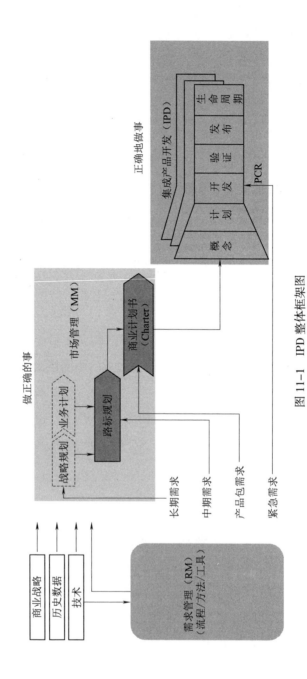

图 11-1 IPD 整体框架图

IPD 的精髓就在于"I（Integrated）"，即集成作战。IPD 把组织、流程、人才集成起来，核心是由来自市场、开发、制造、采购、服务等方面的人员组成重量级团队，负责管理从产品规划、客户需求、产品立项、开发实现、产品上市直到生命周期的整个完整过程。现在来看，IPD 可以理解为一套从识别需求到产品上市的端到端的最优路径和产品开发模式，让高质量的产品开发可复制。IPD 的框架包括如下组织、流程、方法和工具等完整体系。

（1）IPD 中的组织：跨部门团队

- IRB（投资评审委员会）
- IPMT（集成组合管理团队）
- PMT（组合管理团队）
- PDT（产品开发团队）
- TDT（技术开发团队）

（2）狭义 IPD（产品开发流程）中的结构化流程

- 6 个阶段：概念、计划、开发、验证、发布和生命周期管理
- 4 个决策评审点：概念决策评审（CDCP）、计划决策评审（PDCP）、可获得性决策评审（ADCP）、生命周期结束评审（LDCP）
- 7 个技术评审点：产品需求和概念，需求分解和需求规格，总体方案，模块/系统评审，原形机质量，初始产品质量，发布

（3）支撑子流程

包括：需求管理、项目管理、配置管理、技术规划与开发、采购/外协管理、文档管理、质量管理、资源管道管理、软硬件设计、成本管理、产品数据管理、定价管理、上市管理、产品生命周期管理等。

（4）IPD 方法论

包括：客户需求分析、投资组合分析、衡量标准、跨部门团队、结构化流程、项目与管道管理、异步开发、CBB、UCD 等。

（5）IPD 工具

包括：技术工具、业务工具、分析工具、IT 工具。

（6）流程绩效

包括：TPM 评估、平衡计分卡指标。

华为 IPD 流程变革项目历时 20 多年，笔者有幸参与了 PDT 投资决策管理、市场管理、需求管理、产品路标开发、产品商业计划书开发、GTM 上市管理、定价管理等流程建设。

为匹配 IPD 流程变革的落地，华为成立产品线组织负责产业的经营管理，设置 IRB、IPMT、PDT、TDT 等重量级团队进行投资组合管理及集成产品开发，完成了组织变革以匹配流程与管理体系的运作。同时，为固化 IPD 流程变革成果，在各产品线设置质量与运营部，以支撑 IPD 的持续运营和优化，整个变革是系统性工程。

11.2.4　IPD 驱动偶然成功为必然成功

IPD 流程可归纳为两部分，即"做正确的事"和"正确地做事"。"做正确的事"就是确保产品开发的方向是对的，符合客户的需求，且具有产品竞争力，由市场管理流程和需求管理流程来支撑"做正确的事"。而狭义的产品开发 IPD 流程支撑"正确地做事"。

市场管理流程

在战略管理篇，我们介绍过市场管理是一套系统的方法，用于对广泛的机会进行选择收缩，制定出一套以市场为中心的、能够带来最佳业务成果的战略与计划。在 IPD 流程体系中，市场管理流程主要用于支撑产业规划、产品路标规划和产品商业计划书开发。

市场管理流程分为六大步骤，强调基于客户需求的结构化流程及贯穿始终的投资组合决策分析，打通市场和研发，使研发以市场为导向，以市场驱动研发，做正确的事，确保公司战略和各产品线战略达成和商业成功。前文已有详细讲述，此处不再赘述。

需求管理流程

需求管理流程由需求收集、分析、分发、实现、验证五个阶段构成，由跨部门的需求管理团队（RMT）和需求分析团队（RAT）两个主要团队支撑。

需求管理，把市场调研（外部）获得的信息，结合企业内部对行业的理解和分析，对产品开发的需求进行全流程管理，保证规划和开发出有竞争力、高质量的产品和解决方案，及时满足市场客户需求。

客户需求是华为发展的原动力。以客户需求为导向，是华为践行"以客户为中心"理念的体现。华为强调把客户需求理解力作为公司核心能力来构建，因为这关系到华为能不能做正确的事。华为采用"去粗取精、去伪存真、由此及彼、由表及里"十六字方针来分析、理解和把握客户需求。

产品开发流程

即狭义的 IPD 流程：按照概念、计划、开发、验证、发布的结构化方法指导产品开发团队如何正确地开发出产品和解决方案，使得产品开发的过程规范、高效，产品质量有保障，确保正确地做事，及时开发出符合客户要求的产品并推向市场。

IPD 流程体系让华为的产品研发基于流程而不再依赖个体，把个人能力转化成了组织能力。产品开发也不再仅仅是研发部门的工作，而是全公司的集体协作。通过 IPD 流程变革，华为建立了一套能够持续开发高质量产品的管理体系。IPD 促使华为实现了如下三个转型，把华为研发体系产品开发团队从"技术工程师"转变成了"工程商人"：（1）从依赖个人英雄的偶然成功转变为构建可复制成功的管理体系，提升成功概率；（2）技术导向转变为客户需求导向的投资；（3）从纯研发转变为跨部门团队协同开发、共同负责的模式。

任总 2003 年讲话总结 IPD 的价值时讲道："怎样认识 IPD 的价值？ IPD 最根本的是使营销方法发生了改变。我们以前做产品，只管自己做，做完了向客户推销，说产品如何好。这种我们做什么客户就买什么的模式，需求旺盛的时候是可行的，我们也习惯于这种模式。但是现在形势发生了变化，如果我们还是埋头做出好东西，然后再推销给客户，那东西就卖不出去。因此，我们要真正认识到客户需求导向是一个企业生存发展的非常正确的道路。"

IPD 的流程体系和管理体系，最终使华为在产品开发周期、产品质量、成本、客户响应、产品综合竞争力等方面都取得了根本性的改善。IPD 流程变革重构了华为研发模式，华为按 IPD 流程体系开展了上千人的中试部门大规模组织重组、组织融合和业务优化，驱动了研发组织变革。重组后的组织和人员按流程变革要求投入到 IPD、ISC 的变革洪流中，把华为从依赖个人英雄转变为靠流程和管理制度来推出有竞争力的高质量产品，驱动华为成为一家规范的、管理有序的、成熟的企业，将产品开发的偶然成功变为必然成功。

11.2.5　IPD 流程的应用与发展

华为的 IPD 流程变革是在任总的亲自推动下展开的。任总多次强调"不换脑袋就换人"，确保了 IPD 能够真正在华为落地、生根和发芽。

华为从 1998 年开启 IPD 流程变革，用 20 多年时间构建 IPD 流程体系，目前 IPD 流程变革还在持续推进中。从 1998 年到 2018 年，华为用将近 20 年的时间解决了"从偶然成功到必然成功"的问题。从 2019 年 IPD 进入新的变革阶段，将支撑华为 2030 年战略目标的实现，"从不可能到可能"。其中"从偶然到必然"的变革过程，IPD 经历了如下四个大的变革阶段，前两个阶段由 IBM 顾问主导，后两个阶段由华为内部主导，从 IPD 1.0 到 IPD 8.0，共优化发布 8 个大的流程版本。

第一阶段：IPD 的引入阶段。主要工作是"松土"和了解华为的现状，识别潜在的改进机会，通过与业界最佳的对比进一步识别改进机会。在这一阶段，IPD 项目组通过研讨、访谈、问卷调查等方式，对华为产品开发的现状进行了全面的诊断，并对诊断结果进行了全面总结，提出了改进建议。同时，为了使大家从思想上认识到变革的必要性，做好心理准备，IPD 项目组组织开展了大量的宣传、培训等"松土"性工作。

第二阶段：IPD 的发明和推广阶段。发明主要是设计和测试未来的流程及相应组织，由教练引导 PDT 试点团队执行。IPD 项目主要从结构化流程、跨部门考评、项目管理、系统工程、市场需求、IT 支撑体系建设等方面深入开展了业务优化改进工作。IPD 推行工作分阶段展开，2001 年下半年是 IPD 推行的第一阶段，有 30% 的项目完全按 IPD 流程运作，其余 70% 的项目部分实施。从 2002 年开始，华为的新产品开发项目 100% 按 IPD 流程运作，IPD 模式在公司所有产品范围内得到推广。

第三阶段：IPD 的自身建设阶段。开展核心流程建设与完善，与功能领域流程对接。比如建立端到端的核心流程框架，建立和完善管理体系，建立和完善功能领域流程（如围绕 IPD 的市场、开发、制造、采购、财务、客户服务、质量保障各功能领域流程），建立生命周期流程，实现与周边流程的打通衔接，建立技术管理体系。

第四阶段：IPD 的持续完善阶段。融入全面质量管理体系、敏捷要求、实现跨领域集成（如 IPD–MTL 集成），开展 IPD 适应性业务适配，根据业务形态和特征要求进行适配应用，如：应用于服务产品开发、企业市场产品开发、终端手机产品开发、行业解决方案开发及云服务开发等。

经过 20 多年的变革，现在回过头看，顾问在诊断报告及 IPD 第一阶段报告中提到的业务策略和市场管理、市场需求、系统工程、项目管理、结构化流程、组织、技术管理、IT 使能器/工具、管道管理、技能、衡量标准等 11 个方面的问题已经基本解决。可以说，IPD 是在不断解决业务发展问题的过程中逐步生长和完善起来的。IPD 流程变革不是一蹴而就，而是一个过程，是业务发展的一部分。企业变革始终要以业务为导向，以愿景和问题驱动，始终抓住主要矛盾。

值得一提的是，IPD 除了支撑业务适配开发，如产品开发、应用服务开发、终端产品开发、解决方案开发、云服务开发以外，因为 IPD 阶段概念的通用性较好，概念、计划、开发、验证、发布、生命周期六个阶段在华为已经深入人心，所以 IPD 的过程框架在其他领域也得到深入应用。比如变革项目基本就是 IPD 流程的应用，重点改进项目流程也应用了 IPD 的概念。

笔者 2011 年从产品与解决方案体系调入企业 BG，组建企业网产品线 Marketing 质量运营团队，深度参与了市场领域流程建设，以及第四阶段中的全面质量管理体系、跨领域集成项目，并主导了企业业务市场产品开发特别是产品上市流程，以及 IPD 在行业解决方案开发的应用两大流程变革项目，支撑了企业 BG 和行业解决方案业务的运营与开展。

IPD 流程让华为产品规划和产品开发更加有序，摆脱了对个人英雄的依赖，让整个组织更加成熟，交付更加规范、可管、可控、可预测和可重复，对于客户来说这是一个值得信赖的"靠谱"的企业和组织。在拓展欧洲市场期间，规范的流程体系帮助华为通过了很多客户的认证和评估，赢得了客户认同，某种程度上，"流程是门槛，也是竞争力"。IPD 流程及其构筑的竞争力帮助华为在全球化进程中攻城拔寨、开疆拓土，为华为赢得一个个市场和客户立下汗马功劳。笔者在质量运营体系工作期间，有部分客户的标书会要求提供华为在产品路标规划、客户需求管理、产品研发管理、质量管理方面的流程和实践，笔者就参与了好几次标书答复的工作。

笔者在欧洲开发中心慕尼黑 OpenLab 工作期间亲身体会了 IPD 的威力。德国一个汽车行业头部客户一直在寻求 ICT 领域合作伙伴，最后聚焦在三家备选合作商上。在最后合作决策阶段，客户罗列了 100多个关心的问题项，有近 10 个大类，让备选合作方书面答复。在这近 10 个大类、100 多个问题里，客户最关心或者说其中最核心的就是华为的产品投资管理体系、研发管理体系、产品路标及需求管理、产品和解决方案开发与交付的能力，这正是 IPD 流程体系的内容。笔者牵头对这块内容做了答复，在接下来的高层会谈中，系统性阐述了华为战略选择、产品和解决方案投资、客户需求管理、产品和解决方案开发与交付管理等方面的流程和管理体系、决策机制、质量保障体系，项目管理能力，以及相应的管理团队和支撑团队，赢得了客户的赞许，也为华为最终赢得了与客户战略合作的机会。

11.2.6　IPD+ 行业解决方案变革

IPD+ 行业解决方案是 IPD 应用于行业解决方案开发变革的典型案例。2011 年，华为成立企业 BG，进入企业市场。随着企业 BG 成立，笔者的工作关系从产品与解决方案体系调入企业 BG 下属产品线，组建产品线 Marketing 部质量与运营团队。面向大客户的运营商市场与面向中小企业客户的企业市场存在很大差异。两个市场的客户特征、销售模式、产品上市、定价策略、品牌策略、渠道策略、服务导入模式完全不同，在产品研发、供应链、客户支持方面也有很大不同。

2011 年底，企业 BG 启动企业 IPD 流程优化变革项目，基于企业市场的差异化，建立相应的支撑管理体系和流程体系。笔者作为产品规划和上市模块负责人参与变革项目，并在 2013 年完成项目交付，初步支撑面向企业市场的产品开发、上市、销售业务。

但企业市场不仅是靠渠道商卖设备，关键是结合各行各业的业务特征和痛点，面向客户提供解决方案，这与运营商的业务模式及企业卖产品的模式有很大差异。于是，2014 年笔者从企业 BG 产品线调入企业 BG 行业解决方案部，支撑行业解决方案管理体系和流程建设。

在当时的华为，行业解决方案是一块新业务，负责行业解决方案业务的是隶属于企业 BG 下的行业解决方案部，属于二级部门，分成政府、金融、能源、交通、媒体、大企业等七大行业业务板块及其他职能平台部门，业务涉及行业解决方案的规划开发、大客户的拓展、大客户项目交付、沉淀行业解决方案能力等。

相对于产品来说，围绕行业解决方案的规划、开发、定价、上市、客户拓展、销售和交付、维护与服务等环节的流程、组织和 IT，以及相应的管理体系，基本上都是缺失的。2014 年底，笔者参与企业 BG 变革战略规划，初步梳理行业解决方案端到端业务流、关键成功要素、核心业务能力，并给出了初步的变革点、变革思路和变革节奏。除了参与变革战略规划，笔者还在 2014 年和 2015 年分别牵头"行业解决方案与周边体系衔接"和"行业解决方案价值定位"两个战略专题，探索行业解决方案管理体系优化。

2016 年华为正式启动行业解决方案管理体系变革项目，这个项目的实体责任和支撑主体就落地到笔者所在部门。整个项目从识别行业解决方案的业务模式开始，定义了行业解决方案的四种业务模式，根据四类行业解决方案业务形态，确定关键成功要素和关键能力，梳理业务架构、流程架构、IT 规划，设计对应的组织和职位，其中行业解决方案的规划和开发是基础和关键。

笔者结合所负责的企业 BG 行业解决方案战略专题项目，完成了行业解决方案与产品差异化梳理。基于行业解决方案与产品差异化，笔者与变革项目组其他成员完成 IPD+ 行业解决方案变革关键点设计，解决了如下问题。

业务模式设计

开展行业解决方案定位和业务边界梳理，明确业务模式，识别出行业生态联盟，区域能力短板，给出行业解决方案业务部资源向一线前移和布局的调整建议，回答了行业解决方案如何实现商业成功的问题。

标杆分析

洞察 IBM、惠普、埃森哲等在行业解决方案管理及解决方案开发的实践，向企业 BG 总裁汇报，积极推荐 IBM 模式，为行业解决方案业务海外开发中心设立提供了参考依据。

业界理念和实践引入

引入解决方案来源于项目实践的理念，大胆提出解决方案从项目中来、不断迭代、进化而成的理念，调整解决方案开发由强调洞察到强调市场项目驱动的模式，优化解决方案开发方式及人力资源布局。

总体方案设计

基于解决方案定位及行业解决方案与产品差异点，探索行业解决方案开发新模式，提出企业 BG 向行业解决方案销售转型的必要性和紧迫性。

变革创新点设计

引入解决方案成熟度评估实践，简化解决方案开发流程，确保解决方案上市效果。

行业解决方案管理体系变革项目非常复杂，涉及行业解决方案端到端流程体系变革近 20 个关键变革点，其中行业解决方案的规划和开发是基础。

项目组在变革项目中，引入了场景化解决方案的概念，形成了基线解决方案和场景化解决方案相辅相成、互相反哺的开发模式，强调基于平台打造和沉淀场景化解决方案，基于平台生长解决方案和服务。这些理念和概念极大地丰富了华为 IPD 流程的理论和实践，其中"场景化解决方案"更是成为高层领导后来经常提及的通用词汇。边打仗边构建起来的行业解决方案管理体系及流程，规范并有效地支撑了华为智慧城市、数字政务、智慧园区、智慧金融、智慧电力、数字油气、智慧交通等解决方案的规划开发、市场拓展与项目交付。

基于变革方案建议，华为企业 BG 加大了海外行业解决方案开发中心的布局，笔者也被派往德国慕尼黑参与欧洲开发中心慕尼黑 OpenLab 的建设和运营，探索并明确 OpenLab 的组织定位和价值，梳理业务、流程和考核机制，实现与一线组织和流程的对接，确保 OpenLab 作为一个新组织能得到一线认可，并存活下来，发挥价值。接下来的两年华为在全球布局了 11 个 OpenLab，在行业解决方案打造、本地生态伙伴合作、行业客户拓展、大项目交付、行业知识沉淀方面发挥了重要作用。变革的构想变成蓝图，蓝图变成现实，开出灿烂之花，结出丰硕之果。

11.3 LTC 流程变革

11.3.1 LTC 流程变革背景

2007 年，电信行业快速发展，华为面临如何更加高效、简单地和客户做生意的课题。同年，华为启动 CRM 变革规划，确定 CRM 变革的愿景和目标。笔者作为 Marketing 领域变革项目群代表与销售领域变革项目群同事，一起参与了 CRM 变革规划。

CRM 变革项目群规划了三波、四流、13 个项目。三波即分三个大的阶段推进 CRM 项目。四流即：核心 CRM、以客户为中心、卓越的一线、解决方案创新。其中，核心 CRM 包括：LTC、卓越的服务交付、问题到解决。以客户为中心包括：增强客户管理、客户期望和满意度管理、客户细分和解决方案相匹配、以客户为中心的运作。卓越的一线包括：人才与激励、学习与知识分享、建立合作伙伴关系。解决方案创新包括：解决方案优化和上市、定价优化、增强服务和解决方案。

三波、四流、13 个项目除了少数有调整外，根据优先级、紧迫度及组织变革准备度情况，陆续在华为销售领域、营销领域、服务交付领域及产品 & 解决方案领域承接落地。

整个 CRM 变革以客户为中心，以能力框架为基础，围绕三条主线（综合经营、主干打通、作战能力提升）、两个支撑（管理体系、组织人才），初步构建华为面向客户的业务管理体系和 IT 平台，一线逐步树立起流程意识和文化，提升了作战能力，支撑公司战略达成。在整个 CRM 变革项目群中，笔者有幸参与了 LTC、客户期望和满意度管理、解决方案优化和上市等项目。

11.3.2 LTC 实践与价值

LTC 流程就是从管理线索到管理机会点，再到管理合同执行端到端贯穿公司运作主业务流的流程，承载着公司最大量的物流、资金流和人力投入。整个流程强调重视市场研究和前期拓展，收集和生成项目线索，进而形成机会点，发展成与客户的合同，通过合同执行把产品和服务交付给客户，实现客户价值创造，客户为获取到的价值而付费，企业把款收回来，最后关闭合同，是一个完整的价值创造端到端流程。

LTC 流程变革的最终目标是：通过不断优化以客户为中心的运作和管理，提升整体经营指标（财务指标、客户满意度指标、运营绩效指标），实现卓越运营。

前文讲到 LTC 流程变革规划其实是从 2007 年开始的，包括在 CRM 变革规划中，规划完之后 LTC 流程变革并没有马上启动，这是因为高层认为一线组织成熟度不足，变革准备度不够，所以策略性地往后拖了两年，直到 2009 年 IPD 和 ISC 流程基本完成变革后才启动了 LTC 流程设计。当时华为从一线抽调了 100 多名业务专家，组建实体 LTC 流程变革管理部，用时近一年才完成方案设计，并在 2010 年启动试点，2011 年规模推行。变革过程分成五个阶段来实施。

第一个阶段（S1）：从机会点到订货，先把业务流打通。

第二个阶段（S2）：打通配置，把合同 BOM（物料清单）跟生产 BOM 打通，解决数据贯通的问题，实现合同对准交付，交付对准回款。

第三个阶段（S3）：交付上 ERP（企业资源计划），把服务作为产品进行管理，真正实现业务的全流程可视，支持概、预、核、决四算在项目中的落地。

第四个阶段（S4）：合同生命周期与合同文档的结构化，控制与改善合同条款质量，并全生命周期进行管理。

第五个阶段（S5）：强化解决方案能力，从点上的攻击力向系统级的攻击能力升级。

华为 LTC 流程变革进行了近 10 年，2007 年启动规划，2009 年启动流程方案设计，2010 年启动试点，到 2017 年 8 月，变革项目关闭。

LTC 流程建设和优化的过程不断对准客户的业务流程，拉通线索、机会点、合同签订、合同执行、回款到合同关闭的全流程并集成，不断地把优秀的业务实践和决策机制，固化到流程里面，并把业务风险与缺陷在流程中进行管控与预防，构建起整套以客户为中心的 LTC 流程架构及体系。LTC 流程变革为华为带来了以下价值：

- 端到端拉通销售流程，打通售前售后，使得售前售后成为一个有机的统一，打破部门墙，减少内耗，提升一线协同作战效率。

- 建立面向客户的统一界面（铁三角），提升一线作战能力；构建客户与华为的统一界面，更全面地理解和服务客户，提升客户满意度，成就客户的商业成功。

- 项目损益清晰可见，清晰了解项目盈亏，实现可持续的盈利性增长。

- 决策前移，充分授权，使一线更快地响应客户。提高组织和员工的能力，通过提高组织能力，降低对个人的依赖。

11.3.3 LTC 流程框架

与 IPD 流程类似，LTC 流程体系是由流程、方法和工具，团队角色与职责，评审与决策销售管理规则，以及 IT 系统和数据构成的管理体系，如图 11-2 所示。

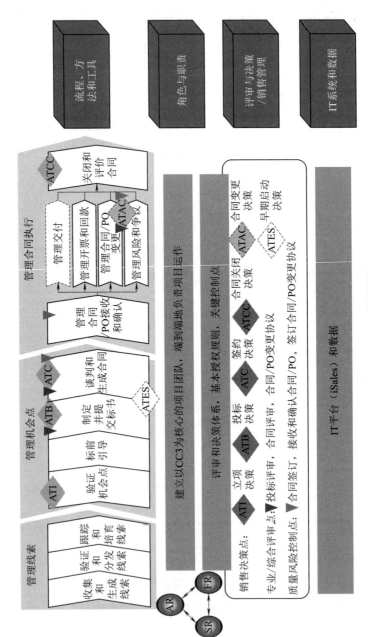

图 11-2　LTC 流程框架

流程、方法和工具：（1）LTC主业务流包括管理线索、管理机会点、管理合同三大流程阶段；（2）解决方案销售方法（销售软能力）；（3）流程及方法涉及的主要工具和模板。

团队角色与职责：LTC流程中主要有三类团队，一是铁三角，面向客户的统一界面；二是以铁三角为核心的项目团队(铁三角核心成员＋项目扩展角色)；三是其他支撑性功能岗位。

评审与决策/销售管理：（1）专业评审和综合评审：投标评审，合同评审，合同/PO变更方案评审三个专业/综合评审点；（2）立项决策、投标决策、签约决策和合同关闭决策四个销售决策点；（3）合同签订、接受和确认合同/PO，签订合同/PO变更协议三个质量风险控制点；（4）决策层级与团队；（5）升级授权机制；（6）借货及核销；（7）销售管道管理/销售预测。

IT系统和数据：（1）销售流程的IT主平台；（2）业务信息流打通与集成。

11.3.4 LTC铁三角组织

华为原来的客户关系和销售职能由销售部门来负责，合同由产品部门来负责方案，还有其他部门做支撑。这种典型的职能型的结构下，整个销售流程割裂，客户的信息、需求没有办法真实完整地反映到方案和交付中，导致了很多问题。比如：部门墙厚重，岗位职责不清晰，考核指标没拉通，客户关系不牢固，过度承诺，售前支持不到位，产品方案不合理或没有竞争力，信息管理混乱，对合同理解不够，交付质量不高，客户服务响应慢，等等。

华为在LTC流程变革项目中借鉴北非地区部苏丹办事处"铁三角式"工作组模式，在LTC流程中引入铁三角核心团队，并建立和完善相关落地机制，形成了以客户经理、方案经理、交付经理为核心的铁三角。铁三角打破职能壁垒，形成以项目为中心的跨功能团队运作模式，承接从机会点验证到合同关闭的端到端职责。铁三角有三个重要特点：

（1）面向客户：对准的是客户，在市场前端联合作战，使客户感到华为是一个界面。

（2）聚焦目标：为了目标，打破功能壁垒，形成以项目为中心的团队运作模式。

（3）推拉结合：由过去"推"的机制，转化为"推""拉"相结合，以"拉"为主的机制。

铁三角由三个角色组成：客户经理、方案经理和交付经理，将销售工作最需要的进攻性与协同性融于一体。其目的就是发现机会，咬住机会，将作战规划前移，呼唤与组织力量，实现目标的完成。

客户经理：简称 AR（account responsible，客户负责人），主要负责客户关系、业务需求管理、商务谈判、合同与回款，要求把客户关系做扎实，及时回款。

方案经理：简称 SR（solution responsible，产品方案负责人），主要负责产品需求管理、产品与方案设计、报价与投标、技术问题解决。要求提供满足客户需求的解决方案，同时要推出能够与竞争对手拉开差距的解决方案。

交付经理：简称 FR（fulfill responsible，交付负责人），主要负责从订单、制造、物流、安装到交付验收的项目管理。确保灵活的契约化交付能力，瞄准合同交付，提升客户的满意度。

客户经理最重要的职责是理解客户需求，根据客户的业务需求、站在客户的角度向公司提出要求。一旦客户有了发展业务的想法和预算，客户经理就可以在第一时间获知客户需求，并深刻理解客户诉求，会同方案经理和交付经理给出更加贴近客户需求的解决方案，从而拿下订单，完全不给竞争对手可乘之机。

三个角色共同构筑一个攻坚团队，彼此支持、密切配合，对客户业务痛点和业务需求了如指掌，随时准备为客户服务。铁三角可通过极其迅速的响应机制，在最短时间内，端到端及时响应客户需求，为客户提供全面的解决方案以满足客户需求，让客户更满意。

这种抱在一起生死与共、聚焦客户需求的共同作战单元，目的只有一个"满足客户需求，成就客户的梦想"，这就是以客户为中心的铁三角运作机制。这种铁三角精髓和机制让销售从不确定走向确定。

任总讲："我们要给铁三角赋予责任，也要赋予权力。我们现在是网络时代，我们只要一个小小的铁三角在前线，就把什么问题都搞清楚了，这个地方要投什么炸弹，要投多少炸弹。只要几个人通过呼叫，然后巡航导弹来了，洲际导弹来了，航空母舰来了，飞机群来了。小小的铁三角就驱动了千军万马的战争。未来我们的战争模式，会发生很大的改变，从中央集权式的司令发号施令冲锋的传统管理模式，改为一线呼唤炮火精准打击的模式。网络时代，战争形态随着信息和网络的改变而改变。华为的组织结构也要随着信息时代的改变而改变。"

11.3.5 LTC 流程变革成功的关键要点

跟其他变革项目类似，LTC 流程变革的成功也得益于任总的亲自推动和对 LTC 流程项目组的亲自指导。在 LTC 流程变革项目初期，任总给了非常多的指导和要求，这些都是变革成功的关键要点。整理如下，供读者借鉴参考：

- LTC 流程变革不仅是流程建设，也要关注组织建设。当变革有了阶段性成果，就要重点考虑队伍建设问题，要建立一个正确的价值评价体系，合理分享利益，才能巩固好变革队伍和变革成果。

- LTC 流程变革也是一场革命，要把所有人卷进来，转变思想、转变意识、转变操作方法，要求项目组担负起变革"松土"和培养人的任务。公司管理体系变革的关键历史时刻，要敢于撤换不能适应的干部，不能迁就干部。IPD 流程变革就是先僵化、后优化、再固化，不换思想就换人。

- 变革要扎扎实实推进，不能急躁，变革节奏由项目组自己决定。变革不是一下子就见实效，收益不是很快体现，关键是要打通。流程打通很难，打通以后就是扳道岔。为了打通流程，流程变革项目组要大量在公司内部招聘有实践经验的人，没有实践经验的不要。

- 所有代表处首先要关注流程打通，而不是要关注变革收益评估，最先要做的是一定要打通，变革收益自然就能体现。

2015 年 LTC 流程变革项目进入攻坚期，任总在变革战略预备队进展汇报会及各国代表处推行中多次发表讲话，对 LTC 流程变革项目推行给了更多指导性要求。讲话要点如下，供参考：

- 5 年后我们可能就处于世界前列了，但我们的流程还没打通，基础工作还没做好。不补这一课，我们就在根本上不稳定。这一课补了以后，我们才能谈到下一步的精兵组织。

- 未来 3~5 年，华为一定要实现 LTC 落地。未来华为的作战方针要精兵化，如果 LTC 流程变革不落地，一线精兵组织就不可能实现，精兵就是一句空话。要推动 IT 工具提前建设到位，防止变革回潮。

- 未来我们公司的建制就是精兵组织，未来作战方针就是要精兵化。前端应该是精兵，来对付不确定性，包括技术的不确定性、客户需求的不确定性、交易条件的不确定性、交付条件的不确定性。
- 我们现在的流程太长、组织层级太复杂。一线呼唤炮火，能呼唤得动吗？流程与组织还是要简单、协调、配合。
- LTC 流程变革落地验收的评价标准，第一流程一定要通，第二看是否产粮食，第三看人力资源贡献。
- LTC 流程变革落地目前是最后关头，也是最难的，要把评价体系搞好，激励变革队伍向前进。

任总要求："我们一定要站在全局的高度来看待整体管理构架的进步，系统地、建设性地、简单地建筑一个有机连接的管理体系，要端到端地打通流程，避免孤立改革带来的壁垒。"

11.4 MTL 流程变革

11.4.1 MTL 流程变革背景

2009 年，华为启动 LTC 的销售流程建设。2011 年，华为将企业和消费者业务独立出来成立了企业 BG 和消费者 BG。

企业 BG 的客户群与传统运营商市场的客户群差别很大，如何快速找到合适的细分市场，并在合适的时机介入合适的细分市场，如何有效对中小企业客户市场开展营销，用有限的资源创造更多的线索和机会点，甚至产生合同，是亟待解决的挑战。2014 年，华为启动 MTL 的营销流程变革，整个 MTL 的变革成果最适合的首先是企业 BG。

11.4.2 MTL 流程框架

MTL 流程，以市场与客户为导向，选择目标市场，规划新老产品 /解决方案 / 服务，实施端到端的营销活动，拉动客户需求与意愿产生，形成销售线索并促进销售转化，从而推动公司的业务增长。

MTL 流程由市场洞察、市场管理、联合创新、销售赋能、商机生成、营销质量与运营管理六个模块组成，如图 11-3 所示。MTL 流程的主要作用是培育市场、牵引研发、生成线索、打造品牌、促进增长。

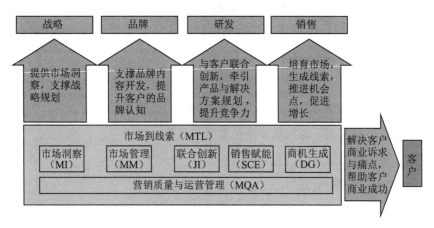

图 11-3　MTL 流程框架

MTL 不仅是一套流程和方法论，也是一种思维模式的转变，就是要把客户放在市场选择的最前端，通过端到端的营销活动融入品牌精粹，传递公司价值，逐步孵化客户购买欲望并引领客户购买历程，带给客户一种全新的体验。

MTL 流程变革是华为集团级变革项目，笔者所在的企业 BG 是 MTL 流程变革的主战场，在整个 MTL 流程变革项目中，笔者有幸担任集团 MTL 流程营销质量管理模块项目经理，并兼任企业 BG MTL

流程变革项目群质量管理模块项目经理，主要负责营销领域管理体系搭建及质量运营，以及 MTL 流程与 DSTE 流程、LTC 流程、IPD 流程、品牌流程的衔接，并在后期担任企业 BG MTL 流程变革项目联合创新模块项目经理，系统性梳理企业市场中与众多合作伙伴面向行业客户的联合创新模式。

市场洞察模块

市场洞察建立洞察信息资产和构建自身专业能力，对准公司业务发展重点，通过交付高质量的市场分析、竞争分析和客户分析结果，提供价值洞察和评估，以帮助理解市场并驱动业务行动。市场洞察的目的是通过持续开展市场洞察工作，分析市场环境和客户需求，支撑市场管理。主要从市场和客户两个维度进行分析。

市场维度包括：市场细分、市场趋势、市场规模、市场增长、竞争分析和颠覆性力量分析。客户维度包括：客户细分、客户行为分析、客户生命周期价值分析、客户声音研究、客户体验测评、社交媒体分析等。

市场管理模块

MTL 流程中市场管理模块跟前文介绍的市场管理流程不同。市场管理流程于 2002 年引入华为，主要用于支撑战略规划、业务计划及商业计划制订，此处的市场管理模块与 MTL 流程一起在 2014 年引入华为，主要支撑营销领域市场细分及市场营销策略制定。

市场细分是市场管理的基本业务单元。除了已有细分市场，企业还必须不断地考虑选择新的细分市场加入以保持增长，并准备从那些不再具有吸引力或能力欠缺的存量市场中撤离。市场管理需要考虑如何保持增长，实现整体市场目标。增长是企业的生命线，为实现增长，市场管理须识别高价值细分市场，进行根因分析，给出建议。

市场管理模块主要工作包括：（1）根据市场洞察的结论，基于市场吸引力和自身能力，对细分市场进行选择和优先级排序，完成和优化细分市场的投资组合，达成业务目标；（2）根据客户的需求和痛点，识别细分市场的业绩差距并提出改进意见，驱动产品和解决方案开发，制定市场策略；（3）制订目标细分市场的市场计划，开发和整合细分市场营销要素，提出价值主张，形成客户感兴趣的话题；（4）设计上市通路，分解业务目标，匹配业务规则；（5）通过营销计划节奏，按照市场节奏驱动及拉通产品/解决方案上市，管理细分市场的绩效。

联合创新（JI）模块

联合创新是指与客户进行联合创新，挖掘客户真实使用场景，确保对客户需求的真实理解，持续创新，并将创新工作转化为商机。

联合创新，是华为联合全球主要的、有创新力的客户和合作伙伴，基于客户商业诉求、业务场景与痛点，共同孵化和验证创新的产品与解决方案的过程，是探索与验证客户场景化需求的一个重要手段。一般包含联合创新对象选择、合作协议签署、创新实验室建立、创新课题选择与立项、联合设计与开发、市场验证与规模商用等几个阶段。华为与客户和合作伙伴共同成立了一系列联合创新中心（JIC，Joint Innovation Center）、开放实验室（OpenLab）、联合创新实验室，与客户、用户和合作伙伴一起联合孵化、定义、设计、开发和验证创新的产品与解决方案。笔者曾被派往欧洲开发中心慕尼黑 OpenLab 就是为了支撑第一个全球 OpenLab 的建设和运营，沉淀管理经验和流程体系，并复制到其他 OpenLab，支持 OpenLab 的全球布局。

对客户和合作伙伴来说，联合创新通过孵化创新性的产品与解决方案，真正帮助客户解决所面临的商业问题，在满足用户业务诉求、解决用户业务痛点的同时，帮助客户和合作伙伴在市场竞争中构筑独特的、领先的竞争力。对华为来说，通过联合创新，建立了一种与客户和合作伙伴长期共同探讨业务场景、痛点和需求的机制，支持华为的产品与解决方案在业界构筑领先地位，并有助于提前在市场竞争中占据有利位置。

销售赋能（SCE）模块

销售赋能是基于不同的角色，组织赋能活动，提供不同的赋能内容，提升销售通路上所有销售人员的技能，是销售人员在客户面前展现统一的客户形象，并通过统一的营销话术、统一的价值主张传递与客户对话，将公司的战略转化为销售商机。主要工作包括：（1）对销售人员按角色建模，分析赋能需求；（2）根据赋能对象及营销历程开发赋能资料；（3）保证资料的同源性、传播的一致性和大量复制的高效性。

商机生成（DG）

商机生成是通过规划并执行系列营销活动，激发客户购买意愿，从而为公司的产品、服务或解决方案生成销售线索和市场营销举措。

MTL的营销模式以客户购买的心理历程为主线，把所有营销活动关联起来，形成一个有机整体，协同作战，而不是相互隔离；在客户不同购买心理阶段，开展不同的营销活动，而且所有的营销活动要有机地连在一起。主要工作包括：（1）管理营销框架；（2）拉通营销活动，把营销目标分解到每个营销活动；（3）设计分波次营销活动，匹配营销执行，推进客户心理历程；（4）管理客户响应，生成线索，推动机会点。

营销质量与运营管理（MQA）

营销质量与运营管理是基础支撑模块，用于管理 MTL 流程的绩效和效果，预算及人员计划，流程和工具方法赋能，组织设计和技能提升，周边流程关系协同及管理体系设计。

11.4.3　MTL流程变革的价值

MTL流程是营销的前端，是"营"能力的体现。很多企业面临产品同质化问题，只能拼价格、拼关系，要想进一步发展、提高市场份额、提高利润率、占据更多的市场是很难的。仅靠销售体系内部提升是不够的，如果想摆脱低层次的市场竞争，就需要进行产品能力、市场营销能力的提升，"营""销"并重。

MTL流程主要是规范、选择细分市场、产品上市、激发客户需求等一系列活动，MTL流程可以说是一套流程体系，也可以说是一套方法论，和IPD、LTC流程都不同。LTC流程承载的是人财物，IPD流程是要把产品做出来，MTL流程不承载资金流，也不承载物流，输出的也不是产品这样的实体，其作用是教大家如何进行市场细分，如何开展关键客户排序，关键市场的选择，营销手段、营销模式、营销资料及线索管理等的方法。

在笔者看来，MTL流程变革引入如下变革点，解决了不少营销领域的问题：

- 通过市场洞察，构建支撑市场选择、市场策划、客户及市场竞争情报等诉求的洞察能力，有效地支撑营销和销售执行。
- 通过统一营销框架管理，全集团一盘棋，全营一杆枪，围绕目标市场，实现协同营销集成作战。
- 通过整体的营销战役设计，设计分波次的营销活动，有机串联各营销活动，推进客户心理历程。
- 营销与销售形成闭环，瞄准销售目标差距，推进销售管道健康度，持续改进。
- 通过营销与销售，识别差距，将客户需求反馈给产品开发体系，驱动有竞争力的、满足客户要求的产品打造。

- 多方位、多渠道产生线索，并由一个统一的规则、统一的系统、有组织地对线索进行管理。

MTL 流程变革给华为带来整个营销的方法论、流程和认识的质的转变，教会了华为在市场细分、关键客户选择、关键市场选择、营销手段、营销模式、营销资料及线索管理等方面"如何做"的问题。在面向企业市场营销，华为应该构筑什么样的组织、构筑什么样的能力、怎么去真正提升品牌、促进销售线索的生成、扩大销售管道方面，MTL 带来了很好的方法论和流程。

11.5 ISC 流程变革

11.5.1 ISC 流程变革的背景和问题

我们之前说过，华为于 1998 年 7 月开展了 IT S&P 咨询项目，IBM 顾问团队为华为规划了未来 3~5 年需要实施的 8 个业务变革项目，其中 ISC 管理就是其中之一。

ISC 是由相互间提供原材料、零部件、产品和服务的供应商、合作商、制造商、分销商、零售商和客户等集成起来所形成的网络，该网络中包含负责不同运作活动的职能部门。比如采购和仓储部门负责材料供应，生产部门负责产品制造，销售部门负责订单管理，运输部门负责产品交付，客户服务部门负责产品维护和技术支持。ISC 的目的就是打破这些部门的壁垒，将所有内部职能部门和运作活动整合在一起，从而匹配供应与需求，及时准确地将产品交付给客户，提高客户满意度。

企业价值创造凝聚在三条核心价值流上，分别是实物流、信息流，和资金流。

实物流：从供应商的供应商，到客户的客户；从原材料，到半成品，到成品，直到把货物交付给客户的全过程；整个产品实物的设计、创新和服务都承载在实物流上。

信息流：供应链中物资、商品及交易等信息流。就供应链而言主要管理两个方面，一是通过计划流驱动资源全流程准备，二是通过订单流聚集资源拉动面向客户的交付和服务。

资金流：通过计划的运作，把业务和财务连接在一起，从整个企业的预算、核算、回款和利润的角度来驱动资金流的流转。

ISC 理念的形成得益于管理思想、流程重构理念及 IT 信息技术飞速发展的相互融合。供应链管理原则是在复杂的生态网络环境中，通过对供应链中的信息流、实物流和资金流进行重新设计、规划和控制，在供需、技术/设备、能力、资源、政策等不确定因素中寻找适合企业供应链体系的"最优解"，保证在正确的时间把正确的产品和服务交付给正确的客户，实现供应与需求匹配，提高客户满意度并降低总成本。ISC 不仅仅是一种物质的供应链，而是集财务、信息和管理模式于一体的系统性工程，涉及流程、组织和 IT 等多面，问题散而杂，用任总的话说就是："ISC 解决了，公司的管理问题基本上就全部解决了。"

1999 年以前，华为供应链体系建设不完善，"部门墙"现象严重，供应链整体运作效率低。同年 6 月，华为启动 ISC 流程变革，力图在流程、组织、IT 等方面进行改进，不断提升运作效率。IBM 的顾问以第三方的身份对华为的客户和华为内部做了访谈和调查，了解华为在与客户的几个关键接触点（如合同谈判、合同签订、交接货、工程安装、备件维修、售后服务等）上的表现，以及客户的真实需求和期望，经过整理、分析总结后的客户需求和期望作为 ISC 项目的重要输入。

通过两个多月的访谈、数据收集和调查，IBM 顾问发现和总结了华为供应链的现状问题，并对它们做优先级排序和影响分析。最终把 78 个现状问题归结为流程、IT 系统和组织三个方面。其中流程问题（52 个）分布在供应链的销售、客户服务、采购、物流、计划、调度和制造等六个流程中；IT 系统问题（14 个）体现在 ERP、与客户有关的方面和底层技术等方面；组织问题（12 个）分布在组织结构、角色与职责、文化与沟通三个方面。

流程：在销售、需求管理、预测、订单履行、可获得性等方面存在较多问题。比如，前场签署合同的承诺与后场的生产交付不匹配，造成订单履行周期很长，订单无法保证按承诺执行，客户投诉率居高不下；供应商参差不齐，质量难以保证，采购成本居高不下；信息不对称，造成订单、采购、生产、库存、物流不匹配，影响按时交付。

IT 系统：基础数据不完整、不标准，信息及时性不够，准确度不高，信息没有拉通，形成信息孤岛，难以跟踪订单进展。

组织：组织复杂、层级多，业务处理重叠，处理效率低下，部门间缺乏沟通与合作，例如，销售人员和计划人员缺乏信息共享和交流的意识，销售人员无法获知关于订单状态的信息，计划人员不能获得需求预测的准确信息。

由于华为的内部供应链在多个领域存在问题，使得供应链的整体运作效率还很低，华为的供应链管理水平与业内先进公司相比存在较大的差距：（1）华为的库存周转率只有 3.6 次 / 年，而国际平均水平为 9.4 次 / 年；（2）华为的订单及时交货率只有 50%，而国际领先的电信设备制造商的平均水平为 94%；（3）华为的订单履行周期为 20~25 天，而国际平均水平为 10 天左右。重整供应链的目的就是为了设计和建立以客户为中心、成本最低的集成供应链，为华为成为世界级领先企业打下良好的基础。

11.5.2　ISC 流程变革内容和达成情况

供应链管理主要涉及四个业务领域：供应、生产计划、物流、需求。供应链管理是以同步化、集成的生产计划为指导，以各种技术为支持，围绕供应、生产作业、物流（主要指制造过程）、满足需求来实施的。

ISC 流程的管理对象是贯穿供应链始终的"三流"：信息流、实物流、资金流，供应链管理就是对供应链中的信息流、实物流和资金流进行设计、规划和控制。ISC 流程管理的目标是实现供应和需求匹配，提高客户满意度和降低总的交易成本，并寻求两者之间的平衡，即在满足服务水平的同时，使整个供应链的成本最低，并保证在正确的时间把正确的产品或服务送到正确的地方。

ISC 流程变革项目是华为进行的大型变革管理项目，请 IBM 顾问组担任咨询顾问。华为和 IBM 顾问一起设立了 ISC 流程变革项目目标，希望通过设计和实施一个"以客户为中心的，成本最低的集成供应链，提高灵活性和快速响应能力"来建立竞争优势。

一是以客户为中心的集成供应链。这一点体现的是 ISC 流程的三大理念之一，也就是说实施 ISC 流程将重点关注客户需求，以客户需求为导向，目的是最大限度地满足客户需求，提高客户服务水平。

二是建立成本最低的集成供应链。华为认为由于供应链整体运作水平低，管理成本很高，然而随着技术的发展和竞争的加剧，必然导致市场销售价格呈下降趋势，竞争的焦点最后将集中到成本上，降低供应链的运作成本能够为企业增加利润，供应链被华为看作企业"第三利润"的源泉。

三是提高供应链的灵活性和快速响应能力。通过提高供应链各组成部分（包括不同的职能部门和不同的组织）之间的集成度，实现供应链的协调和同步，从而缩短供应链整体的运作周期，提升运作效率。

ISC 流程的改进是一个循序渐进的过程。ISC 流程变革项目的目标首先是要建立完善的内部供应链运作流程，建立起支持供应链运作的组织体系和 IT 体系，形成内部集成供应链并开始建立起良好的外部协作关系。结合华为的实际情况，IBM 顾问与华为讨论出了 ISC 流程变革的方案和变革策略：（1）在方法上从流程切入，让业务来驱动变革；（2）从组织变革着手，破除变革阻力；（3）以预测和计划作为龙头，带动其他环节进行变革；（4）从国内开始，逐步扩展到海外，由内而外进行变革。

在 ISC 流程变革的第一年，华为成功地整合了内部订单处理、采购、制造、物流、交付等流程，并对订单、计划、采购、制造和物流等关键流程进行流程重构和再造。经历了 ISC 流程变革和持续改进之后，到 2005 年，订单的履行周期从两个月缩短到两周；生产模式由原来的按计划生产（BTF，Build To Forecast）转到按订单制造（BTO，Build To Order）；通过生产线的灵活配置将产品转换时间从 1 天缩短到 1 个小时；生产的计划安排每一天执行一次，华为的响应能力、灵活性、客户服务能力都得到了极大的提升。

现在企业竞争已经不只是单个企业之间的竞争，而是企业所在的供应链与供应链之间的竞争。华为通过 ISC 流程变革项目，从各自为政的供应链功能型组织转变为以客户为中心的 ISC 流程体系，通过供应的灵活性和快速响应能力形成竞争优势。目前供应链已经成为华为的核心竞争力。

11.5.3 ISC 流程变革实施情况

ISC 流程的关键是要连接企业的供应与需求，包括供应商、供应商的供应商和企业的客户、客户的客户。ISC 流程变革追求的目标是成为供应链方面的行业领先者，即建设世界级供应链。

华为通过 1999 年到 2005 年将近 6 年的 ISC 流程变革，最终从流程、组织和 IT 系统等三个方面建立起 ISC 流程体系。

流程

根据供应链运作参考模型（SCOR），华为重新设计了五大流程：销售流程、计划流程、采购流程、生产流程、交付流程，厘清每个流程的角色和职责，并建立关键绩效指标以评估效果。

组织

建立 ISC 流程变革指导委员会来推动变革，重组生产部、采购部、计划部、认证部、外协合作部等，成立计划、制造、质量、采购、物流、订单履行等部门。组建公司层面供应链管理部门，统管供应链体系。打通供应链与销售的计划体系，形成销售计划与供应计划一体化运作。调整和剥离非核心业务，实现生产环节中制造、组装、包装、发货和物流等非核心业务外包，让外面专业公司承接。

IT 系统

根据流程重构情况，改造分段作业 IT 系统，形成集成的供应链 IT 系统，包括高级计划与排程模块（APS）、采购模块、ERP 模块、促进 CRM 模块与供应链 IT 系统对接和集成，支撑端到端供应链交付服务。

ISC 流程变革不只是流程变革，而是从组织、流程到 IT 系统支撑的统一变革，整合了整个供应链的信息流、物流、资金流和人员，保障了变革的落地。华为通过 ISC 流程变革，以客户需求为导向，初步实现了从注重各功能部门业务能力向 ISC 业务模式转变，构建了相应的流程框架、IT 能力，并实现了由计划、订单履行、制造、采购四大业务组成的供应链内部集成运作平台，实现高效的流程化运作，确保端到端的优质低成本交付。

ISC 流程变革项目为 2005 年到 2014 年华为实施全球供应链及海外 ERP 项目，贴近客户打造海外供应中心和区域中心，建立集成的全球供应链网络，支持面向运营商、面向企业客户及面向终端消费者的多产业发展，并为 2015 年开启的 ISC+ 变革及供应链数字化转型，建立由被动响应到主动服务的数字化、智能化能力，奠定了坚实基础。

截至 2022 年，华为供应链以客户为中心的理念已深入供应链各级组织，并延伸到价值链上下游及整个供应生态；数字化技术融入流程环节中，并按需调整、敏捷迭代；供应链自优化的组织能力，具备自主创新意识，高效快速地适应环境的变化；构建起稳健运行、预测未来的管理体系。华为因此荣获欧洲质量管理基金会（EFQM）颁发的"以客户为中心杰出成就奖"，成为首家获得该全球知名奖项的电信公司。

11.5.4 ISC 流程变革项目中的领导组织和启示

华为的 ISC 流程变革和其他变革项目一样，是由高层自上而下推动的。华为 ISC 流程变革的成功离不开高层的支持。我们之前提到变革管理的组织，包括高层直接领导的变革指导委员会（ESC）及 EMT 等。华为 EMT 领导的变革指导委员会，直接承担变革项目的设计、落地和推行的责任。

ISC 流程变革指导委员会由销售、采购、物流、财务和生产等部门的直接负责人构成。这些负责人是 ISC 流程变革的直接利益相关方。在变革指导委员会的指导下，对应华为的几个运作流程和 IT 系统，分别成立了销售、采购、订单履行、计划、物流、财务、生产、IT系统等8个子项目，每个子项目的负责人都是各个部门的直接领导。此外，华为专门成立了项目管理办公室来协调8个子项目。

在ISC流程变革项目中，与供应链运营和流程相关的所有部门领导，包括一级和二级责任人，都直接参与其中，在流程设计、落地、推行过程中承担直接责任，并对变革项目的实施结果负责。变革实施结果的好坏直接作为这些负责人和管理者的绩效考核标准之一，如果变革执行得不顺利或者不成功，这些负责人和管理者将被降职甚至免职。

在ISC流程变革的整个过程中，华为的组织结构也在不断调整。在变革之前，华为内部并没有供应链管理的概念，由制造管理委员会下的制造管理办公室负责协调部门之间的活动，比如计划、订单管理、采购、质量管理、交付等。ISC模型设计完成后，原来的制造、计划、采购、进出口、认证、运输部门和库存部门合并为统一的供应链管理部门，由供应链管理部门负责管理供应链运营，这就是流程变革驱动了组织调整变革。

11.6 成功推进业务流程变革的关键点

11.6.1 变革最大的挑战就是要改变人的观念

企业的流程与组织变革本质上是人与文化的变革，是人的思维方式与行为方式的变革。变革最大的挑战来自人，变革和变化可能带来的损失是变革受阻的主要原因，关键是改变人的观念、意识和意愿，习惯、行为和技能。如果人的观念不转、思维不转，一切转型都会流于形式，也很难持续。

前文提到《华为的冬天》一文，任总写道："我们要以正确的心态面对变革。什么是变革？就是利益的重新分配。利益重新分配是大事，不是小事。在改革的过程中，从利益分配的旧平衡逐步走向新的利益分配平衡。这种平衡的循环过程，是促使企业核心竞争力提升与效益增长的必需。如果没有一个正确的心态，我们的改革是不可能成功的，不可能被接受的。"

《重整变革》作者麦克·亨尔在书中提到：变革管理是整个重整里面最难的一点，如果人们从心里拒绝变革，任何流程改革、技术改革都将失败。组织的变革与创新是全体员工的责任，只有获得员工的支持和参与才能成功。

变革是消灭个人权威的过程。它是对事不对人的，又是针对每个人的，老板也不例外。它是对各级管理者权力的制约，由人治向流程治理的转变。越是决策层，越没有执行的权力。决策层管得太具体，就会拉山头、搞腐败。只有加强对个人权威的否定，加强自我否定精神，才能建立一个健康的组织，建立一个不依赖任何人的组织。让流程取代人、让自动化取代个人意志、让表格化剥夺人情化的组织大变革，是蜕变式的组织结构和文化再造。

IPD 流程推行初期，IBM 问任总华为是否有革自己命的决心，美国也没有几家公司推行 IPD 成功。2016 年任总回顾 IBM 十几年前的这个问题时，补充讲道："因为按流程节点来赋权，最高领导人没有权力了，权力下放到比科长还低职级的人手里。你们看我现在没权，整天'游手好闲'，这就是革命成功的一个表现。下一轮改革，还要革掉轮值 CEO 的一部分权力，一层层放权。这样整个流程系统是一个柔软的结构，不再僵化，才能适应未来社会高速的发展。IPD 变革的最大特点，就是为了把权力继续分散下去，形成一种合力。我们要看到历史赋予我们的巨大使命，今天公司的管理能走到这样的程度，应该感谢各级领导自我革命的结果。每个领导杀掉自己的权力，就是'革命'。"

变革管理要实现"转人磨芯"，才能提升变革意愿和技能。通过变革的过程逐步改变人的思想观念，改变人的做事方式，改变人的行为习惯，从而形成统一、一致的行动方式，达到整体的协同。"转人"强调在知识技能上不断学习、充电，不断适应新形势、新岗位，转变能力和行为；"磨芯"强调思想上的艰苦奋斗，坚持自我批判和自我修正，在思想、意识上进行转变，从而跟上公司不断发展的步伐。个人的转变是指个人为了适应组织变革需要所进行的观念更新、态度转变、行为转型、能力提升等过程。个人转变需要特别的计划和安排来保证个人转变与组织变革的一致，消除变革疑虑，投身、支持组织变革。

任总说："华为这棵小草在努力成长，我们也希望自己脱胎换骨，从草变成树，变成小树苗。这一点，我们正在向西方学习各种管理的东西，正在改变自己，这种改变有没有可能成功呢，还得看我们自己。所以我们真正碰到的最大的敌人不是别人，就是我们自己。"

我们经常说变革是在基于文化与核心价值观的基础上，改变业务运作的模式。企业管理变革的力量来自思想观念的转变，而思想变化取决于人所处的文化环境，只有好的文化和价值观土壤，才能培育出好的变革结果。变革管理帮助人们更高效地完成从当前状态向目标状态的过渡。文化的持续变革强化是企业生命之树常青的法宝。

11.6.2　充分认识变革阻力和挑战

企业变革的本质是再造企业管理体系的过程，促进组织状态和能力的蜕变跃迁。变革是企业管理体系的升级与优化，在管理体系变革中，需要深入挖掘企业管理问题的本质，找到根源，并以流程、组织、人员、技术、IT 等方面为着眼点，对企业进行全面的业务变革转型升级。当企业面对如下调整和转型时就会涉及企业变革，比如战略方向调整、公司业务转型、管理模式转型、商业模式创新、组织整合、公司并购、流程再造、数字化转型、新制度推行等。

企业因经营变化驱动变革，通过变革进行流程、组织、IT 及管理体系的升级，帮助企业高效地完成从当前状态向目标状态的过渡，使企业变得更加高效、敏捷、灵活，更加具有创新性，从而能快速响应客户及市场需求，打造持续的竞争力，加速企业发展速度。

成员的思维惯性、行为习惯汇聚成为阻碍组织前行的组织惯性。变革，就必须首先打破这种组织惯性。变革实施是否成功，在很大程度上取决于变革力量与组织惯性的对抗结果。企业变革过程是一个破旧立新的过程，自然会面临推动力与制约力相互交错和混合的状态。企业变革管理者的任务，就是要采取措施改变这两种力量的对比，促进变革的顺利进行。

变革是一项充满挑战和阻力的任务，要认识到变革的艰巨性和复杂性。任总说："管理变革甚至比技术和人力资源变革还要难。为什么？因为流程流经的都是人，每个人的权力都可能影响流程责任制的建设。"变革过程中涉及改变组织结构、人员素质、流程优化等多方面的问题，是权力和利益格局再分配的过程，需要对涉及的所有人员从行为、文化、技能等进行管理。在变革项目的实施中，最重要的挑战是改变人们的思维方式和态度。

管理变革通常会引起组织内部的骚动和动荡，旧有的利益格局必然会受到冲击，而新的管理模式和分配机制则需要逐步形成和完善。随着企业管理体系变革的深入推进，权力和利益会进行再分配。因此，在进行企业管理体系变革时，必须仔细评估变革可能产生的影响，并合理分配利益，让所有相关方都能从变革中得到合理的收益。

流程变革，往往涉及组织的重新调整和业务块的重整。一个组织中的新业务、新团队、新部门，随着变革开展和流程梳理，往往会面临定位和核心价值的问题挑战，要求论证组织价值，论证组织存在的必要性，论证组织层级，以及组织跟周边部门团队的业务边界和协作接口，这是变革中逃避不了也不能回避的问题。比如华为早期的Marketing体系、行业解决方案业务、全球开发中心、园区业务部的价值和定位，笔者就亲自主导过多次关于价值定位和业务流程的研讨，类似研讨往往决定了一个组织的定位和地位。

企业管理体系变革不仅涉及组织结构、流程优化等多个方面，还直接关系到公司的长远发展和市场竞争力，变革过程会面临种种挑战和阻力。组织内部的人员抵触心理、旧有习惯的反对等问题，以及外部环境的变化和不确定性等问题，都是企业管理体系变革必须面对的挑战。企业应该通过多种手段，包括加强宣传、建立激励机制、注重员工培训等方式，提高员工的落实意识，增强员工认同感，推动组织变革的实施。

随着市场竞争的加剧，在如今竞争激烈的商业环境下，管理体系变革成为企业在市场中获得发展机会和生存优势的重要手段，企业必须面向未来目标，加强自身能力建设，提高企业管理效率，降低产品成本，扩大盈利空间。在实施变革过程中，企业需要面对各种挑战和难题，需要通过全面评估和有效管理，有效应对。

任总在总干部部务虚会上讲："改革，就是必须用自身的风险，去换取无穷的战斗力。改革是很痛苦的，人间的正道从来都是沧桑的。今天我们要勇于改革、适当改革，并不是否定过去，而是时代所迫，是追求更高的目标。"

企业管理体系变革是一个持续的过程，需要经历多个阶段，从而不断适应新的挑战和机遇。企业必须始终紧跟市场的脚步，抓住市场机遇，善于创新、勇于变革，才能在竞争中立于不败之地，达到企业稳健发展和可持续发展的目标。

11.6.3　认知和共识是变革的前提和关键

企业与企业、人与人形成差距的根源在于认知，认知的差距是最大的差距。笔者认为变革是由认知触发和驱动的，正是因为认知到自身的差距和不足、痛点和问题，认知到某种更先进、更有竞争力的模式，激发了危机意识和风险意识，才会萌生强烈的改进问题或学习先进的意识，这种意识的转变触发了变革的需求。如果认知不到差距，或者觉得没有问题，就不会做出改变。但往往承认差距是很难的，这就需要具备自我批判的精神和持续改进的意识。

任总讲："华为要通过自我否定、使用自我批判的工具，勇敢地去拥抱颠覆性创新。这个时代前进得太快了，若我们自满自足，只要停留三个月，就会注定被从历史上抹掉。正因为我们长期坚持自我批判不动摇，才活到了今天。只有长期坚持自我批判的公司，才有光明的未来。自我批判让我们走到了今天；我们还能向前走多远，取决于我们还能继续坚持自我批判多久。"

改变观念的过程，需要企业家和管理团队达成共识，仅高管团队认知到还不够，还要对员工进行必要的布道、宣传和松土，解决认知和共识问题。变革过程是一个认知和意识转变的过程，并非简单的技术应用，需要逐步培育改进意识，提高员工拥抱变化的积极性，才能推进变革顺利进行。

"没有正确的思想，就没有正确的理论；没有正确的理论，就不会有正确的战略。"笔者认为，死磕概念，就是探寻事物本质，梳理内在逻辑的过程，解决的就是"道"层面的问题，或者说"why"的问题。变革会引入新概念，比如新模式、新能力、新方法、新工具等，企业全员对新概念达成共识和一致理解，对变革的推进至关重要。在认知过程中，需要深刻理解概念的差异，有什么不一样的地方，能给我们带来什么价值，需要做什么样的转变，有哪些特征，如何基于这些特征进行有效的管理，等等，这对于我们改变认知和达成共识至关重要。

比如说，华为"以客户为中心，以奋斗者为本，长期坚持艰苦奋斗"的价值观描述，涉及哪些是华为的客户，谁不是客户，什么是以客户为中心，什么是奋斗者，什么是艰苦奋斗，等等。[①]

再比如，从"卖产品向卖解决方案转型"，那什么是解决方案？解决方案有什么特征，跟产品有什么差别？能带来什么价值？等等。（关于这个转型，华为从概念提出到落地，至少论证和探索了10年才基本有共识。）

比如，"客户需求是华为发展的原动力"，那什么是客户需求，什么不是？客户需求包含什么内容？需求有什么属性和特征。（笔者所在的需求管理项目组，仅仅关于客户需求认知材料就输出了几十页。）

再比如，"坚持以质取胜的质量战略"，涉及什么是质量，质量意味着什么，什么才是正确的质量观。（华为走过了十多年的质量管理，

---

① 这是华为高研班的重点课程，高研班业务管理、财经管理、人力资源管理的三条主线分别就是"以客户为中心，力出一孔""追求长期有效增长""以奋斗者为本，利出一孔"，促进华为中高级干部对华为文化和管理哲学的理解和应用。

才达成共识，质量是满足客户需求。）

比如"云是未来的大趋势"，那什么是云？什么不是云？云有什么特征？什么是云服务？为什么云是未来的大趋势？对我们来说有什么机会？需要具备什么条件才能做好云？我们在这个产业里的定位是什么，能做什么，什么时候开始做，先做什么后做什么？以什么节奏做？（任总亲自发起云和云服务概念的大辩论和大讨论。）

同样，什么是流程？什么是流程化组织？什么是数字化转型？对这些概念的认知对如何更有效地管理有决定性和方向性的影响。

2022 年 3 月 28 日，华为举行年度报告发布会。华为轮值董事长、CFO 孟晚舟女士表示："华为的最大财富是人才存储、思想存储、理论存储、工程存储和方法存储，以及华为内部流程管理的高效有序存储，这些才是华为财报背后真正的价值。"在讲话中，孟晚舟女士揭示了华为成功的关键因素，其中思想存储、理论存储、工程存储和方法存储等都需要死磕概念，吃透原理，有统一认知才能形成统一共识，才能变成思想、理论、方法，最后实践落地。

11.6.4　变革松土须文化先行

企业管理体系变革需要注重企业文化和核心价值观基础，并且需要建立变革的氛围和文化来支撑变革的成功。

企业管理体系变革是一项全面性、系统性的工程，只要是变革，必然会触碰一部分人的奶酪，由此产生阻力。实施变革之前，必须对企业文化和核心价值观进行深入分析和评估，了解企业文化中存在的问题和障碍，并制定相应的解决策略。同时，在变革过程中，也要保持企业文化的稳定性，尊重员工的文化差异，避免过于强调变革所带来的文化和价值观冲击，才能促进企业管理体系变革的有效实施。

任总在 2011 年华为市场大会上讲道："我们现在推行的 IFS、LTC、IPD、ISC 等一系列变革，其实都是华为文化的一部分。经过这些活动的洗礼，公司实际上已经换掉了 90% 的干部。要敢于撤换不能适应的干部，不换思想就换人。"变革充满阻力和挑战，变革成功需有变革的氛围和文化，需要有价值观层面的支撑土壤。企业管理体系变革涉及各种资源的调配和协调，利益和权利的再分配，需要组织内所有成员的积极参与和共同努力。企业要从文化和价值观上塑造出适应变革的氛围，建立变革所需的信任和支持体系，提高变革的成功率。

变革是持续推进的过程，不是一蹴而就的，需要跨越多个心理障碍，持续改进，很难毕其功于一役。企业管理体系变革是一个长期而复杂的过程，需要不断地进行持续性改善和创新。变革过程中，往往会面临极大的难题和挑战，而成功的关键在于企业是否能够跨越多个心理障碍，充分发挥团队合作的优势，在全员参与的基础上，不断地寻求突破和创新，坚定不移地推进变革并进行持续性的改进。

变革的目的就是要多产"粮食"和增加土地"肥力"。变革需要关注变革价值，始终使企业变革朝着总价值最大化的方向前进，不能为了变革而变革，变革是为业务服务的。持续做大蛋糕，让大多数人在变革中受益，才能得到大多数人的拥护，笔者认为这是成功变革的关键。

在变革实践中，华为从战略价值（能力）、业务价值（财务）和管理价值（体系建设）三方面衡量变革价值。战略价值是企业从变革中得到的核心能力，比如能帮助企业更好地活下去，体现为企业核心竞争能力。业务价值一般体现为财务和规模指标，用于衡量内外部具体的变革价值。管理价值就是企业管理流程和体系的完善,包括组织、流程、IT、数据等管理价值,一般体现为企业的学习和发展指标,用于衡量企业经营改进的能力。

企业管理体系变革需要文化、价值观等多方面的支持,企业需要针对自身的实际情况进行有针对性的变革措施,并关注文化和价值观层面的建设,为变革提供成功的土壤。在进行变革的过程中,企业需要积极营造变革氛围和文化,通过激励、员工培训等方式,激发全员参与的热情和动力,把更多的人争取到变革阵营,打造一个共同推进变革的组织和团队。

11.6.5 实施流程再造,构筑持久竞争优势

持续流程变革优化为企业赢得持久竞争优势。当把组织的战略定下来以后,接下来就要将战略转化成一个组织的执行能力。这不是靠创业期的少量的个人英雄,而是通过流程的组织能力来承载。所以流程就是用正确的方法去做事情,提炼整个业务的最佳实践,形成标准化的流程和模板。

流程重构是对流程背后的旧模式下的管理要素做优化重构,而且更难且更重要的是全员行为及思维方式的转变。流程重构不仅仅是对流程本身的调整和改进,更重要的是围绕业务模式和业务要求对流程相关管理要素进行优化重构,包括流程、组织、IT、技术、文化等方面的重构。优秀的流程需要有一套良好的文化来支撑,一个注重流程的组织需要营造一种学习、创新和协作的文化氛围。

当今时代充满机会,大浪淘沙。内外部环境的变化给企业带来压力和机遇,同时激发了流程变革的需求。企业需要通过升级管理模式,才有机会在残酷的竞争环境下生存和发展。

企业需要告别粗放式发展，进行内部管理升级，选择更高质量的增长方式，通过持续创新和修炼内功，提升人均产出、人均利润等组织效能指标。否则，盲目扩张的代价就会带来高风险的经营结果。

企业需要通过流程变革，打破部门墙，基于流程分配权力、资源和责任，实现责任下放、责任前置的管理目标，提升作战人员的业务能力和决策能力，解放领导，激活组织，让企业变得高效、灵活且富有生命张力。

企业需要更高效的运营方式，那就是打造流程化组织，真正意义上实现人治到法治的跨越，将组织能力建立在流程上，变领导驱动为规则驱动，通过流程实现组织赋能的管理愿景。流程变革需求往往来源于如下四个方面：

（1）战略规划及业务架构规划：新兴业务带来新流程建设的需求，成熟业务对各领域运营能力提升提出变革需求。（业务架构和流程架构章节已重点介绍）

（2）变革进展度量评估：在变革进展度量中发现的短板。（此内容将在变革进展度量章节展开）

（3）流程运营绩效对标：回顾审视流程绩效，短板、痛点、差距，发现优化需求。

（4）流程例行评估发现问题：各类重复发生的风险和问题，流程关键活动缺失。

通常我们把流程变革分成流程梳理、流程优化改进、流程再造变革、战略变革四类，每类变革的特征、影响范围、影响程度、变革价值及落地方式不一样，需要制定相应的变革策略和节奏。

流程变革项目需要进行优先级排序和筛选，可以从战略重要性（是否当年战略重点，是否影响战略目标实现）和优化紧迫性（迫切程度高，使用范围广，且使用频次高）两个维度评估筛选。筛选关键短板流程可以帮助企业抓住关键少数，即关键短板，有利于集中精力和资源，开展流程诊断与优化，快速提升公司的执行力。

华为的管理变革和流程变革会持续下去，我们已经看到，持续管理变革仍然是华为年度重点工作，未来华为流程变革发展方向会更加强调如下要求：

- 关注使用者视角，从客户体验出发优化、简化流程，让管理变得更简单、更有价值。
- 从管控向服务转变，流程作战团队拥有充分的作战指挥权。
- 架构上分层解耦，让作战流程轻载、灵活和敏捷。
- 流程组件化、服务化，支撑不同作战场景下的灵活拼装，通过业务模块编排快速形成新业务的支撑能力，增强业务柔性，提升客户体验。
- 重新定义流程与 IT 的协作方式，敏捷开发。
- 确定性业务数字化，以 IT 工具作为核心交付。
- 开展流程的数字化运营，过程中及时发现问题并改进。

11.6.6　变革进展度量牵引变革成熟度

变革进展度量（TPM）用来衡量和评估业务变革的推行程度和推行效果，对流程推行状态进行实事求是的、客观的评估，发现流程变革推行中的问题和改进机会点，并实施改进使得业务流程变革成功。

变革进展度量是对业务变革推行进展阶段性的回顾和总结，对流程变革推动的整体成效形成量化的评价，其重点在于发现问题、分析根源、寻求解决方案、强调对策的执行，通过推行程度及执行效果两方面的度量，推动各业务单元的革新与学习，提高业务与管理水平，牵引其成为基于流程管理的公司。

变革进展度量运用开放式提问，围绕设定标杆实践标准，评估团队对照设定的业界标杆标准对当前现状进行评估，通过评估问卷得出变革进展指标得分，更重要的是找到改进差距和变革方向。以 IPD 流程领域为例，围绕 IPD 需要打造的业务分层、异步开发、结构化流程、基于团队的管理、产品开发、有效的衡量标准、CBB、基于团队的管理、以客户为中心的设计 9 个方面能力目标，每类 IPD 变革进展度量评估项都包括符合度、及时性、质量、完整性、准确性、效率 / 成本、有效控制 7 项评估内容，每项内容里面有几条评估标准，对比标杆实践来帮助评估，牵引团队的改进。

度量评估包括流程推行程度与执行效果两个方面，包括试点（0~1.0 分）、推行（1.1~2.0 分）、功能（2.1~3.0 分）、集成（3.1~4.0 分）、世界级（4.1~5.0 分）共五个级别。华为一直在对照 IBM 的变革历程来跟踪进展情况，目标是 3.5 分，达到集成级。经过近 20 年的努力，华为 IPD 流程变革进展度量得分从最初的 1.06 分提高到 2016 年的 3.6 分，标志着 IPD 流程在华为从引入到成长，逐步扎根并进入集成级，意味着 IPD 流程已经与周边相关流程集成并高效运作起来。

变革成功的关键是变人，转变人的意识、改变运作习惯、利益调整等是变革中最具挑战的部分，要把变革进展度量纳入高层管理者考核指标，以保障变革的顺利推行。通过变革进展度量推动流程、管理体系、工具和行为改善以取得更大的业务成功至关重要，变革进展度量评估发现的问题也一定是业务绩效提升需要解决的问题，这就是华为将变革进展度量纳入各层主管 PBC 的原因。

第 12 章
数字化转型变革

任总说："我们坚信，未来二三十年人类必然进入智能社会。今天，人类社会正处于新理论、新技术再一次爆发的前夜。各种新思想、新技术都方兴未艾。发展潜力巨大，是我们过去从来想象不到的广阔、深厚和波澜壮阔，会极大提高效率和增加人们创造的财富。人类社会转变为智能社会是一个客观规律，谁也无法阻挡，我们要看到人工智能对社会产生的积极作用。我们要有战略自信，要勇敢地去拥抱挑战。"

新的数字技术与业务深度融合，正在改变企业的生产交付和经营管理模式，借助新技术带来的颠覆性力量，企业能实现更多更大的可能性，把不可能变为可能。数字化转型是当前最确定的方向，未来所有成功的企业都将是数字化企业。有了数字化加持，企业才能实现跨越式的增长和超越，持续保持领先优势。

12.1 数字化转型是大变局时代的企业战略

12.1.1 科学技术是驱动人类社会变革的关键力量

科学技术是第一生产力，科技的每轮变革都会促进社会生产力的巨大释放，带来产业革命的大变局和社会的极大进步。

18世纪60年代，蒸汽机和纺织机的发明和应用推动了第一次工业革命，人类社会进入蒸汽时代，开启以机器代替手工劳动的进程。以手工工厂为主的经济体转向大机器生产的工厂，标志着农业经济向工业经济的转型，促进了城市化和商品经济的发展。

19世纪60年代至70年代，电的发明和内燃机的广泛使用推动了第二次工业革命的爆发，人类进入电气时代。电力的普及使机器可以实现精细的控制，内燃机的应用改变了交通和运输方式，再次极大地提升了生产力，大规模制造得以实现，加速了世界范围内的工业化和城市化，促进了科技和文化的发展，为全球经济发展提供了强大的支撑。

20世纪60年代至70年代，计算机和互联网的出现推动了第三次工业革命爆发，信息可以实现更加快速、便捷的传递，人类社会进入信息时代。互联网在商业和社会领域催生了许多新兴行业，改变了人们的工作和生活方式，推动了全球化的发展，促进了数字化、网络化和智能化的发展，也极大地改变了人类社会的面貌。

现在第四次工业革命正在进行中，以大数据、人工智能、物联网、区块链、云、量子通信等为代表的数字技术不断发展和融合，产生聚变反应，推动第四次工业革命加速，人类社会进入数字时代。数据驱动的数字经济模式如雨后春笋般涌现，将进一步提升生产效率和创造新的商业模式，而且还有可能彻底重塑经济和生活方式，大量定制化、智能制得以实现。第四次工业革命将推动创新以满足未来需求，带来更加可持续的经济和社会发展。任总说："第四次工业革命波澜壮阔，其规模之大不可想象。"

第一次工业革命成就了英国在蒸汽时代100多年的领先地位；第

二次工业革命成就了美国、德国在大规模制造的领先地位；第三次工业革命成就了美国英特尔、微软、苹果、谷歌、亚马逊、甲骨文、脸书等公司，重塑美国新的竞争优势。头两次工业革命中国都是落后于时代的，信息时代中国勉强跟上没有掉队。

错过了前三次工业革命，中国在第四次工业革命中正在迎头赶上。随着政府和企业对数字化、智能化的重视和投入，以及中国在移动化、互联网化、大数据、人工智能、物联网和区块链等领域的技术准备度提升，中国将迎来许多引领时代的机会。

12.1.2　建设数字中国已上升为国家战略

从世界范围来看，目前全世界 170 多个国家和地区都陆续发布了数字国家相关战略，以构建综合国力竞争力。比如美国的先进制造业领导战略、英国的数字战略、德国的数字战略 2025 及工业 4.0、法国的国际数字战略、俄罗斯的国际数字经济计划、新加坡的智慧国家，以及阿联酋、巴西、日本、泰国等都发布了相关战略。

2021 年 3 月，《中华人民共和国国民经济和社会发展第十四个五年规划和 2035 年远景目标纲要》发布，用一个整篇、共 4 章讲"加快数字化发展，建设数字中国"，提出"迎接数字时代，激活数据要素潜能，推进网络强国建设，加快建设数字经济、数字社会、数字政府，以数字化转型整体驱动生产方式、生活方式和治理方式变革"的要求，包括打造数字经济新优势、加快数字社会建设步伐、提高数字政府建设水平、营造良好数字生态等纲要内容。

数字化转型从大的层面上包括：国家层面、城市层面、行业层面和企业层面，也可以理解为，国家、城市、行业和企业是数字化转型落地的四大载体。

国家层面：关注数字化的经济价值，即数字经济，比如产业数字化和数字产业化，强调促进数字经济发展，增强国家综合竞争力。国家通过制定战略举措和计划，为行业发展提供方向指导，为企业开展数字化转型提供政策支持。

城市层面：作为数字化转型承载主体，关注城市治理的完善和高效的政务服务，强调以人为本，保障民生，强调数字化带来的社会价值。

行业层面：强调通过行业知识和数字技术的深度融合，进行行业转型升级、结构优化，强调数字化带来的产业价值。

企业层面：关注数字化转型给企业带来的降本增效、产品升级、生产方式的转变及商业模式转型，强调数字化带来的商业价值。本书主要讨论企业数字化转型。

从党的二十大报告到国家"十四五"规划及政府工作报告，国家和政府层面，从中央到地方，越来越关注数字化转型，越来越重视人工智能、大数据、云、物联网、区块链、AR/VR 等数字技术在生产方式、生活方式、治理方式方面的变革和应用，并加大了对企业数字化转型的扶持力度。

2020 年 9 月，国务院国资委正式印发了《关于加快推进国有企业数字化转型工作的通知》（下文称《通知》），就推动国有企业数字化转型做出全面部署。《通知》指出，要推动新一代信息技术与制造业深度融合、打造数字经济新优势等决策部署，促进国有企业数字化、网络化、智能化发展，增强竞争力、创新力、控制力、影响力、抗风险能力，提升产业基础能力和产业链现代化水平。《通知》认为数字化转型是企业高质量发展的动力保证，是构筑国际竞争新优势的有效路径，是创新驱动发展的有力抓手。目前更是强化了国资委对国有企业数字化转型考核，将数字化转型要求相关指标纳入国有企业年度总体考核中，鼓励国有企业在数字化转型道路上大胆探索。

12.1.3　未来所有成功的企业都将是数字化企业

数字化转型是大势所趋。在不确定的环境下，数字化是最大的确定性。以前，信息化可能是让企业活得更好，今天则是很多企业生存下去的关键。传统的业务模式和管理手段已经很难支撑组织和企业持续变革创新，必须借助数字化的能力和工具，开展组织变革与升级，构建组织的数字化能力。

可以肯定，随着数字技术的不断进步，数字化转型变革已经成为企业迎接未来竞争的必由之路。在当今纷繁复杂的商业环境中，企业数字化转型变革变得越来越重要和紧迫。每一轮新技术都将推动社会、经济、生产力的极大发展和竞争力提升，促进行业大洗牌，要么汇入洪流，要么被无情碾压。

近30年来，对社会影响最大的数字技术当属人工智能、大数据、物联网、区块链、云、移动化等数字技术。技术的发展推动了社会生产力的极大提升，改变着我们的日常生活，也改变着企业的管理方式。工欲善其事，必先利其器。通过引入数字技术，企业拥有了更多的可能性，很多之前想做而没有能力做、做不了的事成为可能，比如：远程操控、无人驾驶、智能驾驶、实时监控、人工智能内容生成（AIGC）、智能模拟仿真、AR辅助设计、VR展厅、VR培训、多方视频会议、消费者精准画像、精准营销、智能客服、视频智能识别、智能排程、智慧产线、智慧工厂、智能仓储、智慧物流、智慧运营、智能决策等。

当前各行各业已经启动数字化转型，先知先觉的企业已经率先初步完成数字化转型并取得了显著成效，成为行业标杆。数字化程度较高的互联网、通信、银行、零售等行业，数字技术已经进入生产环节，改变了行业的生产方式，引领数字化转型；制造、电力、教育、油气、交通行业的数字化转型正处于爆发期；医疗、建筑矿业、农牧业的数字化转型正处于起步期（当然这个阶段也是动态变化的），涌现出像智慧零售、智能制造、智慧电力、智慧教育、数字油气、智慧交通、智慧医疗、智慧农业等新的生产方式。数字化转型的先行者通过数字化改造，开展新商业模式、新业务模式和新管理模式探索和创新，带来运营效率、生产力和竞争力的提升。

当前数字化转型已经成为各行各业的必选题，企业的数字化程度越高，其运营效率越高，竞争力越强。随着科学技术的不断发展，企业需要不断与时俱进，拥抱新技术、新商业模式和新管理方式，以适应日益变幻莫测的市场环境。未来所有成功的企业都将是数字化企业，只有基于数字化转型变革，企业才能够保持领先优势，实现可持续发展和跨越式增长。

笔者在华为工作的最后3年就是为华为的政府和企业客户提供数字化转型和流程变革的规划设计和咨询服务，引入华为在ICT领域积累的数字化能力、产品和解决方案，以及华为自身数字化转型中沉淀的技术、工具和经验，助力客户数字化转型和智能化升级之路，为客户开展数字化转型提供助力。

最近两年笔者在企业中也是从事数字化转型相关工作，可以说在数字化转型方面，笔者做过乙方，也做过甲方。笔者在华为工作期间，其实就是典型的乙方，向政府和企业客户推广华为数字化转型的能力、技术和方案。笔者在虎彩集团有限公司就是甲方，集团下属的虎彩印艺、泰山啤酒、鲜檬摄影、速达物联等子公司/事业部都跟华为、腾讯、阿里等数字化转型能力和服务提供商有广泛合作。在数字化转型上，理论上，做乙方会更加感性和冒进，因为要卖方案和服务；而做甲方则需要偏冷静和理性，不能头脑发热。但不管是做甲方还是乙方，笔者一直本着务实的原则，积极拥抱数字化，可以说是数字化转型的布道者和实践者。

12.2 华为数字化转型实践及启示

12.2.1 数字化转型是未来华为变革唯一主题

华为根据对当下数字技术的发展及影响的洞察，认为新科技和新能源必定会对未来企业的发展带来革命性的变化。随着人工智能、云计算、物联网、区块链、5G 等先进技术数字进入各行各业，互联网连接的对象从几十亿人进一步扩大到百亿、千亿的物，万物互联初见雏形，数字技术改变千行百业的时代已经到来。

近 20 年来，中国的互联网尤其是消费互联网的发展走在了世界前列。从线下走向线上，数字技术通过消费互联网极大地改变了商品流通环节及相关价值分配的格局，但大多数传统企业里真正创造价值的研发、制造等环节尚未发生质的变化，企业可以利用先进技术来优化流程或创建新的业务模式，从而创造新的可能性，这方面存在大量机会。

华为相信，数字化转型以 ICT 平台为生产工具，以数据为生产资料，以服务为产品，不仅能为企业的传统业务赋予新动能，也能给企业带来进入新赛道或弯道超车的机会。数字时代，企业可以利用云计算、人工智能、物联网等技术，以数据为生产要素，通过数字化转型，提升客户体验和业务效率，推动业务模式创新，持续构筑企业竞争优势。

正是看到了数字化带来的全新机遇和挑战，意识到数字化是企业的未来，华为作为数字技术和数字能力提供商的典型企业代表，才将愿景与使命调整为"把数字世界带入每个人、每个家庭、每个组织，构建万物互联的智能世界"。

任总要求"自己造的降落伞自己先跳"，既然华为的愿景与使命如此，那么华为首先要成为一个数字化企业的标杆，对外提供的相关产品、解决方案、服务和能力，华为要自己先用，经过内部试用发现问题，打磨成熟之后再提供给市场和客户。

因此，2016 年华为在变革规划中明确提出把数字化转型作为华为变革的唯一主题。2017 年，"数字化转型"被确立为华为集团层面最重要的战略变革，明确了数字化转型作为华为未来 5 年唯一变革重点，要求内部变革全面围绕"数字化转型"展开。变革战略确定为把数字化带入华为，通过数字化、智能化，提升运作效率与客户及用户体验。同时华为也是践行任总"自己造的降落伞自己先跳"的要求，启动了一系列变革项目，就此拉开了数字化转型的序幕，全面推进数字化战略，希望实现全连接的智能华为，成为行业数字化转型标杆。

12.2.2　华为成功实施数字化转型的框架要点

华为内部企业架构与变革管理部所著的《华为数字化转型之道》一书中总结了华为实施数字化转型的框架和要点，即"1 套方法，4 类场景，3 个平台能力"，具体如下。

用"1 套方法"贯穿数字化转型全过程

"1 套方法"讲的就是从数字化转型规划到变革项目实施，再到 IT 产品持续迭代的方法。

"1 套方法"强调愿景驱动的数字化转型规划，用变革的方法确保规划落地，以及 IT 按产品管理、业务和 IT 一体化运作。

从"4 类场景"实践业务重构

数字化转型的重点在于通过数字技术重构业务运作模式，实现业务对象数字化、业务过程数字化、业务规则数字化，这是业务运作模式重构的基础。数字化程度越充分，越可能通过业务运作模式重构产生更大的业务价值。华为将数字化转型重构的业务归为数字化作业、数字化交易、数字化运营、数字化办公 4 类场景，每类场景的关注点和开展方式，以及依托的数字技术均有不同的侧重。

数字化作业：强调通过数字化装备提升作业效率，让确定性业务自动化、非确定性业务智能化，如智能制造、数字交付、协同研发、智能物流等。

数字化交易：强调构建线上平台，使客户跟华为做生意简单、高效、安全，如数字展厅、客户在线协同、智慧零售等。

数字化运营：强调快速实时运作的智能运营中心，实现运营模式转型，简化管理，如华为财经大屏、交付运营指挥中心、区域数字化运营、IT 运营指挥中心等。

数字化办公：强调对准员工体验，数字化办公构建全方位的连接与协同，如远程办公、智慧园区、智慧差旅等。

构建"3 个平台能力"，为数字化转型提供保障和支撑

华为为支撑和保障数字化转型的成功实施，打造了"统一的数据底座""云化数字平台""变革治理体系"三个平台能力。

统一的数据底座：可帮助企业实现内外数据汇聚，对数据进行重新组织和连接，打破数据孤岛和数据垄断，重建数据获取方式和秩序，支撑各业务领域有效开展数字化运营。

云化数字平台：可赋能应用、使能数据、做好连接、保障安全，为业务开展数字化转型提供统一的 IT 平台和基础设施服务。

变革治理体系：可帮助建立变革治理规则，规范变革管理相关团队及变革项目的运作管理，持续构建数字化领导力，包括批准变革预算、批准公司重大变革项目的立项和关闭、对跨领域问题进行裁决、指导和批准各领域的数字化转型规划、牵引和协调各业务领域数字化转型。

以上数字化转型的框架和要点是华为数字化转型实践的经验总结。笔者在华为工作期间，在为客户做数字化转型规划的过程中，主体上也是遵从了上述框架的理念、实践和方法，其中支撑从业务到IT服务化设计的"V"模型，以及支撑业务运作模式重构的"Y"模型等被广泛使用。这些方法、模型和工具在笔者当前所在的虎彩集团正在逐步落地与实践中，目前看效果不错，这里就不再展开。

12.2.3　华为数字化转型实践及效果

华为经过从2016年到2021年近6年的数字化转型探索，形成一系列数字化转型实践（内部称"九大"），极大提升了业务效率，降低了运作成本，部分成果实现能力外溢。当然，数字化转型是一个持续的过程，华为的数字化转型变革还在持续推进中。

笔者在规划咨询部工作期间，经常到华为展厅接待客户，向客户介绍华为的基本情况及产品＆解决方案、服务和能力，其中华为数字化转型的实践情况是客户非常感兴趣的主题。以下笔者展开介绍华为数字化转型的部分实践，帮助读者对数字化转型有更好的理解。需要说明的是，以下为华为内部数字化转型实践和案例，并不包括华为助力政府、金融、交通、能源、电力、教育、医疗等各行业和企业客户数字化转型的案例。

研发上云全球协同

打造"研发云"，将研发环节进行服务化解耦，提供仿真云、集成云、设计云、桌面云、杀毒云、测试云、分析云七种服务。

实现效果：华为 14 个研发中心、36 个联合创新中心、1500 个实验室，实现 LaaS（Lab as a Service，实验室即服务），产品开发及试制周期缩短 20%，可制造性问题减少 30%。

大平台能力支撑销售作战

打造将团队协作空间、项目管理服务、知识平台和专家资源平台集于一体的大平台能力支撑销售。

实现效果：客户投资决策周期由 16 周缩短到 4 周，商用周期整体缩短 50% 以上，合作伙伴全流程自主交易比例达到 100%。

集成服务交付实时可视

通过将资源管理、外包管理、站点验收、收货、技术支持、人员管理都集成在一个作战平台上，实现一线交付业务在线、实时、可视、高效。

实现效果：站点交付质量检查，从人工迈向机器智能审核，交付项目进度提高 30%，单站交付成本下降 13%。

全球制造运营与指挥中心

将全球供应商的供货情况及全球市场的需求情况通过服务化方式进行集成，并围绕各个业务场景构建了实时决策系统。

实现效果：实现直通率当天实时计算（数据集成、清洗、计算和展示），制造运营可视，PO 订单从接收到发货所用的时间下降 30%，手机终端产品出库时间周期缩短 50%。

智慧物流与数字化仓储

基于供应链端到端流程优化，打通从供货预测到物流、仓储、报关、运输、签收等各环节，积极将人工智能引入物流领域，实现智慧化物流转型。

实现效果：实现全球 100 多个仓库数据接入，进出库可视管理，总体账实一致率大幅提升；全球物流业务中 80% 确定性作业实现自动化，提升 20% 分拣装箱效率，物流使用企业智能（EI）做路径规划节省例外开销成本 30%，存货周转天数下降 60%，提高了资产运营效率。

财务快速结账和自动支付

通过交易核算自动化、ERP 优化、数据调度优化、数据质量监控及数据分析平台优化，实现全球结账监控，提高资金支付安全和效率。

实现效果：月度财务报告 3 天出初稿，5 天出终稿；年度财务报告 11 天就能完成初稿。

全连接协同办公

打造云化、移动化的全连接协同平台 WeLink，为员工提供连接人、连接知识、连接业务、连接设备的全连接服务。

实现效果：20 多万名员工，全球 1000 多个办公地点，实现精兵作战、团队协同和跨地域协作的整体效率。

手机电商

基于规则和服务化构建终端电商"智能交易中台"，实现订单快速处理，前、中、后分层解耦的 IT 架构，支撑前台快速开店、中台自动审批、后台高效集成。

实现效果：第三方开放平台 1~2 周快速开店，支持 1 小时 100 万订单，100 亿美元日销售额处理，消费者业务的数字化门店体系已覆盖超 5000 家体验店。

华为智慧园区

汇聚园区 24 个子系统，打通数据，建立全球统一的数字化运营中心，以实现提升安全防护、提升响应速度和提升服务体验三大目标。

实现效果：安防事件响应时间从 7.5 分钟减少到 2 分钟，处置效率提升 50%；园区体验智能；综合能效下降 10%，设备寿命延长 10%。

通过各领域数字化转型，大大提升内部运营效率和外部竞争力，2015 年华为启动数字化转型前的销售收入为 3950 亿元，员工数为 17.7 万，到 2019 年末华为销售收入已经达到 8588 亿元，员工数为 19.4 万。

华为常年保持收入快速增长，年复合增长率（CAGR）达到 26% 左右，但员工数量保持稳定，人均收入提升 2 倍多。通过向数字化转型要效益，华为实现了任总要求的"销售收入实现翻番，但人员未显著增长"的目标。

12.2.4　数字化能力外溢赋能数字化转型

华为通过在全连接办公协同平台、集成连接平台、智慧园区等数字化转型实践过程中打造的内部产品和服务，最终实现了数字化转型能力外溢，成为面向企业客户销售和交付的产品与解决方案，赋能行业和企业数字化转型。

以智慧园区为例，智慧园区最初是由华为内部行政部门牵头的平安园区项目，目的是建设绿色、安全、高效、便捷的办公园区，项目最终演变为华为智慧园区业务，独立对外销售，2022 年 3 月底，华为举行第二批军团成立大会，最初的项目团队升级为华为园区军团。

任总对华为平安园区项目做出过很多指示，这些指示对开展数字化能力外溢有很强的指导性和借鉴意义，比如：

● 华为平安园区项目基于公司园区建设与管理的真实需求，牵引形成平安园区解决方案，各部门要通力合作，把项目做成功。

- "自己的狗粮自己吃"，流程 IT、行政、基建、企业 BG、产品与解决方案体系、采购等部门，按照甲乙方运作，共同合作解决问题，把项目做成功。既建设好华为平安园区，又为平安城市、智慧城市搭建一个内部的试验场。

- 通过平安园区项目的交付，企业 BG 要加速积累针对这一类项目的解决方案能力。以终为始，从未来面向市场销售的角度，规划系统架构，思考定价模式，找到战略控制点，探索建设之后的运营管理模式。先把平安园区建设好，从中逐步积累起规划、建设和运营等方面的经验和能力。

- 以平安园区项目作为典型样例，优化解决方案的管理机制。真正实现 IPD 从机会到变现，提升公司产品和解决方案的竞争力。

- 项目涉及的产品和解决方案自研或外购要充分评估，如果公司产品线不做，就开放给合作伙伴做。构建好平台，使得任何一个合作伙伴都可以扎根在华为的平台上，华为要基于平台做生态。

- 项目有阶段性输出之后，企业 BG 要面向市场推广这些产品或解决方案。项目结束后，要输出华为平安园区的建设标准，纳入基建、行政的基线，由基建、行政、IT 等部门负责后续其他园区的建设。

笔者所在的规划咨询部负责给企业客户做数字化转型规划，有近一年的时间，笔者的工作关系被划归到智慧园区业务部，参与了华为智慧园区解决方案和服务能力外溢的项目和业务。这里笔者想借智慧园区方案外溢过程中《未来智慧园区白皮书》编制一事，补充对数字化转型的理解。

在智慧园区能力外溢的过程中，华为成立了独立的智慧园区业务部负责市场和客户的拓展和交付。相比华为针对政府、行业和企业提供的智慧城市、智慧政务、智慧交通、智能电网、智慧教育等方案和服务，智慧园区的业务不是很清晰，也不好理解。在智慧园区到底是什么、这块业务要做什么、有什么价值、是不是仅仅是一个概念等方面，受到较多挑战。

华为轮值董事长郭平对智慧园区业务一直比较关注，就让智慧园区业务部总裁回答这些问题，最终这个任务落到了规划咨询团队，团队准备以白皮书的方式来回答这些问题。白皮书可以代表华为对这块业务的理解和在行业中的发声，好的白皮书往往能形成品牌影响力和号召力，引领业务在行业中的发展。

笔者经过深入的洞察分析，基于对行业数字化转型趋势及园区发展趋势的理解，不断与业界专家进行沟通和思想碰撞，结合工业园区、产城综合体、商业办公、会展中心、住宅小区、景区、写字楼等业态特征要求，给出了具备前瞻性的未来智慧园区定义及内涵，将智慧园区定义为"以全面感知和泛在联接为基础的人机物事深度融合体，具备主动服务、智能进化等能力特征的有机生命体和可持续发展空间"，提炼出智慧园区"全面感知、泛在联接、主动服务、智能进化、以人为本、绿色高效、业务增值"七大关键内涵特征，并规划出未来智慧园区 1 个愿景、3 个建设目标、4 个基本特征、1 个融合空间的"1-3-4-1"蓝图框架。

在以上核心观点交付的基础上，智慧园区业务部组织团队和合作伙伴一起完成了以"赋予园区生命、创造无限可能"为主题的《未来智慧园区白皮书》，回答了园区未来发展趋势是什么，什么是智慧园区，华为对智慧园区的理解是什么，有什么特征，用什么蓝图框架支撑，包括哪些业态、哪些场景，以及在智慧园区生态中华为扮演什么角色等问题。《未来智慧园区白皮书》的发布获得了很大的成功，引起了业界极大的共鸣，被多家机构引用。

在智慧园区业务部工作期间，笔者跟房地产领域排名前10中的7家客户都进行过交流和接触。直到2020年10月，笔者调入云与计算BG智慧城市/智慧政务咨询团队，开启智慧（数字）城市及智慧政务顶层设计规划咨询项目的拓展和交付工作。2020年以来，华为智慧园区方案已经成为华为主打场景方案，智慧园区业务部演进为园区军团，端到端开拓和交付园区业务。

2023年5月，华为在2020年版白皮书的基础上面向亚太发布《亚太未来智慧园区白皮书》。笔者认为，智慧园区的本质是用数字技术深度融合园区业务场景，对园区进行数字化、智能化改造的结果，白皮书中所提炼的全面感知、泛在联接、主动服务、智能进化、以人为本、高效、业务增值等包含了数字化的基本特征及数字化转型的要求、理念和方向。根据IDC（国际数据公司）2023年11月发布的《IDC MarketScape: 中国智慧园区解决方案2023年厂商评估》报告，华为凭借领先的方案架构与产品、全生命周期服务完善的生态体系、海量的客户案例及产业影响力，位居2023年中国智慧园区解决方案市场领导者类别。

12.3 实施数字化转型的指导方法和流程

12.3.1 企业架构及顶层设计实现统筹规划

我们在流程重构篇提到了架构一词，通俗讲，架构就是蓝图规划，是顶层设计。企业架构就是企业治理和运营层面的蓝图规划和顶层设计。架构设计可以帮我们进行系统性、全局性的统筹规划，从而保障我们"在正确的路上做正确的事"。

企业架构可以分为两大部分：业务架构和IT架构。其中业务架构是把企业的业务战略转化为日常运作的渠道；IT架构是指导IT投资和设计决策的IT框架，是建立企业信息系统的综合蓝图，包括信息架构（IA）、应用架构（AA）和技术架构（TA）。

业务架构：描述怎么干、谁来干，含商业模式、价值流、业务场景、业务能力、业务组件、流程架构、组织与绩效体系、业务数据、治理结构和管控模式等。其中价值流描述端到端客户价值创造业务流；业务能力定义企业做什么，并识别企业需拥有或外部获取的能力；流程架构和业务流程定义企业怎么做，承载价值流和业务能力。（业务架构相关内容在流程重构篇已有详细介绍。）

信息架构：描述用到的数据，包含数据类型、数据模型、数据存储、资产目录、数据流、数据服务。其重点是用数据和信息来描述业务对象，包括业务运作过程中所涉及的各种人、事、物。信息架构是企业统一的数据语言，是业务流打通、消除信息孤岛和提升业务流集成效率的关键要素，遵从信息架构是变革管理和流程管理的重要原则。

应用架构：描述用到的应用，含产品/子产品、系统功能、应用服务、应用系统模块。需识别和定义支撑公司业务目标达成所需的一系列IT应用，IT应用的定位和内部模块的划分，以及与周边IT应用的集成关系，等等。

技术架构：描述用到的技术，涉及IT平台和基础服务。其定义为IT开发、实施和管理应用与信息架构领域所需要的IT技术服务，主要内容包括：构建和运行系统的组件和技术，当前基础设施及运行环境，技术与应用架构和信息架构连接关系，构造应用所需的技术策略、技术标准、技术规范、技术指导及参考架构，等等。

我们在业务流程架构相关篇章介绍过，华为通过重构和建设业务流程架构有效地支撑了华为多业务的复制和拓展。在企业架构的建设和治理上，华为也是十多年磨一剑，支撑变革项目和数字化转型项目的开展，大致历程如下：

（1）2008 年，启动企业架构项目；2009 年发布华为企业架构 EA 1.0，并基于之前介绍的 BPA 1.0 发布华为应用架构 AA 1.0。

（2）2010 年，发布 BPA 2.0，并同时发布基于新业务流程架构的信息架构（IA）/ 应用架构（AA）/ 技术架构（TA）2.0。

（3）2012 年，开发完成企业架构 EA 2.0，逐步将企业架构方法融合到变革与 IT S&P 中。

（4）2015 年，开发完成企业架构 EA 3.0，明确各个场景（公司、领域、解决方案等）的架构交付，指导公司业务变革、流程和 IT 建设。

（5）2017 年，发布华为企业架构 EA 4.0，并发布试行版的业务架构原则、应用架构原则、信息架构原则和技术架构原则，用于指导开展云化、服务化 IT 改造和数据管理工作。

（6）2019 年，发布正式版企业架构原则，落实 IT 中央集权管理要求，针对变革项目和 IT 交付，给出全局性和方向性要求，细化云化、服务化和数据管理原则条款，指导数字化转型更好地开展。

企业数字化转型工作的开展，涉及对业务的结构化、业务对象识别、业务服务定义、IT 应用服务实现等工作，并对流程、IT 及基于流程的管理体系建设和持续运营等带来了一些变化与影响。企业架构的 4 个子集向上承接战略和商业模式，向下衔接流程 / 组织 / 数字化转型变革项目，连通了业务和 IT，是当前数字化转型最匹配的方法和模型。

12.3.2 企业架构是承接业务战略与 IT 的桥梁

企业架构 4 个子集相互关联，其中业务架构是连接业务与 IT 的纽带，承担着战略落地的职责，是开展信息架构、应用架构和技术架构的先决条件。业务架构先行，为 IT 架构提供输入，先把业务架构讲清楚，再启动 IT 建设。业务架构中的价值流、业务能力最终都要被流程承载：价值流体现为客户创造价值的流程，业务能力中包含业务活动中的作业流程。

战略和商业模式转换成对业务能力的需求，业务能力需求承载在流程、组织和 IT 上。笔者认为，企业架构就是解决战略如何闭环到流程、组织和 IT 上的逻辑。很多企业在数字化转型方法上遇到困难，并不是不善于设计"战略"，也并非不懂"业务"，而是不熟悉架构，不清楚如何将战略通过架构落实到业务流程、组织和 IT 中。开展数字化转型，企业需要具备架构的能力。

企业在开展流程变革与 IT 建设及数字化转型的过程中，如果缺失企业架构全局性、系统性的蓝图规划和顶层设计，将导致业务、应用、数据割离等问题。

业务层面问题包括：（1）面向功能业务的流程，分段"内部作业"；（2）缺乏面向客户的业务场景分析，横向集成效率低；（3）业务模块紧耦合，不能即插即用；（4）不利于业务能力的沉淀和持续发展。

应用层面问题包括：（1）"烟囱式"的 IT 应用；（2）应用孤岛，重复建设；（3）封闭、老化的 IT 架构；（4）无法满足业务变化的灵活性和响应速度要求；（5）高昂的 IT 建设和维护成本；（6）打通"烟囱式"系统间交互的集成和协作成本高。

数据层面问题包括：（1）系统分散建设导致数据分散不统一，形成数据孤岛，无法看到全貌；（2）缺乏数据标准和模型，数据共用难；

（3）横向纵向的数据交换和流程互相不畅通。

其实业务架构就是因为解决信息孤岛问题而兴起的，需要在一系列 IT 系统建设之前，先设计业务架构，定义统一蓝图，这样才能从根本上解决信息孤岛的问题。

麦肯锡与亨利商学院 2017 年对 1000 多家企业开展了企业架构对组织影响的调查，调查结果显示：使用企业架构的公司比没有使用的公司，数字化转型成功率提高 62%，IT 复杂度降低 67%，成本和费用节约 47%，产品推向市场快 34%，运营稳定性提高 26%，点对点连接减少 73%，应用的数量减少 65%，接口的数量减少 77%，服务个数减少 470%，服务重用度提高 19%。可见企业架构方法为数字化转型提供了好的指导依据和保障。

华为早期部分变革项目出现流程、数据、IT 和组织不匹配，相互割离，没有实现集成设计，导致最后落地难、效果也不好的问题，后来痛定思痛，最终采用企业架构方法指导数字化转型变革。

现在来看，企业架构至少在以下方面对保障企业数字化转型有重要价值：（1）上承战略目标；（2）下接变革规划决策；（3）解码建设的复杂性；（4）明确实现路径，推进集中建设；（5）促进业务标准化和规范化，提高交付质量；（6）固化核心能力；（7）提供可复用资产，灵活性适应业务变革；（8）支撑有效的运营。

只有采用企业架构方法进行变革的解决方案集成设计，才能真正实现业务、流程、数据、IT、组织、规则的集成。

12.3.3　业务架构原则指导数字化转型开展

在企业架构实际应用过程中，企业应结合业务情况，制定架构设计原则，来指导和约束数字化转型和 IT 项目的规划和建设。比如定义如下业务架构设计的原则。

对准业务战略

业务架构要对准业务战略，基于战略愿景和商业模式开展业务架构设计，考虑核心竞争力构建。基于商业模式识别能力诉求，基于价值主张构建价值流，业务流程的规划和建设需考虑承载核心竞争力的构建。

以客户为中心

业务架构要以客户为中心，基于体验驱动开展业务运作优化。业务架构设计要面向客户需求和期望，从客户体验出发，运用客户体验分析方法工具，分析和客户在交互过程中的接触点，从中发现问题和改进机会点，提升客户体验。

价值流场景化

价值流要按照不同的场景描述业务为客户创造价值，通过场景化实现业务高效运作。价值流要体现为客户提供产品和服务的过程，面向客户产生价值；价值流跨多个领域，对各领域能力进行串接和协同，并对能力提出要求；尊重业务差异，价值流要场景化。业务流程灵活编排，支持业务敏捷与创新。

业务能力服务化

业务能力共性提取，业务能力要组件化，形成数字化服务接口，并提供业务服务，能力必须可度量，必须有明确的责任人负责该能力的建设、共享和重用。能力建设要基于价值进行共享，避免重复建设；能力提供清晰的业务服务，可根据不同场景，简单灵活的调用和编排业务服务；能力是开放的，可以不断丰富和完善。

业务规则显性化

业务规则要清晰呈现、数字化，支撑对能力组件进行组装和编排，通用业务规则和个性业务规则应定期审视，有效管控业务风险。

业务规则数字化

业务规则能数字化的一定要数字化，数字化是指将业务流转过程中的衔接，以及业务模块内部的判断逻辑，转换为机器可读，这是对能力组件进行灵活组装和编排的基础。

流程自动化

通过将流程中的业务对象（人物、知识）、业务过程、业务规则数字化、重复性的确定性业务，流程要标准化、自动化、智能化。

类似地，企业需要结合企业架构的理念要求、实践情况和业务的实际要求，定义企业架构设计原则，包括业务架构原则、信息架构原则、应用架构原则及技术架构原则，来规范和指导数字化建设，让数字化转型变革更加有序和有效。

12.3.4 企业架构方法将实现业务与 IT 融合

IT 就是承载业务作业流程并实现业务数据自动传递和集成的使能器，流程管理的落地、规范化、高效要靠 IT 系统来固化。IT 承载的是流程及数据，支撑每一个作业及作业输出的数据，通过 IT 实现集成和流程的自动化。前文提到，流程化组织建设的最高境界就是端到端流程全由 IT 和工具支撑，所有作业、所有数据都被 IT 承载，而且从前到后都是集成和自动化的。在 IT 中跑的是固化的流程，本质上跑的是业务。

IT 也是数字化转型的核心。企业不能一上来就建设 IT，需要先分析业务，定义出价值流场景、业务能力和业务对象，定义出应用架构，再结合流程活动、输入输出、数据属性等设计，基于 IT 技术架构，进行 IT 产品开发，才能避免"烟囱式"IT 建设。面向未来, IT 必须云化、服务化，必须要进行前、中、后台分层解耦，通过服务化构建轻量级、分层解耦的应用能力，应用系统各层之间通过服务进行交互。应用架构的建设应瞄准业务价值，关注用户体验、交付效率和质量的提升，推动 IT 应用向云化、服务化方向演进，支撑 IT 产品化运作并提升 IT 产品架构水平。

企业架构方法可以很好地实现业务与 IT 的融合，特别是引入服务化的架构，支撑企业数字化转型战略成功。

华为用企业架构原则指导数字化转型。华为发布的《企业架构原则》中明确将服务化架构确定为架构演进方向，提出"业务能力组件化、服务化，实现流程灵活编排。IT 能力以服务的方式提供，服务的访问和交互通过接口方式实现"的具体原则，对 IT 产品提出通过服务化架构进行升级改造的要求。如何让业务能力组件化、服务化，实现流程灵活编排就需要用"V"模型指导服务化设计。

服务化"V"模型是华为自身实践服务化的方法论。华为供应链数字化转型率先使用了服务化方法。华为过去的供应链是基于商业软件包构建（SRM、APS 等）的，2016 年华为下定决心改变，率先运用微服务构架、轻量化 IT 系统承载业务，按照微服务架构重构下一代供应链，把传统 IT 架构变成前、中、后台架构，沉淀 100 个供应链微服务，支撑了华为多业务和全球化拓展要求，并有效优化了快速响应和用户体验等问题。

12.4 数字化转型的成功关键

12.4.1 企业数字化转型的障碍和挑战

数字化转型强调技术与业务深度融合，用技术来改变工作和生产方式。相比传统流程、组织变革和 IT 信息化建设，数字化转型变革更强调新数字技术在生产和工作过程的运用，需要找到数字技术与业务融合的落地场景，思考是否可以通过引入数字技术和转变业务运作模式来加以改进。

在笔者看来，数字化和信息化在思维和目的、IT 管理要求、数据管理要求、对一把手的要求等方面有很大的差别，如表 12-1 所示。数字化是信息化的高阶阶段，更强调业务模式创新，更依赖于数据的应用，也更依赖于数字技术的应用。

表 12-1　信息化与数字化对比

类别	信息化	数字化
思维和目的	内部管理思维，以满足企业管理功能需求为主，降本增效，提升内部运营和管理效率，一般不改变商业模式	用户导向思维，以客户为中心，提升企业竞争力为主，强调商业模式创新，业务模式和管理模式重构
对一把手的要求	偏系统建设，依赖软件厂商，一把手支持	偏业务变革，需要自力更生，一把手主导
IT 管理要求	系统偏办公 IT，IT 用于办公和流程固化与规范执行	系统偏业务生产 IT，IT 进入生产领域，IT 用于重构流程和业务
数据管理要求	业务数据化：流程固化和数据记录，便于跟踪回溯	数据业务化：数据驱动业务，通过数据分析和应用，发现商机，转化成商业价值
新技术应用	一般不涉及新技术应用：以网络、计算机、数据库、ERP 系统、财务系统等信息技术为主	强调新技术应用：人工智能、大数据、物联网、云、区块链、5G、VR/AR 等新数字技术，以及数字平台、数据模型、算法平台等
协作层面	偏内部企业内部协同，各部门单独建设系统，数据在单体系统内闭环	跨部门协同，与客户和合作伙伴连接，强调数据融合，业务贯通，需要新架构，产业链 + 生态

通过表 12-1，我们可以提炼出数字化转型的几个关键：引入数

字技术；重构和优化流程；创新商业、业务模式和管理模式；提升客户体验；提升生产效率、降低运营成本，改善经营绩效。

我们可以理解为，数字化转型是企业利用数字技术优化业务流程，改善运营管理方式，创新商业模式，提升客户体验，提升运营效率和绩效，提升企业竞争力的转型过程。企业数字化转型有别于传统信息化，需要企业以全新的方式来推动这场变革。

数字化企业的基本特征是：连接、在线、共享和智能。"连接"是指企业内部人与人，人与物（含知识），物与物，以及企业、供应商、合作伙伴和客户之间信息连接、触达和交互，通过连接和整合价值链，促进生态化价值合作，共享共赢发展。"在线"包括业务实时在线、组织在线，业务状态可视、可控、可管。"共享"首先是数据共享化，然后是服务、能力和知识共享，即我们常说的"职能业务平台化、平台服务化、服务标准化和市场化"。"智能"是业务流程智能化、决策运营智能化、人际协作智能化。

企业数字化是一个渐进式、螺旋式上升，不断迭代形成的过程，是一个系统性、长期性工程。笔者认为数字化转型涉及如下领域知识的融合应用，需要遵循变革管理和项目管理的特征，并涉及新技术、IT 平台和数据。

变革管理：涉及流程、组织、IT、文化调整、意识转变等。

项目特征：具有临时性、目标性、独特性、创新性、变革性、不确定性等特征。

新技术与业务融合：涉及人工智能、大数据、物联网、云（服务）、区块链、AR/VR、5G 等新数字技术应用。

平台能力和 IT 架构：如业务中台、数据中台、云化/服务化 IT 架构、统一数据底座、OT/IT 融合、业务系统集成等。

未来绝大多数企业都会是数字化企业，企业数字化转型的本质是通过数字技术在竞争中获取优势，高质量的变革规划是数字化成功的起点。

笔者认为，成功实施数字化转型，需要考虑如下能力和要求：（1）愿景和战略驱动的顶层设计、统筹规划，分步实施；（2）按项目进行管理，渐进明细；（3）考虑新技术与业务场景融合；（4）从流程驱动到数据驱动，再到智能驱动；（5）依托变革方法，把控变革的策略和变革节奏；（6）用企业架构的方法统筹业务能力、流程、组织和IT架构规划；（7）统一数据底座、云化/服务化IT平台能力的统筹考虑。

如果说流程变革主要涉及的是业务、流程、组织和IT，那么数字化转型是一个将业务、流程、组织、数据、IT和数字技术融于一体的系统性工程。相较于流程变革，数字化转型更强调数据治理及对数字技术的应用，在IT上更强调集成，更强调服务化IT平台，涉及的要素比流程变革多，复杂度也高很多，需要综合考虑经营理念转变、流程重构、组织调整、业务模式转型、数据治理、新技术应用、IT平台建设、员工能力提升等方方面面，是一项长期系统工程，难度更大。企业要充分认识到数字化转型的困难，保持战略定力和节奏，稳步扎实地推进项目建设。

目前来看，数字化转型面临多方面的挑战：（1）企业高管层缺乏数据及对数字化影响的了解，内部缺乏数字化领导者或领导力，无法把握新机遇，或者缺乏改变意愿；（2）业务架构、流程管理、数字化转型管理者或者人才不足；（3）缺乏顶层设计能力、企业架构能力、项目管理能力，缺乏变革管理专家、流程专家、业务架构师、业务设计师、数据专家、数据分析师、IT专家；（4）缺乏数字技术与业务场景融合的能力。多方面的挑战和能力短板，制约了数字化战略的落地。

12.4.2 把握数字化转型本质和特征才能做好数字化转型

数字化转型的关键并不是"数字化"这三个字，而是后面的"转型"两个字，更重要的是变革意识。准确理解数字化转型的本质，把握数字化转型的关键点，才能做好数字化转型。数字化转型的目的是支撑业务成功。华为CIO（首席信息官）陶景文说："华为所有的变革不是为了建造一个世界级的IT，而是要面向未来构建一个世界级的华为。"

数字化的本质是战略选择和战略规划，成功的数字化转型是由战略驱动，而不是由技术驱动的。数字化转型要对准的不是数字化技术，而是要对准战略方向，支撑战略达成，实现既定的商业目标，这是数字化转型的起点，也是数字化转型的终点。

华为轮值董事长、CFO孟晚舟女士，从2007年起，在IBM的帮助下，负责牵头实施长达8年的华为IFS变革，在资源配置、运营效率、流程优化和内控建设等方面建立规则，带动华为开启精细化管理之路。

2014年，华为开启财经领域数字化转型（比集团层面整体启动早两年），在孟晚舟女士的带领下，华为财经数字化转型取得巨大成效：（1）通过风险探针、风控模型建设，实现无接触式风控；（2）建立敏捷经营管理体系，基于数据和人工智能算法，实现经营管理及决策智能化；（3）建立作战指挥一体化平台，基于数据透明和实时交互，实现关键财经作业场景的协同作战，立体指挥。这些数字化转型措施，提升了华为财经运营效率，进一步推动了华为数字化转型。

2023年4月19日，在华为第20届全球分析师大会上，孟晚舟女士发表对数字化转型的三个核心洞见，认为：（1）战略驱动是根本；（2）数据治理是基础；（3）数据智能是方向。孟晚舟女士强调："数字化转型是一把手工程，在转型过程中会面临一场深刻且复杂的系统革命，没有愿景的牵引，没有文化的匹配，数字化转型所带来的解决方案是不可能产生价值的。"

为什么数字化转型是业务一把手工程？大部分企业认为数字化转型 IT 技术是最大障碍，所以倾向于任命 IT 信息技术部的负责人为数字化转型的负责人，但 IT 技术并不是数字化转型中最难的部分。数字化转型是一个业务战略，转型进入变革深水区，需要改变企业的商业模式、流程、组织架构、人员结构和人员技能，涉及组织和人员的调整，领导岗位的变动及员工岗位优化，拥有 IT 技术背景的主管很难胜任，所以数字化转型是业务一把手工程，必须由一把手亲自领导和推动。

目前，华为财经体系已成为世界领先的数字化和智能化的财经组织，为公司打造了坚实可靠的数字化经营底座，助力公司在新时代下的战略实现。孟晚舟女士在持续 8 年的 IFS 变革项目及财经体系数字化转型过程中得到历练，成为具备全球化视野和数字领导力的 CFO。

数字化转型也是一个长期系统工程。数字化转型面临的挑战来自方方面面，从技术驾驭到业务创新，从组织变革到文化重塑，从数字化能力建设到人才培养，数字化转型的成功不可能一蹴而就。把握数字化转型中的关键点，才能做好数字化转型。笔者认为有如下关键点值得参考。

成功的数字化转型是战略驱动的，是一把手工程

数字化转型是业务转型，成功的数字化转型由战略驱动而非技术驱动。数字化转型本质上是数字技术驱动下的业务、管理和商业模式的深度变革，是基于数字化的管理体系变革，要回归业务，技术是支点，业务是内核。

数字化转型的根本目的在于服务战略、提升企业竞争力

新技术应用不是目的，数字化转型的目的是服务企业战略，提升产品和服务的竞争力，让企业获得更大的竞争优势。所有的变革不是为了建造一个世界级的 IT 体系，而是要面向未来构建一个世界级的有竞争力的企业。

数字化转型将改变组织运作方式

企业数字化转型不仅是生产方式变革和业务重塑的过程，也是企业组织运行机制的变革，需要通过流程再造和流程重构来适应。

数字化转型需对准价值创造

数字化转型应该以数字化给业务和管理带来多少价值作为准绳，数字化转型的目的不是数字化本身，要奉行适用主义原则，不能为了数字化而数字化。

持续创新能更好地应对环境的不确定性

应对不确定性是企业推行数字化转型的动因之一，需要企业更加具备拥抱变革的精神与勇气。数字化转型不是一个短期行为，也难以一蹴而就。企业需要学会并拥抱"小步试错、快速迭代"的经营方式，并根据各业务块不同发展阶段的特点与需求，采用不同的数字化技术与变革方案，不断推进数字化转型，逐步打通研发、采购、生产、物流、销售、交付、售后等价值链全环节。

数字化转型的关键是意识转变、心智模式改变和文化认同

观念和意识转变，心智模式改变，文化认同，理念的建立，流程化、数据化思维的培养，是数字化转型成功的决定性因素。

下面我们对数字化、智能化时代背景下的流程、数据、IT 和组织进行展开。以下内容也是笔者在华为工作期间为政府和企业客户提供数字化转型规划咨询过程中，客户比较关心的问题。其中部分内容来源于华为 CIO 陶景文先生，以及现任 IRB 办公室主任、前 IPD 3T[①] 主任郝健康先生对数字化转型的思考与理解，笔者曾多次列席 IPD 3T 会议，深受启发。

12.4.3　流程重构变革为数字化转型打下基础

目前看来，华为的数字化转型变革是成功的。华为之所以能成功，笔者认为是其近 20 年的流程变革为数字化转型变革打下了坚实的基础。2016 年华为提出数字化转型之前，已经通过一系列变革项目构建了相对完备的流程管理体系和 IT 信息系统，完成了公司的流程管理体系和信息化建设，为数字化转型打下坚实基础。在流程和信息化建设完成的前提下，主要的差距在于如何打破自己历史上建立的一个一个 IT 系统所形成的数据孤岛，实现应用和数据的集成与贯通，如何引入数字化的技术来真正提升企业的竞争力，这是华为数字化转型的要点。

数字化转型的特征是数字技术"暴力"介入企业的生产经营流程，用数字技术重构、整合、优化流程，改善作业流程和作业方式。数字化转型的重点在于通过数字技术重构业务运作模式，实现业务对象数字化、业务过程数字化、业务规则数字化，这是业务运作模式重构的基础。

流程向上衔接和支撑企业战略，向下指导业务和具体工作开展。信息化时代，企业通过解决流程的有无问题，实现了降本增效。但信息化时代大部分企业构建流程的方式是各职能部门，比如销售部、生产部、研发部、采购部、财务部，各自建各自的流程和 IT 系统，流程和 IT 没有打通。稍微做得好的企业，通过流程集成的方式打通断点，把业务和流程勉强连接在一块，形成覆盖公司业务的一张网络，但这

---

① 　3T，Business Transformation & IT Management Team，即业务变革与 IT 管理团队。

样的流程是否高效，不一定。如果站在客户视角，而不是企业内部视角来思考，客户希望的流程的起点是客户需求的产生，流程的终点是需求被满足。所以我们在流程重构篇提到，流程重构的方向就是要构建从客户需求为起点，到客户的需求被满足为终点的端到端的流程。这种以客户为中心的流程体系重构，是数字化时代流程重构的方向，对于大多数企业来说，任重道远。

企业数字化转型要考虑清楚对准业务结果，业务部门要充分参与，共同探索如何通过数字化转型支撑业务发展。首要抓主业务流的建设，提升流程的效率，比如华为的主业务流是 IPD、LTC、ISC 等创造业务价值的流程，要实现端到端流程贯通，从客户中来到客户中去。

数字化转型的基础是流程，流程反映了业务流本质，只有业务流清晰，流程清晰，数字化才有意义。我们说流程即业务，即流程的本质是业务，数字技术重构业务运作模式的实质就是重构流程和相应的组织，所以说流程变革是数字化转型的基础。如果只是将碎片化的流程固化到系统中，流程的问题并没有得到改善，反而会被系统放大，导致系统低效运作。

另一方面，企业缺乏流程架构，流程野蛮生长，业务能力规划无法进行，IT 应用架构规划更缺乏基础，没有高质量的流程，不会有高质量的数据，数字化转型只能是空中楼阁。

华为 CIO 陶景文把数字化转型分为流程化、数字化、智能化三个大的阶段，并多次提出"任何不涉及流程重构的数字化转型，都是在装样子"。可以说，华为研发、销售、供应链、制造、物流、交付、财经领域的数字化转型，就是在 IPD、LTC、ISC、IFS 等流程变革的基础上开展的，没有前期流程变革的积累，就不可能有华为数字化转型的成果。业务不清晰，流程不明确，谈数字化转型还有点远。数字化转型中的流程重构应该重点考虑以下两方面。

一是以客户为中心的业务流程重构是企业的机遇。客户和用户的需求成为企业经营和核心，构建以客户为中心的业务流程，需要更加注重客户需求，更加强调对需求变化的快速响应。因此企业需要迅速、准确地把握用户需求，以客户为中心重构产品开发、供应链、市场销售、物流和交付的逻辑关系，创造一致、良好的用户体验。

二是坚持流程导向，坚持强化协作，坚持持续创新。"部门墙"的存在，使得职能部门之间的沟通、协调不够，对相关环节和最终的运作效果关注不够，造成信息和数据共享度低、流程不畅、执行状态不透明、运作周期长等问题。企业要坚持流程导向，坚持围绕用户的价值创造过程，打破职能部门间的"部门墙"，改变各自为政的状态，实现流程的真正集成，协同作战。

12.4.4　数据治理是数据驱动的企业数字化转型基础

信息化对数据管理的要求是"业务数据化"，要做好流程在 IT 的固化和信息记录，便于跟踪回溯；而数字化是"数据业务化"，要求数据能驱动业务，通过数据分析和应用，发现管理改进机会和市场商机，把机会和商机转化成效益和商业价值。

随着数字技术不断成熟，数据成为继土地、劳动力、资本、技术等之后人类又一重要生产要素。2023 年 8 月，财政部正式对外发布《企业数据资源相关会计处理暂行规定》，数据资产入表政策落地节奏超预期，数据要素产业化大时代即将开启。

基于数据资产要素的加持，企业可实现多角色用户的"预防、发现、诊断、决策、控制、响应"等应用场景能力构建，实现业务"可视、可控和可管"，支撑企业高效运营和决策、商机发现、商业模式重构和业务经营改善等管理。比如，营销领域数据驱动可实现市场变化的早期感知、用户标签与精准画像、精准数字化营销、精准的营销漏斗刻画与解析等；产品技术开发领域，数据支撑数据模拟和模型仿真、产品开发及标准化商品化决策、产品定价、产品投资组合管理等；制造与供应领域，数据驱动可实现精准的销量/要货预测、高效的采购和供应管理、生产制造、仓储和物流管理，实现制造升级与智能化。

数字化转型，要求打通企业内部数据孤岛，从而更好地基于全局数据对业务全流程和业务对象全周期状态进行智能化的可视、可控和可管，是迈向数字化的关键。对业务流中信息的梳理是流程定义的前提，是 IT 应用架构定义的基础，也是 IT 系统开发的前提，主流程集成贯通，本质上是数据的集成贯通。数据管理在流程与 IT 中处于核心位置，需要对数据给予足够重视。

过去华为每个部门对数据各自定义，加上"烟囱式"的 IT 建设，数据在公司各组织间割裂、不一致、IT 之间的集成不足，导致作业效率低下。

信息架构是公司统一的数据语言，是打通业务流、消除信息孤岛和提升业务流集成效率的关键要素，遵从信息架构是变革管理和流程管理的重要手段。为满足公司流程 IT 建设及数字化转型需要，业务对象需要结构化和数字化，根据业务需求建立业务对象的结构化、数字化架构，提升业务对数据的处理和应用能力。对于每个业务对象，要定义单一数据源，通过数据服务化，实现同源共享，以保证跨流程、跨系统的数据一致。

数据一定要按照对象管理，每个业务对象必须定义唯一的数据源和数据所有者，实现数据在全流程的同源共享，通过数据服务方式给各环节提供服务，以保证跨流程/跨系统的信息一致。对于每个业务对象，需要定义其满足全流程的信息架构，信息架构应基于企业全局视角定义，建立数据标准，形成数据共同语言，在企业生态中发挥作用。

数据是在流程中跑的信息。工作中常见的现象是信息的入口没管理起来，源头的错误信息流到下游环节，导致下游环节需花费额外精力补救，影响全流程的运作效率。信息很关键，一定要把住入口，确保源头数据的质量。

除流程和 IT 建设需要关注数据外，数据还是公司的战略资产，是公司经营和运营管理的基础，数据不准确，则各种经营管理所需要的报告数据也不准确，不能准确反映业务实质，无法有效指导经营管理。随着公司数据的积累，通过数据和智能算法分析，可以进一步挖掘数据的价值。数据是公司管理体系建设中最为关键的管理要素之一，依据数据治理的通用规则和要求，结合企业自身业务特征，明确和定义企业信息架构标准和原则，可以帮助企业更好地做好数据治理和数据管理工作，助力企业数字化转型成功。

12.4.5　数字化背景下的 IT 需驱动和使能业务变革

从华为的实践来看，持续的变革和 IT 建设，支撑了其有效增长和全球化运作。从 1998 年至今，华为业务和 IT 经历了从零散到集中，再到国际化、全球化、数字化的阶段。

华为在全球有近 1000 个办公点、15 个研发中心和 36 个联合创新中心，华为对 IT 部门的要求就是要支撑"多打粮食、增加土地肥力"。简单讲就是支撑华为收入的持续增长，同时通过变革和 IT 建设，使得华为的管理变得"合理、及时、准确、高效"。华为 IT 建设作为支撑，也从基础设施及办公系统构建的"要致富，先修路"阶段，到"多打粮食，增加土地肥力"的阶段。

华为对 IT 的投入也是非常坚决的，要求 IT 先于业务准备好，实现资金流、信息流、物流可视和实时决策。比如当前华为指挥权前移到一线，那么 IT 要满足业务全球化，并支撑大平台支撑精兵作战的变革意图。

当今，数字化和智能化成为时代新趋势，对业务变革和 IT 建设的目标提出了新的挑战。未来，企业业务变革和 IT 建设到底应该对准什么目标？IT 或者技术在这场变革中到底扮演着什么角色？技术与业务又是什么关系？华为认为，无论是云化还是服务化，都只是手段，转型的目标要对准内外合规、促进业务发展，支撑企业高效运作。技术必须对准公司的业务目标，要驱动业务的变革、使能业务的变革，但是变革的原动力还是业务。

我们之前提到"管理制度化、制度流程化、流程 IT 化"，从信息化到数字化时代，还要加两句"流程智能化、IT 智能化"。从传统企业数字化转型对 IT 的要求来看，构建强大的 IT 平台（包括 IT 基础设施和 IT 应用）是数字化转型变革的基础，流程和 IT 向智能化演进，需要做好如下工作：

（1）IT 架构转型，向云化和服务化演进。IT 架构转型是企业数字化转型的原动力，企业 IT 要打造全云化、服务化平台。从"封闭的 IT 架构"走向"云化、服务化的 IT 架构"。IT 基础设施全面云化，IT 应用往云化、服务化转型，企业业务应用向云端迁移。

（2）建设数字化统一平台，提供高质量、可重用的平台服务。引入云架构及平台化思想，建立创新敏捷的数字化生态环境，通过标准化组件，模块化快速开发部署，驱动并引领业务创新发展。企业数据架构也要从以前以应用为中心的架构模式，向以分析为中心的架构模式转变，将各个分散业务应用的数据资源集中在一起，形成统一的数据资源池，为集中、高效的数据分析提供支持。

（3）牵引IT组织，从聚焦功能转变为面向用户体验驱动IT建设。消除业务与IT之间存在的界限和"鸿沟"，成立新型的数字化组织。从关注"内部流程运作"向关注用户体验转变。华为认为"用户体验正成为战略核心，体验能够带来更大的商业溢价。从最终用户的需求来看，核心制胜点就是用户体验"。

华为把用户分为客户、消费者、伙伴、供应商、员工共5类。用户体验方面，华为用ROADS标准来描述，即实时（Real-time）、按需（On-demand）、全在线（All-online）、自助服务（DIY）和社交化（Social），目前ROADS标准已经成为很多行业全新的用户体验标准。IT规划建设需以提升用户体验为目标，牵引IT架构设计。比如：IT从"内部作业IT系统"走向"与用户连接的实时智能系统"，实现端到端业务流程的在线、实时、自动化。

（4）提供面向业务作战场景的IT服务。梳理和构建公司业务场景地图，按场景提供标准化的IT服务。比如华为梳理了200多个作战场景，如制造、供应、办公会议、展会等，发布内部云服务地图，构建600多项基础设施、平台和应用服务，明确服务标准，承诺SLA（服务级别协议），持续完善服务能力。

开展数字化转型需要大量新技能赋能，让业务人员懂IT，IT人员懂业务。需要打造业务和IT深度融合的一体化IT产品团队，实现业务、IT、数据融合。

（5）人工智能能力建设和使能。对企业来讲，人工智能已经成为数字化转型中不可或缺的技术力量。企业优先要做的是利用人工智能作为使能器，简化公司各项管理，提升效率和效益，用人工智能取代人或者辅助人，实现各项工作或部分自动化，实现少数工作的智能化。另一个方向，提升产品竞争力，将人工智能技术融入产品、解决方案和服务，通过人工智能的加持，使产品和服务变得更加人性化、智能化，可大大提升产品和服务的竞争力。比如智能手机、智能手表等智能穿戴设备；智能门锁、智能窗帘、智能空调、智慧音箱、智能摄像头等智能家居设备；智能手机已经颠覆传统手机，智能驾驶正在颠覆汽车行业，可以预言，未来我们身边的事物都将变得更加的自动化、智能化。在万物感知、万物互联、万物智能的智能世界，智能产品有更强的竞争力和广大的市场需求。

当前人工智能技术迎来新一轮爆发期，比如人工智能领域最火的人工智能内容生成，利用人工智能技术来生成内容，对新闻媒体（人工智能生成新闻稿件、摘要、标题等）、广告营销（人工智能生成广告文案、视频、图片等内容）、电商（人工智能生成商品描述、评论、推荐等内容）、教育培训（人工智能生成教学资料、试题、答案等内容）、IT（人工智能生成代码）等行业带来颠覆式的影响。

（6）数字化运营。打造实时运营和指挥作战中心，利用数字技术获取、管理和分析数据，为企业战略决策与业务运营提供量化、科学支撑，有效提升业务效率与业务能力。实现智能化业务决策，精准实时把握客户需求、合理化资源配置；实现一体化运营管理，部门横纵端到端协同，及时高效解决运营问题，实现高效指挥和高效协同。同时利用数字技术重构管理者认知，实现智能和科学决策。

12.4.6　数字化转型将驱动组织变革

数字化转型涉及业务转型、流程重构、文化转型、组织转型和人的转型，最根本的是人的转型。我们之前谈到数字化企业的基本特征是：连接、在线、共享和智能。通过数字化转型，可以驱动企业管理升级，成为数字化企业，组织间数据信息实时连接和透传；业务和组织实时在线，状态可视；数据、服务、能力和知识实时共享，从而打破组织壁垒，重塑组织运作协同模式。

数字化转型过程把公共能力服务化、"集中共享"，可支撑企业实现"大平台支撑下精兵作战"，更加适应客户和生态协作要求，更加具有市场竞争力。数字化转型会驱动组织和文化调整，为适应数字化转型带来的转变，往往需要组织转型，以适应数字化背景下的要求。

愿景驱动，顶层设计，用数字化思维武装团队。前文反复强调，数字化转型是业务转型，是一把手工程，成败的关键在于一把手的决心，而这个决心一定是基于对数字化转型的认知和深刻理解。数字化转型变革一定是从认知开始，首先必须从一把手的认知开始。如果没有足够的认知，没有意识到转型的紧迫性和颠覆性，那数字化转型就无从谈起。这也是笔者为什么要花大量篇幅讲数字化转型的意义和价值，这是属于意识层面的问题。

数字化转型是长期、系统性工程，需要愿景驱动，通过顶层设计，统筹规划，分步实施。顶层设计可以明确长期目标，实现战略解码，在组织内统一思想、统一目标、统一语言、统一行动，解决数字化转型的整体性、协作性和可持续性问题。数字化转型需要持续的投入，需要制度组织保障，需要克服巨大的组织惰性，而且又是长期的，这些都离不开一把手的决心、方向性引领、持续的推动。

数字化转型需要全员的理解和参与，除了一把手外，其他高管和管理团队也要建立数字转型的意识，积极拥抱变革，拥抱数据，拥抱数字化，从"心"开始，从意识转变开始，用数字化思维武装整个管理团队，数字化转型的学习和赋能会成为开启转型的第一步。最高管理者首先要具备数字化的领导力，这是企业转型的基础。决策者要成为数字化转型的"引领者",决策观念要从经验判断向"数据说话""智慧决策"转变。这是数字化转型对一把手和管理团队甚至全员的要求。

数字化转型需要强有力的组织来支撑,需要明确转型的责任主体,制定合理的组织业务目标,配套考核和激励机制,优化组织间的协作流程。成立专门的数字化转型团队,协调业务和技术部门,建立数字世界与物理世界间的协同运作机制,统筹推进数字化转型落地。

创造数字化文化氛围。企业和组织文化的支撑是数字化转型成功与否的关键要素,要不断培养转型文化理念,激发个体活力,为员工营造好的转型环境,形成数字化转型的动力源泉。

要在企业内部和组织内部培育数字文化、变革文化和创新文化,支撑组织的数字化转型。(1)数字文化:积极拥抱数字化,通过数据来改变传统的管理思路和模式,习惯用数据说话、用数据决策、用数据管理、用数据创新;(2)变革文化:勇于探索、拥抱变化、自我颠覆、持续变革;(3)创新文化:崇尚创新、宽容失败、支持冒险,在数字化转型过程中更加积极和主动。

组织扁平化和去中心化。数字化的企业,在线化和内外的连接,价值创造活动从线下转移到线上,可以实现信息及数据的实时透传,在业务流程之间实现灵活有效的对接,削弱组织中间层上传下达的作用。随着数字化转型推进,多层行政传递与管理的体系将更加扁平化,业务组织从科层制金字塔向扁平化、去中心化调整,授权也将向末端作战部门和作战团队倾斜。

职能部门公共能力服务化、服务标准化,"集中共享"支撑企业实现"大平台支撑下精兵作战"。各个得到赋能的业务团队和项目团队更加聚焦客户和业务目标,更有自主权,团队紧密合作,协同作战,又能够快速分离重组，组织变得更加灵活，更加敏捷，可以更高效地实现共同目标。

职位改变，人才转型。数字技术打通组织中的信息断点，使得数据透明，流程可视，知识随时获取，确定工作自动化，不确定工作智能化。数字化转型背景下业务流程和生产方式会发生变化，对员工能力的要求、职责要求将随之发生变化，员工需要学习新技术和新技能，建立数字化知识和技能。

员工绩效管理考核导向也随之改变，对人员的能力和技能要求也要随之改变。管理者由管控转型为协调、支持、赋能的角色，帮助团队实现各自使命。比如华为开展 ISC 数字化转型，就开展了战略类、实战类、通识类三类培训赋能课程，如：战略类的数字化转型洞察实践、如何有效开展变革等；实战类的变革规划与演练、变革项目管理、架构蓝图设计、数字化运营方案设计、供应链（计划、订单、物流、采购）业务知识等，以及通识类的变革管理、企业架构方法论、企业架构原则、架构治理、流程管理、数据管理、IT 产品开发、软件技能等 30 多门课程。

重构组织分工与协同模式。"集中共享"模式下，建立资源和能力被调用的内部结算机制，资源和能力的提供组织在企业价值创造的链条上也能先行呈现价值。组织绩效评价上，企业需要树立协同的文化导向，让组织之间可以互相评价，如作战组织评价职能组织，流程下游组织评价流程上游组织，作战组织之间互相评价。

企业数字化转型是大趋势，是一条正确但艰难的旅程，需要企业所有人员共同参与。但往往越艰难，成就也越大，企业就是要做难而正确的事。

悲观者理性，乐观者前行；悲观者止于现在，乐观者创造未来。乘风破浪会有时，直挂云帆济沧海。

结束语

回顾全书，内容涉及华为管理体系战略、流程、组织和变革四大关键主题及相应的经营管理理念，本书真正的目的是帮助企业家和管理者建立一个以客户为中心的，能支撑业务持续增长的、高效的、有竞争力的管理体系。读者可以深入了解华为的管理体系和经营理念，解构华为成功的关键因素，从中获取具有指导性、实用性和落地性的管理方法和经验，并结合自身企业的业务情况和具体需求适配调整，让管理更好地服务业务。

本书主要探讨和解决企业管理中的各种问题：如何制定战略并实现闭环；如何确保流程对准业务，对齐战略；如何建设以用户为中心的管理体系和流程体系；如何打造项目型企业，实现团队集成作战；如何成功开展数字化转型变革；等等。这些问题的解决，需要企业家和管理者深入理解事物的本质和特征，以及不断调整和完善企业的管理体系、流程体系和组织体系。只有有效的管理体系和流程才能使企业更加高效、灵活，保持持续稳健的增长。

本书旨在帮助企业家和管理者建立一个高效的管理体系，而不提倡简单地复制华为的管理体系。笔者希望企业家和管理者真正认识到管理的重要性，重视并投入资源去构建满足企业成长需求的管理体系，并随着企业成长不断调整。

当前战略管理、流程重构、组织变革和数字化转型正在各企业和组织如火如荼地推进中。笔者希望所有寻求管理体系升级重构的企业家和管理者能够将本书作为实践之路的指南，更加从容地开展企业管理体系建设，构建起华为型的管理体系和能力。遗憾的是，由于本书涉及和探讨的主题、概念、方法较多，限于篇幅，很多内容无法深入展开，关于本书，如果有问题和需要交流探讨，可联系笔者（邮箱：2213799066@qq.com）。

毛主席有一句诗是："天若有情天亦老，人间正道是沧桑。"管理体系建设没有灵丹妙药和速成大法，也不可能一招见效、一蹴而就，需要具备长期主义的精神，持续努力。好在我们有了可以借鉴的理念、经验和方法，结合自身业务情况和问题，沉下心来，稳扎稳打，一步一个脚印，定能终成大道。让我们一起为企业的管理升级和管理体系建设而努力，构建以客户为中心的管理体系、流程和组织，去承载更宏大的战略目标，实现从跟随到超越和领先，我们的征途是星辰大海。

参考文献

[1] 黄卫伟. 以客户为中心：华为公司业务管理纲要 [M]. 北京：中信出版社，2016.

[2] 黄卫伟. 价值为纲：华为公司财经管理纲要 [M]. 北京：中信出版社，2017.

[3] 夏忠毅. 从偶然到必然：华为研发投资与管理实践 [M]. 北京：清华大学出版社，2019.

[4] 夏忠毅. 为客户服务是华为存在的唯一理由 [M]. 北京：中信出版社，2022.

[5] 华为企业架构与变革管理部. 华为数字化转型之道 [M]. 北京：机械工业出版社，2022.

[6] 周良军，邓斌. 华为数字化转型：企业持续有效增长的新引擎 [M]. 北京：人民邮电出版社，2021.

[7] 吴晓波，约翰·彼得·穆尔曼，黄灿，等. 华为管理变革 [M]. 北京：中信出版社，2017.

[8] 董小英，晏梦灵，胡燕妮. 华为启示录：从追赶到领先 [M]. 北京：北京大学出版社，2018.

[9] 郭士纳. 谁说大象不能跳舞 [M]. 张秀琴，等译. 北京：中信出版社，2003.

[10] 陈志强. 赢在升级：打造流程化组织 [M]. 北京：企业管理出版社，2021.

[11] 习风. 华为双向指挥系统：组织再造与流程化运作 [M]. 北京：清华大学出版社，2020.

[12] 孙科柳，王安辉，段伟. 华为流程化组织：业务驱动的组织设计与标杆实践 [M]. 北京：电子工业出版社，2022.

[13] 克劳士比. 质量无泪：消除困扰的管理艺术 [M]. 零缺陷管理中国研究院·克劳士比管理顾问中心，译. 北京：中国时政经济出版社，2005.

[14] 亚德里安·斯莱沃斯基，大卫·莫里森，劳伦斯·艾伯茨，等. 发现利润区 [M]. 凌晓东，等译. 北京：中信出版社，2007.

[15] 毛万金. 华为变革法：打造可持续进步的组织 [M]. 北京：中信出版集团，2022.

[16] 陈雨点，王云龙，王安辉. 华为战略解码：从战略规划到落地执行的管理系统 [M]. 北京：电子工业出版社，2021.

[17] 谢宁. 华为战略管理法：DSTE 实战体系 [M]. 北京：人民大学出版社，2022.

[18] 袁江. 活下去：华为变革之道 [M]. 北京：电子工业出版社，2023.

缩略语

3T，Business Transformation & IT Management Team，IT 业务变革与 IT 管理团队

BEM，Business Execution Model，业务执行力模型

BG，Business Group，华为按客户群维度建立的业务集团

BLM，Business Leadership Model，业务领导力模型

BP，Business Plan，商业计划或称业务计划

BTMS，Business Transformation Management System，业务变革管理体系

BU，Business Unit，业务单元，指按产品或解决方案维度建立的产品线

CBB，Common Building Block，共用基础模块，指可在不同产品、系统间共用的单元

CBM，Component Business Model，业务组件模型

CMM，Capability Maturity Model，能力成熟度模型

CoE，Center of Excellence，能力中心

DCP，Decision Check Point，决策评审点

DSTE，Develop Strategy to Execute，开发战略到执行流程管理体系

EMT，Executive Management Team，经营管理团队，是华为公司主管经营和客户满意度的最高责任机构

ICT，Information and Communications Technology，信息与通信技术

IFS，Integrated Financial Service，集成财经服务，是财经流程管理体系

IPD，Integrated Product Development，集成产品开发

IPMT，Integrated Portfolio Management Team，集成组合管理团队

IRB，Investment Review Board，投资评审委员会

ISC，Integrated Supply Chain，集成供应链

IT，Information Technology，信息技术

ITR，Issue to Resolved，从问题到解决流程体系

IT S&P，IT Strategy & Plan，IT策略与规划

KPI，Key Performance Indicator，关键绩效指标

LTC，Lead to Cash，从线索到回款，端到端流程管理体系

Marketing，营销，华为公司负责营销的部门

MM，Marketing Management，市场管理

MTL，Market to Lead，从市场到线索流程体系

PDC，Portfolio Decision Criteria，组合决策标准，华为评估投资优先级的工具

PDCA，Plan-Do-Check-Act，计划、执行、检查、行动

PDT，Product Development Team，产品开发团队

PMP，Project Management Professional，项目管理专业人士资格认证

PMCoE，Project Management Center of Excellence，项目管理能力中心

PMO，Project Management Office，项目管理办公室

PMT，Portfolio Management Team，组合管理团队

QCC，Quality Control Circle，品管圈，质量改进小组

QMS，Quality Management System，质量管理体系

SP，Strategy Plan，战略规划，指公司及各业务单元的中长期发展计划

SPAN，Strategy Positioning Analysis，战略定位分析

TPM，Transformation Progress Metrics，变革进展度量指标

TR，Technical Review，技术评审点

UCD，User Centered Design，以用户为中心的设计

VDBD，Value Driven Business Design，价值驱动的业务设计